Forces of Habit

Drugs and the Making of
the Modern World

上瘾五百年

烟、酒、咖啡和鸦片的历史

［美］戴维·考特莱特◎著
薛绚◎译

中信出版社·CHINACITICPRESS ·北京·

图书在版编目（CIP）数据

上瘾五百年：烟、酒、咖啡和鸦片的历史 /（美）考特莱特著；薛绚译. —北京：中信出版社，2014.8 (2025.3重印)
书名原文：Forces of Habit: Drugs and the Making of the Modern World
ISBN 978-7-5086-4647-3
I. ①上… II. ①考… ②薛… III. ①世界史－文化史 IV. ①K103
中国版本图书馆CIP数据核字（2014）第 125432 号

上瘾五百年：烟、酒、咖啡和鸦片的历史

著　　者：[美] 戴维 · 考特莱特
译　　者：薛　绚
策划推广：中信出版社（China CITIC Press）
出版发行：中信出版集团股份有限公司
（北京市朝阳区东三环北路27号嘉铭中心　邮编　100020）
（CITIC Publishing Group）
承 印 者：北京通州皇家印刷厂

开　　本：880mm×1230mm　1/32　　印　　张：9　　字　　数：194 千字
版　　次：2014 年 8 月第 1 版　　印　　次：2025 年 3 月第 29 次印刷
京权图字：01-2013-8888
书　　号：ISBN 978-7-5086-4647-3/K · 396
定　　价：38.00 元

Forces of Habit

目录

绪论

第一篇
瘾品资源大汇集

1 三大宗：酒精、烟草、咖啡因

2 三小宗：鸦片、大麻、古柯叶

3 解开销售之谜

第二篇 瘾品与贸易

4 魔法师的学徒

5 享乐的陷阱

6 逃离商品地狱

第三篇 瘾品与权力

7 人民的鸦片

8 税收与走私

9 大逆转：管制与禁止

10 合法瘾品与违禁瘾品

Introduction

绪论

1926 年 7 月 13 日，恶习缠身的柯隆波住进费城综合医院。医生安排他前往强制戒毒病房报到，这是个合理的选择，因为他每天要吸将近 7 克的鸦片，抽 80 支香烟，喝两杯咖啡或茶，灌下 1 升多的威士忌。柯隆波告诉实习医生，他几乎每天都喝得醉醺醺的，而他之所以抽鸦片，就是为了醒酒。

不过，他说他可不沾真正害人的东西，不吸可卡因，也不碰巴比妥酸盐（barbiturates），“我不沾鸦片以外的毒品”。看他胳臂和大腿上满是皮下注射的疤痕，就知道他在撒谎。也许他不是存心要骗医生，只是为了顾及面子，因为那个年代的鸦片瘾君子认为打针吸毒是等而下之的。

柯隆波仍是个有固定职业的人。他夸口说，鸦片瘾并未影响他的意志力，也不影响他的工作能力，还说自己是烈酒商。身为美国公民而敢这么说，可不简单，因为 1926 年的美国并没有官方认可的烈酒商存在。

实习医生观察到，柯隆波的胃口也没受到鸦片瘾的影响，33 岁的他体重高达 125 公斤，“他胸围宽广，腹部大而下垂”。想想他的体重和“日进三至五餐”的食量，再考虑他吸入的鸦片、香烟，喝下的咖啡、茶、威士忌的分量，就知道他简直是醒着的每一刻都在满足口腹之欲的人。柯隆波过的是一种持续接受多种生理刺激和感官享受，连古代任何一位极尽富裕、专横、糜烂之能事的帝王、暴君、统治者都望尘莫及（想来也不会长寿）的生活。

然而，柯隆波只是一介平民，是个收入马马虎虎的小本私酒贩卖商。他活在 20 世纪一个工业化国家的工业化都市里，而这个国家却能在短短的历史当中，制造和大量营销五花八门的官能享受，真可说既是幸运，又是不幸。就在他挂号住院的同时，从化学物质对神经系统的影响层面来看，全世界也有数百万名小老百姓得以过着 500 年前连最富有的人都意想不到的生活方式。

我把这种发展叫作“精神刺激革命”（psychoactive revolution）。今天世界各地的人已经逐渐取得更多也更能有效改变清醒意识状态的方法，这项世界史上的重大发展，乃是奠基于近代早期（即 1500~1789 年间）的越洋贸易与帝国扩张。本书不仅叙述这段时期的商人、殖民者，以及其他权贵阶级如何成功汇集世界各地的精神刺激物质（亦即提神或麻醉物质），也探讨为什么他们的后代子孙明知有暴利及重税可图，却要改弦更张，决定管制或禁止多种（不是全部的）瘾品自由流通。

虽然以“瘾品”（drugs）一词来涵盖毒品滥用与上瘾的问题是极不恰当的，但它也有一大好处：简单扼要。许多为报章杂志定标题的人之所以罔顾药剂师们的愤怒反对，一直沿用这个词汇，原因之一即是他们需要比“麻醉性药品”更简洁的名称。本书则是将“瘾品”当作一个便于使用的中性名词，泛指各类合法与非法、温和与强效、医疗用途与非医疗用途的麻醉及提神物质。因此，含酒精与咖啡因的饮料、大麻、古柯叶、可卡因、鸦片、吗啡、烟草都算瘾品，海洛因、冰毒（methamphetamine），以及许多其他半合成物质与合成物质，也在其列。这些东西本来并没有害处，但都可能被滥用，也都是有利可图的资源，而且都成了（起码有可能变成）全球性商品。

随意翻阅瘾品史，或许还看不出这事实。大多数学术研究都是针对某些特殊瘾品，或存在于特殊环境中的瘾品类别所进行的，例如日本茶、俄国伏特加酒、美国毒品等。本书试图将这些零星的研究凑在一起，并将许多历史片段串成一幅完整图像，对全世界精神刺激物质的发现、交易与利用做一番交代。历史学家麦克尼尔（William McNeill）曾在其著作《瘟疫与人》（*Plagues and Peoples*，1976 年出版）中广泛探讨了疾病的流传及其对人类文明的冲击，本书的宗旨也在针对瘾品做类似的研究。疾病与瘾品的流传有许多相似之处，例如外地输入的酒类曾严重危害原住民的健康，但两者之间也有一些重大差异，麦克尼尔书中提到的事件多属偶然酿成的不幸；虽然肉眼看不见的细菌会经过人体的接触传播而使人丧命，但通常不是有意促成。瘾品栽培与制造的蔓延现象却绝对不是意外，大多是人类蓄意所为，其次才是靠生物在无意间传播开的。

本书第一部分叙述世界各地主要的精神刺激物资如何汇集，焦点放在含酒精或咖啡因的饮料、烟草、鸦片、大麻、古柯叶、可卡因、糖（是许多瘾品的主要成分）。这些一度受限于地理因素而无法流通的物资，现在都于不同时地进入全球贸易的潮流之中。例如咖啡的原产地是埃塞俄比亚，先传入阿拉伯，然后遍及伊斯兰教世界和信奉基督教的欧洲，欧洲人再把喝咖啡的习惯和咖啡豆带到美洲。到了 19 世纪末期，美洲栽种的咖啡已占全世界咖啡作物的 70%，而欧洲的栽种者与殖民者则雇用签了卖身契的奴工，成功地在南北半球栽种药用作物。这些奴工集体耕作的结果，扩充了全球瘾品的供应量，瘾品价格也因之下跌，吸引数百万手头不甚宽裕的买主涌入市场，也使瘾品消费平民化了。

然而，并非所有瘾品的传播历程皆是如此。在精神刺激物资的贸易史上，藏有一段经常为人忽视的故事，例如许多地域性常见植物——卡瓦（kava）、槟榔、卡特（qat，一种阿拉伯茶叶）、佩奥特（peyote，印第安人用的一种仙人掌）——并没有像酒类或鸦片那样成为全球流通的商品。昔日由欧洲海外扩张势力促成的全球瘾品贸易是极有选择性的，基于流通周期有限，或对药性存有文化偏见等原因，欧洲人宁可忽视或禁止栽种某些含有精神刺激成分的新奇植物，只有他们觉得有用的、可以接受的，才在世界各地种植、买卖，此举至今仍对社会与环境造成显著的影响。

本书第二部分的主题是瘾品与贸易，也提到作为医疗和娱乐产品的精神刺激物。许多瘾品最初都是昂贵稀有的医疗品，对人类和动物的各种疾病具有疗效。等到有人发现它们能带来快感、改变意识状态之后，这些瘾品便脱离医疗范畴，迈入大众消费的领域，这种情况也改变了瘾品流通遭到政治力介入的程度，于是酒精、烟草、安非他明，以及其他精神刺激物广泛成为非医疗用品一事，便引起了争议、警惕和官方干预，各国纷纷设法为瘾品的医疗用途与非医疗性滥用立下区分标准，这套标准最后也就成为国际瘾品管制系统的道德与法律基础。

管制系统有其存在的必要，因为瘾品忽然变成了既危险又赚钱的产品。它们不是“耐久商品”，很快就会被依赖者消耗殆尽，然后迅速补货，使用者经常需要更大的剂量才能体验第一次接触的药效。换句话说，销售量也会随之增加。改良式蒸馏器、皮下注射针筒、掺入瘾品成分的香烟等这些新发明，都是为了让瘾品里头那些经过提炼的化学物质能够更有效、更迅速地进入消费者脑部，并使供货商能够获取更高利润而制造的。市场竞争也带动了更多的发明与广告的普及，制造商则是想尽方法压低成本，提高市场占有率，加强产品吸引力。瘾品售价下跌、诱惑力上升之后，更吸引了数百万名新的消费者，还为相关企业（例如强制戒毒治疗中心、打火机厂商）制造了牟利机会。瘾品贸易及其外围事业的存在，都是资本主义成熟分化之后的现象，而且发展重心渐渐偏离消费者的物质需求，而着重于提供快感与情绪上的满足。套句人类学家罗伯特 · 阿德里（Robert Ardrey）的话来说，瘾品贸易乃是盛行于一个饥渴心灵取代了饥饿肚皮的世界。

本书第三部分探讨的是瘾品与权力的关系，并说明精神刺激物质的买卖，如何让商场上与皇室里的权贵阶级赚取超乎普通商业利润的暴利。这些权贵阶级很快就发现，他们可以利用瘾品来控制劳工、剥削原住民，例如鸦片可使华工持续处于负债与依赖状态，酒精可引诱原住民拿皮货来交易、把俘虏当奴隶出售，以及让渡土地。近代初期的政治权贵都知道，瘾品是可靠的收入来源。统治者起初虽然敌视新的瘾品（认为嚼烟草是极其恶劣的外来癖好，贵族不屑为之，有时还会处决嚼食者），后来却心甘情愿迎接不断扩张的瘾品贸易所带来的税收与专卖利益，只因其利润大得超乎他们的想象。到了1885年，英国政府的总收入有将近一半来自烟、酒、茶的税收，欧洲殖民帝国莫不以瘾品税作为主要财政后盾与建立现代化国家的国库根本。

政坛掌权者通常不会把能下金蛋的鹅宰掉。然而，过去100年中，他们却以国内立法与国际协商的方式，选择性地放弃合法瘾品贸易课税政策，目的是要实施更严格的管制与禁令。本书最后两章将讨论现代化压力、医学发展、政治运作等因素如何刺激许多国家改弦更张，以及他们为什么只针对某些瘾品设限。这场反精神刺激物资的革命行动说来颇为诡异，那就是大家尽可以不费吹灰之力合法购得烟酒，但要轻易且合法取得大麻或海洛因这类瘾品就办不到了。

撰写世界史的过程，好比是用低倍显微镜管窥世界，观察者固然看得见采样的大部分，但只能在牺牲细节的情况下看得到。要避免叙述流于单调，就必须每隔一段时间插入某桩特殊事件或某个特别人物，再回头描绘全貌。总之，这就是本书的叙事风格，除了取材自历史、社会学及科学文献的概论之外，也举出不少具体事例及若干个案研究来支持这些论述，其中包括安非他明的普及化、詹姆斯·杜克（James Duke）与烟草业、印度酒税、俄罗斯禁酒失败的故事。每个事件都可当作一则寓言，足以说明瘾品发展史上的一些重要原则。

探讨这个主题必须有所取舍，我的目的是想指出并说明过去这500年间最重要的发展趋势，而无意写成一部囊括所有精神刺激物的瘾品通史，因为瘾品的种类实在太多，不可能尽述——尤其自从德国最早的精神药物学家路易斯·莱温（Louis Lewin）于1929年逝世以后，就无人能够胜任此项艰巨任务了。在此应该声明，我只引用了浩瀚文献中的一小部分，不过书中提供的数据仍然十分可观，读者将可借此了解瘾品在近代世界扮演的角色和影响力。

The Confluence of Psychoactive Resources

第一篇

瘾品资源大汇集

The Confluence of Psychoactive Resources

1 三大宗：酒精、烟草、咖啡因

The Big Three: Alcohol, Tobacco, and Caffeine

The Big Three:
Alcohol,
Tobacco,
and Caffeine

越洋贸易大肆拓展，是近代史早期最为重要的一件大事，一些原本只生长在某大陆或某半球的植物、动物、微生物从此传播到外地，大大影响了人口结构与生态环境。例如有了马铃薯和玉米这类原产于美洲的粮食，欧洲和亚洲人口才得以迅速增加；天花和麻疹等欧洲传染病夺走了数百万美洲原住民的性命，死亡人口则由欧洲人和非洲人填补。

疾病的互传固然为欧洲带来好处，但通常都是意外造成的。植物的传播有时虽属意外（为长满外来植物的花园除过杂草的人都深通此理），但是含有精神刺激成分的植物、产品，及其加工技术的远播，却很少出于偶然。例如酒类、烟草、含咖啡因植物，以及鸦片、大麻、古柯叶等瘾品的全球性流通，都是蓄意促成，也是以营利为出发点。这不仅改变了数十亿人口的日常生活，也连带影响了环境。

葡萄酒

选择性地栽种酿酒葡萄，即是全球贸易流通的一个例证。葡萄栽培的历史可以上溯至公元前 6 000 至前 4 000 年间，发源地则是黑海与里海之间的多山地区，也就是现今亚美尼亚境内。到了公元前 15 世纪，地中海东部与爱琴海一带的商业葡萄酒产量已具有相当规模。进入公元以后，酿酒业也盛行于地中海地区，所以《圣经》中提到葡萄酒的次数不下 165 次。

伊斯兰教兴起以后，由于教义中谴责葡萄酒是撒旦制造的邪物，致使北非和中东地区不敢栽植葡萄，但中古时代欧洲饮酒和酿酒的风气依然盛行。后来希腊的葡萄酒又随希腊正教一起传到了俄罗斯；据《基辅编年史》（*The Kievan Chroicle*）记载，基辅大公弗拉基米尔一世（Vladimir I）曾因俄罗斯老百姓嗜酒而反对伊斯兰信仰。葡萄酒是基督被钉在十字架上受难的象征，也是欧洲贵族偏好的饮料（平民百姓大多饮用自制麦酒或啤酒），更是肮脏饮水的安全替代品——自有文明以来，水污染可能是危害人类健康最甚的因素，所以《圣经》上讲到好心的撒马利亚人用酒而非水来为受伤的旅人清洗伤处，绝非巧合。

葡萄的栽培也传入印度北部和中国，但两地喝葡萄酒的风气始终不如信奉基督教的欧洲。由于基因上的细微差异，大约半数亚洲人体内会制造一种不完全代谢酒精的非活性酶，而在饮酒之后出现脸部红热、心跳加剧、头晕恶心的“酒精潮红反应”。反应较轻、较慢的人偶尔还会小酌两杯，但反应快的人则容易引发急性酒精中毒，于是只好对酒敬而远之。虽然许多研究者对酒精潮红反应如何妨碍饮酒风气这件事的看法莫衷一是，但有些人认为它的确延缓了葡萄栽培业与其他酒精饮料制造业在东亚地区的发展，何况中国人也不太需要用葡萄酒或其他酒精饮料来取代污染的饮水，因为他们喝的是以沸水冲泡而成的茶。

文艺复兴时期，欧洲品种的葡萄株被成功移植到大西洋东边的一些岛屿，因此莎士比亚剧作中的人物所提到的加那利（Canary）指的是葡萄酒，而不是加那利群岛。15 世纪时，哥伦布曾在南美洲试栽葡萄，但没有成功，直到 16 世纪科尔特斯（Corte's）率领西班牙人远征墨西哥后，欧洲品种的葡萄株才被成功引进墨西哥。墨西哥原产葡萄和所有美洲本土葡萄一样，都有颗粒小、果皮硬、果肉酸、口味差的特性，并不适合酿酒，科尔特斯移植的则是他父亲从埃斯特雷马杜拉地区（Estremadura，位于西班牙西南部）带来的品种，也是历经 7 000 年人工选种得来的优良品种，果粒大、肉质软、甜度高、风味佳。

1524~1556 年间，酿酒葡萄向南传至秘鲁和智利，并且越过安第斯山脉进入阿根廷（由当地一位耶稣会教士引进）。后来传教士又于 18 世纪 70 年代将酿酒葡萄传入美国的加州北部，不到 100 年间，此地就成为世界重要产酒区之一，产品输出远及澳大利亚、中国、夏威夷、秘鲁、丹麦和英国。

1652 年，荷兰人在非洲南端成立了荷属东印度公司的供应站，并将酿酒葡萄的栽培技术传入殖民地好望角，本来的用意是想为船员提供一种既可预防坏血病，又新鲜甘醇的葡萄酒，以取代在船舱储放了 3 个月的饮用水。后来英国人于 19 世纪接收了这块殖民地，并加速生产葡萄酒，目的是在取代法国进口酒。英国人也把葡萄栽培引进了澳大利亚，1788 年，英国船只陆陆续续抵达这块流放犯人的殖民地，船上就载有从里约热内卢和好望角移植而来的葡萄株。起初试栽成果并不理想，因为流放于此的犯人都偏爱他们喝得比较习惯的啤酒和烈酒。

继澳大利亚之后，英国人又于 1819 年将酿酒葡萄带到了新西兰，此举也是欧洲殖民者与贸易商刻意将全世界植物混合种植的策略之一。伦敦附近的克优花园（Kew Gardens）种植了许多异国植物，那些植物即可证明大英帝国当年是如何主导了改造大自然的戏码，并以皇家船舰作为植物发掘和传播的媒介。例如 1789 年时，“邦帝号”（Bounty）这艘船上的水手弗莱彻 · 克里斯琴（Fletcher Christian）因为无法忍受船长威廉 · 布莱（William Bligh）而率众叛变，当时船上载有 1 000 株准备运往西印度群岛的面包树，以便提供廉价粮食给奴隶吃。虽然克里斯琴将船长及货物一并扔到海上漂流，但坚忍不拔的布莱船长却保住了性命，并再度将面包树运送成功。

蒸馏烈酒

欧洲船只除了载运新植物，也运送新技术，蒸馏法即其中最重要的一项。古代希腊、罗马人已懂得蒸馏技术，经过阿拉伯人的保存与改良之后，又于公元 11 世纪由意大利南部的萨莱诺（Salerno）传入欧洲。15 世纪晚期，欧洲开始出版讨论蒸馏技术的书籍，这项技术的相关知识于是得以传扬开来。虽然蒸馏器可以萃取多种植物的精华，但是利用葡萄酒和其他发酵液体来制造烈酒，经济价值更高。容量加大的改良式铜制蒸馏器以及廉价原料（例如蔗糖和波罗的海谷物）的出现，又使得烈酒能够大量生产。到了17世纪中叶，爱尔兰生产的蒸馏酒已远销俄罗斯，荷兰则是这项新兴产业的生产重镇。当时荷兰人已是葡萄酒贸易界的龙头老大，不但拥有效率优良的蒸馏设备，所占地理位置也有利于产品的输出。所以直到今日，烈酒名称依然沿用荷兰文，例如英文“brandy”（白兰地）是荷兰文brandewijn的简写，“Gin”（金酒）源于荷兰文genever（意指有杜松子味的谷制烈酒）。17世纪的英国人将荷兰人视为烈酒业的竞争对手，因而创造出“荷兰勇气”（Dutch courage，意即“酒后胆”）这个词。

大量生产的烈酒是人们获得陶醉感和卡路里的廉价来源。近代初期欧洲人饮用的麦酒、啤酒、葡萄酒往往质量欠佳，容易走味，而白兰地和威士忌非但不会变味，反而越陈越香，为了保存葡萄酒的味道，酒商通常会在其中添加白兰地，以加重或强化其酒精成分。

蒸馏技术可使易于腐烂的农作物不易腐败，例如马铃薯是19世纪至20世纪初德国酿酒业采用的主要原料，采收后的马铃薯只能存放到下一个温暖生长季节来临前，但如果在蒸馏酒厂里（当时德意志帝国共有6 000家这种酒厂）将之转化成酒精，就可以无限期保存，还能外销非洲赚取利润。由于各种烈酒运送起来都比啤酒、葡萄酒来得便宜且容易，因此便成为殖民贸易的重要商品。新西兰原住民曾在举杯向维多利亚女王致敬的时候说道：“她是诸善之源，愿她带给我们大批火药、朗姆酒，更愿这两样东西力道都够强劲。”

欧洲人也把蒸馏器带到了殖民地。“邦帝号”叛变者之一威廉 · 麦科伊（William McCoy）在遥远的皮特凯恩岛（Pitcairn Island，位于南太平洋）落脚后，就把他从船上抢救下来的一只铜锅改造成蒸馏器，结果自作自受，竟因为喝醉酒而坠崖身亡。在太平洋中部岛屿波纳佩（Ponape）海边流浪的欧洲人知道，他们无法仰赖过往的船只供应解渴的朗姆酒或威士忌，便将椰子汁发酵（他们不久即将这门技术传授给岛民），然后送进蒸馏器，以确保能不断供应烈酒。

殖民地的原住民学会蒸馏技术后，很快就懂得调整配方来迎合自己的口味，有些毛利人就在自酿酒里添加烟草和人尿。不过，最普遍的做法是将进口酒与土产酒混合，至少农业社会是这么做的。19世纪40年代的暹罗人同时饮用从中国、巴达维亚（Batavia，即雅加达）、新加坡、欧洲输入的烈酒，以及本国蒸馏制造的朗姆酒与椰子米酒。一位殖民政府官员曾经抱怨，就算他把奴隶打得半死，还是无法阻止他们把配给的米拿去酿酒，“他们喝这毒药的胃口可真不小”。

只要在饮酒风气盛极一时的地方，都可听到类似的牢骚。蒸馏烈酒与高酒精成分葡萄酒的大量生产，则使欧洲本地与欧洲以外的社会出现更为恶化的醉酒与酗酒趋势。当时的人以及后来的历史学家都同意这点，只是不知原因何在。发酵本来是一种自然过程，除了北极居民和北美印第安人以外，世界各地大多数人在尝到蒸馏技术制造出来的烈酒以前，至少都喝得到一种酒精饮料，例如椰子酒、蜂蜜酒、玉米或大麦酿造的啤酒，以及发酵奶。

常见的一种解释：发酵饮料很快就会走味，酒精含量也比葡萄酒（14%）和啤酒（7%）来得低（当时葡萄酒的口味不如今日酒精饮料浓烈，而且通常都是掺水饮用，这又稀释了酒精的含量），蒸馏酒的酒精浓度可就高多了。历史学家戴维·克里斯蒂安（David Christian）为文写道："这点大大改变了酒精饮料的经济地位与社会角色，因为若将发酵饮料比喻为弓箭，蒸馏烈酒则有如枪炮，传统社

植物园中的蒸馏设备，1560年之作，作者佚名。临摹自1500年的《简易蒸馏技术之书》（*Liber de Arte Distillandi de Simplicibus*）的书名页。此书一般称为"蒸馏小书"（*Small Book of Distillation*），作者是斯特拉斯堡的外科医生耶罗尼米斯·布伦施威格（Hieronymus Brunschwig）。此书和多数有关刺激精神的瘾品及制法的重要典籍一样，不但后来有许多仿效之作，也被译成多种文字。

会都认为后者的劲道大得超乎想象。”

烈酒对某些传统社会的危害较其他社会为烈，例如以狩猎采集维生的民族受害的程度，就比安土重迁的农业民族来得严重，因为后者比较容易受到团体的约束。喜欢饮酒作乐的北欧人与东欧人，以及他们的美国后裔，问题也比南欧人多，前者嗜饮谷物酿造的烈酒，后者则是偏好葡萄酒，而且习惯饱腹饮用，酒量也很适中。另外，穷人消耗的金酒则比中产阶级来得多。总而言之，每个地方的文化习俗与社会环境都会左右酗酒问题的普及程度。

不过，戴维 · 克里斯蒂安的观察还是很有道理的。普通瘾品一经特殊方法处理，使其效力大增以后，就难免导致更严重的滥用现象，这也是瘾品发展史上一再出现的重要问题。葡萄酒与白兰地的关系，正如鸦片与吗啡、古柯叶与可卡因、烟草丝与现代香烟的关系，而瘾品发展史也与武器竞赛史十分雷同，科技不断推陈出新，亦使人类面临的危险与日俱增。

烟草

1492 年间，哥伦布的远航队中有两名成员看到泰诺族（Tainos）印第安人把一些卷成粗雪茄状的烟叶塞进嘴里吸，从此欧洲人才知道世界上有烟草这种东西。经过多次接触以后，又发现印第安人还有嚼烟草、嗅烟草的习惯，造成日后数百万名欧洲人竞相仿效。不过，16 世纪大半时间里，烟草始终不受重视，在欧洲人眼里只是一种稀奇的植物、异国的瘾品，或由雷利爵士（Sir Walter Raleigh）从殖民地带回英国宫廷中的粗俗玩意儿。后来水手们将吸烟草的习惯传入社会底层，以及设在许多港口旁边的酒馆和妓院。西班牙人在经过慎重考虑后，用一艘大帆船将烟草运到菲律宾移植，1575 年以后，那儿的烟草便迅速成为赚钱的作物了。1600 年左右，福建水手和商人又把菲律宾烟草带进中国，不久之后，吸烟草的热潮也在中国传开了。

西非的烟草栽培业大约始于 16 世纪末或 17 世纪初，而且是由葡萄牙人引进，他们也因为引进了玉米、豆类、甘薯、烟草，以及其他多种美洲农作物而改造了非洲农业。1590 至 1610 年间，精力充沛的葡萄牙人又将烟草带到印度、爪哇、日本和伊朗，于是烟草的使用与栽培就像一大把石头被扔进池塘后激起的涟漪那样，一波波扩散出去：从印度到锡兰、从伊朗到中亚、从日本到朝鲜、从中国到西伯利亚、从爪哇到马来西亚和新几内亚。1620 年时，烟草已是不折不扣的全球性作物了。

不过，当时烟草还没有成为普及化的消费品，因为价格依然昂贵，一直要到殖民地烟草产量扩充（这是包括瑞典这种小国在内的殖民列强共同的目标）以后才降价。那时烟草产量最大的殖民地是美国的弗吉尼亚州和马里兰州，而且还生产过剩。17 世纪 20 年代初期，烟草的计价方式是每磅若干先令，到了 17 世纪 70 年代晚期，则掉到每磅 1 便士（1 先令相当于 12 便士）以下。同一时期外销英国的烟草平均重量，则从每年将近 30 吨，增加至 9 000 多吨。

运到英国的烟草大都还会再外销至其他地方，尤其是阿姆斯特丹。荷兰人和英国人也是率先大量消费烟草的欧洲人，例如 1670 年荷兰人的烟草平均消费量是每人 1 磅半，英国人则是 1 磅多一点儿。

阿姆斯特丹和伦敦也是17世纪推动精神刺激革命的两大重镇，阿姆斯特丹又比伦敦更前进、更积极，本身的转口贸易也很活络，许多大企业商还把弗吉尼亚和其他殖民地出产的烟草，与比较廉价的荷兰烟草（长在内陆省份的施肥砂质土壤里）混在一起，再把混合成品运往斯堪的纳维亚、俄罗斯，以及由荷兰烟草进口商独占（这点令英国人恨之入骨）的其他市场。

“三十年战争”（1618~1648年）爆发以后，参与作战的西班牙、英国及荷兰士兵又将烟草引进讲德语的中欧地区，接着再传入北欧、东欧和南欧。除了士兵以外，水手、商人、外交使节、学生、移民、佣工、难民、旅客也都是推动精神刺激革命的先锋队。军中充满了出身较低微的单身汉，他们日复一日过着无聊、疲惫、恐惧的生活，于是军队便成为培养瘾君子的天然温床。经常移防的士兵也将新的瘾品及其使用方法带到他们前往打仗的国家，又将他们从异国学来的瘾品知识带回家乡。追随瑞典国王古斯塔夫二世（Gustavus Adolphus）投入“三十年战争”的军队，曾把吸烟的习惯带到斯堪的纳维亚内陆（沿海地区的人早已从英国与荷兰水手那儿学会吸烟）。参加过墨西哥战争（1846~1848年）的士兵，在美国带动了抽雪茄的风潮，打过克里米亚战争（1853~1856年）的军人则在英国掀起了吸烟热，从土耳其战场学会抽印度大麻的希腊士兵，在解甲归乡之后，亦于20世纪20年代将此风气传遍希腊，越南战争期间开始吸食海洛因的美国逃兵，则在1972年将海洛因带进阿姆斯特丹。

不论吸烟风气是由军队还是其他媒介促成，烟草于17世纪征服欧亚两洲这件事，有两个值得注意的现象。第一，烟草消费者横跨所有社会阶层，大家不分贵贱、不论正邪，一律都能享受烟草带来的快感，至于是用牙齿嚼、嘴巴吸还是鼻子嗅，则因阶级、性别、地方习俗而异。第二，政府与教会当局起先都强烈（有时态度十分粗暴）地反对国人使用烟草，后来这种限制也一一被克服。英王詹姆斯一世（James I）就曾痛斥烟草是“地狱草”，不准老百姓使用。比较极权的王朝还会行使残酷的刑罚，例如俄罗斯的吸烟者会遭到鞭笞与放逐，嗅烟草的人会被割鼻子；中国的处罚方式是将吸烟者的脑袋钉在尖木桩上；艾哈迈德一世（Ahmed I）统治时期的土耳其是把烟斗杆插进吸烟者的鼻子，穆拉德四世（Murad IV）则下令将他们凌虐至死；在弥撒期间吸烟的神职人员（有位神父曾在闻过烟草之后将圣餐吐了出来），有被革除教籍的危险。

吸烟者除了遭到罚款、鞭刑、截肢、处死与诅咒等威胁之外，每天还会被不沾烟草的人羞辱，不厌其烦地指责烟草让他们口腔发臭、牙齿发黄、衣服变脏、流出黄黄的鼻涕、吐出浓浓的黄痰，还说吸烟可能引起火灾，对四周都是木造房屋的环境造成致命危险。虽然如此，还是没有任何事能阻挡吸烟风潮，由于烟草具有强烈的提神作用，极受大众欢迎，最后终于战胜所有法律障碍与排斥情绪。历史学家克尔南（V. G. Kiernan）说，吸烟是当年人类最能普遍接受的新娱乐。

官方统计数据显示，18 世纪期间欧洲烟草消耗量（以每人吸多少磅来计算）并没有增长，不过这数字并不包括欧洲本土地下工厂制造的产品，以及未经申报的美国进口货（两者相加可能占总消耗量的 1/3），因此容易形成误导。另外，18 世纪鼻烟大为流行，也可以解释烟草消费何以呈现停滞现象，因为每磅烟草所能制造的鼻烟数量要比口吸烟来得多，换句话说，18 世纪欧洲人消耗的尼古丁并没有减少，而是使用效率（或是违法使用的情况）增加了。

19 世纪期间，吸烟再度风行于欧洲，首开风气的人则是一群浪漫主义者、狂放艺术家、军人，以及纨绔子弟。到了 19 世纪 50 年代，虽然鼻烟依然盛行于瑞典和冰岛，但是烟斗和雪茄的消耗量也迅速成长。20 世纪上半叶，香烟更是击败所有竞争者，变成欧洲、美国、土耳其、中国及其他地区共同使用的产品，甚至可以说是一种国际语言或默契。

大家普遍吸烟（尤其是抽香烟）的结果，使得烟草消费量大增。以欧洲大陆烟草使用量最大的法国为例，1819 年每人平均消费的烟草制品不到 350 克，鼻烟的市场占有率则为 58%，到了 1925 年，法国人平均消耗 1 350 克以上的烟草制品，鼻烟只占 7%的市场，嚼食用的烟草则占 2%。1909 年，一位美国医生在参观过巴黎近郊小镇伊西雷慕里（Issy les Moulineaux）一座一尘不染的烟草工厂后，有感而发地说，法国人并没有染上美国人那种酷爱嚼食烟草的坏习惯。

其实他不必为国人担忧，因为再过一代，吐烟草汁用的痰盂就变成了古董，美国人也纷纷向香烟投降了。这场胜利来之不易，因为反烟者大有人在，其中之一即是怀特夫人（Mrs. John Stuart White），她是“泰坦尼克号”沉船事件的见证人，曾在参议院的海难调查听证会中不满地表示：“我们从船上逃生以前，竟然有两个船员掏出香烟点上了火。这种时候还抽烟哪！”一群福音派和进步派的改革人士更是积极地联合起来谴责“那小小的白烟嘴”正在腐化青年、毒害全民，并且不遗余力地想以立法方式阻止吸烟风气泛滥。不过，第一次世界大战期间军中普遍抽烟、各地迅速都市化、性别角色逐渐改变等现象，再加上高明的广告语（例如“来一支好运牌香烟，好运赛神仙”），都为香烟这一场胜仗铺好了路。1930年美国官方出版的《烟草业年度调查》（*Tobacco Industry Annual Review*）报道美国该年的烟叶产量创下有史以来的最高点，并将之归功于香烟广告大增，以及女性大量吸烟，最后还下了这个结论：“因此，今日的烟草业不仅可以寄希望于新生代男性加入吸烟者行列，而且也将女性纳入其中，同时还在继续努力吸收那些即使不把吸烟当作禁忌，至少也认为吸烟值得议论的妇女。”

20世纪50年代末，美国男性与女性每秒钟共购买了1.5万支香烟，全世界香烟年产量也攀升至380余万吨，烟草更是遍植于世界各大洲的经济作物（只有南极洲除外，不过前往南极探险的人倒是照样抽烟）。那时全球烟草总产量有1/3来自北美洲，2/5来自亚洲，1/6来自欧洲，其余1/10则来自南美洲与非洲（后来非洲产量也迅速扩充）。美国烟草制品的产量与输出量都占世界第一位，全球各大洲也都看得到美国产香烟，连南非土著布须曼族（Bushmen）都晓得用手指模仿吞云吐雾状向人乞讨美国烟。虽然20世纪60年代与70年代美国与其他西方国家的香烟消耗量没有成长，发展中国家的香烟消费却持续扩大。到了20世纪90年代中期，估计全世界的吸烟人口已达11亿（占15岁以上人口的1/3），每年抽掉的香烟则为5.5万亿支，这数字代表全世界每个人——不分男女老幼、吸烟者与非吸烟者——每星期要消耗一整包香烟。

17世纪晚期的通俗烟草招牌。注意图右说法语者的贵族式装扮及举止。虽然路易十四反对吸鼻烟，但法国宫廷在17世纪50年代已经流行吸鼻烟，以后又向下传布到巴黎的资产阶级和乡村地主之中。到了18世纪，吸鼻烟已经成为凡尔赛宫里的一种精致艺术，在以法国为榜样的他国宫廷中也同样盛行。

含咖啡因的饮料与食品

虽然香烟广受世人欢迎，但其主要刺激成分——尼古丁——却不是全球使用最广泛的瘾品，而是屈居第三位，排名第二者为酒精，榜首则是咖啡因。全世界的咖啡因消耗量大约是每人每天70毫克，有些国家（如瑞典、英国）每天的平均消费量还超过400毫克，相当于4杯咖啡。据人类学家尤金·安德森（Eugene Anderson）指出，世界上流行最广的名词（几乎每种语言都用得到）即4种含咖啡因植物的名称：咖啡、茶、可可、可乐。

咖啡是含咖啡因植物当中最具经济价值者，在20世纪晚期一直是世界流通最广的贸易商品，贸易量仅次于石油，用途虽与石油不同，但也一样成为工业文明里不可或缺的一种能量来源。然而，咖啡的发祥地却是在偏远的埃塞俄比亚高地，当地人习惯以嚼咖啡豆而不是冲泡方式来提神。埃塞俄比亚以外最早出现咖啡饮料的地方是阿拉伯半岛南部的也门，时间大约在15世纪，也就是1470年以前。到了15世纪末叶，已传入伊斯兰教圣地麦加和麦地纳，16世纪初再传入开罗，16世纪中叶进入伊斯坦布尔，下一站则是与奥斯曼帝国有战争与贸易关系的伊朗。出口商人也将咖啡豆运往南欧，早在1615年，就把咖啡豆当作异国瘾品卖到威尼斯，直到17世纪40年代才变成比较普遍的商品。除了茶以外，咖啡是唯一在欧洲展开贸易扩张以前，就已远播至原产地以外的提神饮料。

不过，咖啡能够成为世界性饮料及全球化作物，则要归功于欧洲人。咖啡风行欧洲是17世纪后半的事，当时社会大众也是以咖啡馆为消费中心，就和伊斯兰国家一样。虽然流动摊贩也卖咖啡，但定点贩卖比较实际，因为煮咖啡、温咖啡的设备和火具过于笨重，不便携带。后来咖啡馆很快就变成男士们宴饮、闲聊、洽商的重要地点，法国文豪伏尔泰（Voltaire）——一位法国医生形容他是“最显赫的咖啡瘾君子”——之类的名人也聚集在此讨论文学与政治，于是咖啡馆又成为孕育自由观念与革命思想的场合。法国革命家卡米耶·德穆兰（Camille Desmoulins）即曾在巴士底监狱发生暴动以前，面对聚集在弗依咖啡馆（Café Foy）外的群众发表“拿起武器，准备作战”的演说。政府和教会当局虽有充分理由对咖啡馆产生戒心，有时甚至还勒令咖啡馆歇业，但都是因为担心咖啡馆里发生的事，而不是担心咖啡的刺激作用。

许多咖啡馆还兼售巧克力和烈酒这些东西，因此也成为当地的瘾品杂货铺。以巴黎著名的普罗可佩咖啡馆（Café Procope）为例，顾客除了品尝现煮咖啡之外，还可选择进口葡萄酒及特殊口味的烈酒，其中有一种叫作罗索利（rossoly）的烈酒，是将碾碎的茴香、芫荽、莳萝、葛缕子掺入晒过太阳的白兰地中饮用，而这些好东西却是伊斯兰咖啡馆的顾客享受不到的，因为伊斯兰咖啡馆不供应酒精饮料，买酒卖酒只能在酒馆这种名声不佳、备受社会排斥的地方进行。不过，客人倒是可以像欧洲人一样尽情吸烟，许多咖啡馆里也总是缭绕着浓密刺鼻的烟雾。这对咖啡馆的生意大有帮助，因为吸烟者代谢咖啡因的速度比不吸烟者快上 50%，所以要频频续杯才能维持同样的提神效果。许多瘾品不但可以彼此取代，还可以提高其他瘾品的需求量，所以瘾品贸易不是一种“零和竞争”。

欧洲咖啡消耗量在 18 世纪出现暴增现象，大约从 900 多吨增加到将近 5.5 万吨。同一时期欧洲进口的茶叶也从 450 多吨增长为 1.8 万多吨，可可则从 900 多吨增长为将近 6 000 吨。如果加上走私、闯关、腐败、掺假等因素所遗漏的数字，那么含咖啡因饮料消费量的增长率就明显超过同时期的人口增长率（50% 以上）了。至于咖啡的价格和使用阶层，则是呈现下降趋势，因为许多厨师和女仆一大清早也喝起了加牛奶的咖啡。

要不是欧洲人有计划地在殖民地生产，咖啡也不可能成为大众化饮料。咖啡开始在欧洲风行之初，荷属东印度公司就在摩卡港

（Mocha）大批采购也门咖啡，再以一两倍的差价转卖到阿姆斯特丹，这样的暴利吸引了英国和法国的竞争者，并进一步抬高摩卡咖啡的价格。东印度公司的董事们于是转移阵地，到西爪哇发展，在 1707 年试验性地将咖啡引进当地。到了 1726 年，全世界 50%~75% 的咖啡豆贸易都掌握在他们手中，咖啡也逐渐成为国际性的经济作物。

同样的故事一再重演。有些本土生产者试图长期垄断作物栽培，但没有成功，欧洲人及其殖民地后裔则运用他们的政治势力和控制手段，在殖民地扩充栽培性瘾品和烈酒的产量及市场。法国人还把圣多米尼克（Saint-Dominique，即海地）变成西半球的爪哇，在此大量生产咖啡，1774 年经由马赛港转卖给地中海东部咖啡供货商的咖啡出口量就有 200 万吨。葡萄牙人也在巴西如法炮制，西班牙人则是在中、南美开创佳绩。时至今日，拉丁美洲北部的永久可耕地中，咖啡园就占了 44%。虽然美洲是世界最主要的咖啡生产地，但是非洲拉撒哈拉沙漠以外的地区、南亚、东南亚，以及科纳咖啡（Kona coffee）的原产地夏威夷也都加入埃塞俄比亚和阿拉伯的阵营，变成重要的咖啡豆供应地。

这些咖啡豆绝大部分都运销美国，美国每人消费的咖啡量也长期高居世界排行榜的前几名。咖啡可以说是伴随美国人一起成长的，当年到西部拓荒的牛仔们（还有印第安人）都爱喝又浓又烫的原味咖啡，还说咖啡不需要加太多水。另外一种拓荒者，也就是阿波罗 11 号上的航天员，在降落月球 3 小时后，随即喝起了咖啡，这也是有史以来人类首次在其他星球饮用咖啡。

咖啡之所以长期受到美国人的青睐，传统解释如下：茶叶是 18

世纪 70 年代英国苛税与暴政的象征，也是殖民地一心抵制和破坏的目标，于是咖啡就摇身变成了爱国饮料。不过，政治抗争寿命毕竟不长，未将成本因素考虑在内的解释也不够周全。从长时间来看，更重要的原因还是在于美国占了地利之便，附近就有加勒比海与拉丁美洲的咖啡园，何况咖啡关税又很低（19 世纪每磅咖啡只抽取几分钱税金，有时候根本不必课税），因此每毫克咖啡因成本也低于其他含咖啡因饮料。巴西自 19 世纪 20 年代大量输出奴隶种植的咖啡以后，这种情况尤其明显。1830 年美国人一年平均消耗 1 公斤以上的咖啡，到了 1859 年，又提高到 3 公斤半以上。价格下跌同样改变了荷兰人的习惯，他们也是嗜饮咖啡的民族。1760 年以后，由于进口关税下降，再加上荷兰人平均咖啡消耗量增加了 4 倍，茶叶的销售成绩也就败给了咖啡。

20 世纪美国各地咖啡价格多半低廉，超级市场普遍以减价咖啡招徕顾客，快餐店也常附赠咖啡给客人，即使在 1969 年通货膨胀期间，科罗拉多州卡农市（Canon）一家贩卖饮料的杂货店，还是照样供应 3 美分一杯的咖啡（该店先前曾将价钱调涨为 4 美分，没想到竟有一半老顾客忘恩负义，拒绝上门），在许多食物救济站、商场开业庆典、义卖会和户外野餐会中，咖啡更是免费供应的饮料。20 世纪 70 年代，美国人平均只要花半分钟劳力，即可赚到一杯现煮咖啡，比喝一杯咖啡还省时间。独立革命时代的美国人“天生厌恶茶叶”这件事固然值得大书特书，但是观察近代美国饮用咖啡的经验，可以归纳出一个简单的结论和教训：某些精神刺激瘾品一旦可以广泛取得、积极促销、降低价格，就会深受大众欢迎，如果这些人养成了依赖的习惯，这些瘾品就更是所向披靡了。

茶叶的消费情形与咖啡如出一辙，也是在价格下跌以后逐渐普及化的。茶叶原产于印度与中国接壤的地区，一部成书于公元350年的中国古籍指出，茶是一种药饮，到了8世纪晚期，中国人已经普遍具有喝茶的习惯，这点可从课税制度看出来。虽然没有人知道日本人是于何时开始学会喝茶的，但有证据显示，茶叶在公元815年出现于日本，茶树种子则是佛教僧侣从中国带来之后种在寺庙庭院里的，后来为了体现禅意而发展出来的“茶道”在日本文化当中受到重视的程度反倒甚于中国了。

1610年时，荷兰人首度将茶叶输入欧洲，但是价格居高不下，直到1713年英属东印度公司开始与广州直接通商，情形才改观，此后合法与不合法的茶叶贸易也渐次增加。1784年间，英国政府不再征收大部分茶叶关税，茶税降低也使得走私者无利可图，茶叶消费量亦随之增加，例如18世纪末英格兰与威尔士每人每年消耗将近1公斤茶叶（相当于400杯茶），而且所付价钱只有1720年的1/4。

英属东印度公司及其竞争对手持续扩大对中国的贸易，是制茶事业迈向全球发展的第一个阶段，第二阶段发生于19世纪中叶欧洲殖民列强纷纷垄断茶叶栽培之后。当时荷兰人把茶树带到爪哇，种在不堪栽植咖啡的土地。英国人也把茶树引进印度和锡兰，由于这两个地方的咖啡树遭到某种病虫的侵害，致使咖啡业损失惨重，只好将枯死的咖啡树砍下，运回英国制造茶几的桌脚。1887年4月，茶叶贸易发展出现了一个转折点，当时欧洲最大茶叶消费国——英国——自印度与锡兰进口的茶叶首度超越了中国茶，这主要是基于成本考虑。中国人对出口茶叶课征的关税较重，生产效率又比不上印度大茶园，为了维持高价，他们干脆减少茶叶供应量，结果无功而返，因为产茶事业不再由中国人独占，而是被印度和锡兰的生产者取代了。像立顿（Thomas Lipton）这样积极的零售商，就是直接采购印度及锡兰茶叶，而且采取薄利多销的手段，每磅茶叶只卖 1 先令多一点儿，连最穷的人都买得起。

第三阶段是在 19 世纪末与 20 世纪初，这时茶叶栽培已从亚洲远播至非洲东、南、中部。1952 年，非洲种植茶树的土地已达 3.9 万公顷，茶叶产量则超过 2.1 万吨。同一时期亚洲南部贸易茶的生产量也大为增加，茶园分布范围极广，东起台湾岛，西至伊朗和俄罗斯高加索地区。茶树栽培也传到了巴西、阿根廷、秘鲁，虽然这些茶树在适合种植咖啡的南美洲土地生长良好，却始终未能成为当地的主要经济作物，这也许是面临太多竞争产品的缘故，不但竞争不过咖啡和可可，还输给了瓜拉纳（guarana，是一种藤本植物，种子富含咖啡因，可制成饮料）和马黛茶（yerba-maté，产于巴西、巴拉圭的一种茶叶），马黛茶的消费者超过 2 000 万人，分布于巴西南部、乌拉圭、巴拉圭、阿根廷、智利、玻利维亚，以及秘鲁部分地区。

日后注定成为非洲重要作物的可可树，原产于热带美洲，是由当地的奥尔梅克人（Olmecs）于公元前 1 500 年后开始种植的。后来西班牙人从玛雅人及阿兹特克人（Aztecs）口里得知这种植物，当时玛雅人与阿兹特克人已经懂得将磨碎的可可豆和各种香料混在一起制成巧克力，作为权贵阶级享用的饮料，而且常在宴会结束时连同烟草一起奉上，很像后来欧洲贵族常在宴会之后喝甜酒、抽雪茄的情形。

在 17~18 世纪的欧洲，巧克力也成为贵族化的饮料，但都是加了糖热过以后才喝，不像阿兹特克人那样，喝的是又冷又苦的巧克力。西班牙、意大利、法国的社会与教会权贵阶级尤其喜好巧克力，所以巧克力带有一种统治阶级的颓废味道。身材肥胖的法国作家萨德（Marquis de Sade）就十分迷恋各种巧克力，连坐牢期间都乞求妻子送来巧克力粉、巧克力奶油、巧克力糖，甚至还用可可油栓剂来润肠。“我要……一个撒了糖霜的蛋糕，”他在 1779 年写道，“但希望是巧克力口味的，里面的巧克力也要黑得像被熏黑的魔鬼屁股。”

巧克力走向平民化，是 19 世纪的事。由于制造技术改良、生产工业化、栽种面积扩大，使得欧洲人普遍买得起巧克力做成的饮料和食品，到了 1899 年，欧洲进口的巧克力已超过 4.5 万吨。1828 年间，荷兰化学家侯登（Coenraad Johannes Van Houten）研究出一种可将巧克力所含大部分可可油压榨出来的技术，并取得专利。榨过油后的硬块经过磨碎，并用碱性盐处理之后，即可用开水冲泡成便宜的可可饮料，而不需要动用镀金壶，也不需要搅拌浓稠的液体。于是，可可变成了儿童的早餐饮料，巧克力糖也成为中产阶级用来表达情意的礼物。

当侯登与其他人勠力改造巧克力产品的制造方法时，葡萄牙人也在 1822 年成功地将可可树移植到大西洋彼岸，第一站就是位于非洲外海的小岛——王子岛（Principe）。西班牙人则将移植地点集中于菲律宾，后来可可的栽植与消费便在菲律宾风行起来。到了 19 世纪 70 年代，可可树也在非洲登陆，虽然欧洲列强不断向东方推展可可栽培，开辟的可可园也从锡兰延伸到萨摩亚群岛，但是西非却取代了拉丁美洲，成为 20 世纪全球最重要的可可生产中心。例如 1991 年非洲供应的可可，就占世界总供应量的55%，而墨西哥（是最早种植可可的地方）的供应量只占15‰。

西非也是可乐果的产地，这种作物很晚才进入世界贸易领域，加入方式也很特别。可乐果的咖啡因含量高于咖啡豆，而且含有少许可可碱，这是一种比较温和的提神物质，可可之中也有。可乐果的传统食用方式，是把果子敲碎以后放在嘴里嚼，有提神、兴奋和催情作用。由于可乐果容易变干，又需要特殊包装，所以最远只能卖到非洲西部大草原的伊斯兰教徒手上，他们都将可乐果视为烈酒的替代品。咖啡、茶叶、可可比较不容易变质，因此也比较适合作为国际贸易的商品，例如咖啡就可以长途运送，而不必担心质量损坏，只要船上的货物管理员注意基本事项（譬如不要把咖啡豆跟胡椒放在同一个货舱）就行了。

可乐果在变成瘾品成分及碳酸饮料之前，并非世界贸易商品之中的主角。19世纪60年代，马利亚尼酒（Vin Mariani，一种含有古柯叶成分的葡萄酒）问世，并畅销世界，于是带动业界展开将酒精与提神物质混合制成饮料的实验，卡拉弗拉酒（Vino-Kolafra）便是这种实验下的产品，制造方法则是将可乐果掺入玛萨拉葡萄酒（Marsala）。（有人说："烂醉如泥的黑人随便喝一口这种酒，半小时内就会清醒过来。"）而在这些新产品之中，最著名的便是可口可乐，它是用"人类在工业化以前就已经知道的两种强烈提神物质"调制而成，喝过之后留下的苦味，则以香料和柑橘油盖过。可口可乐最早称为"彭氏法国古柯酒"（Pemberton's French Wine Coca），后来发明者约翰·彭伯顿（John Pemberton）博士为了安抚极力主张禁酒的人士，便去掉酒的成分，并重新将可口可乐定位成非酒精饮料。1903年，彭伯顿的继承者又将可口可乐里的古柯成分去除（因为当时古柯已经成为与黑道扯上关系的争议性毒品），而以一种不含古柯碱的萃取液来保持风味，并添加咖啡因结晶粉（萃取自废弃的茶叶碎屑和其他东西）来维持提神效果。

没想到此举竟激怒了哈维·威利（Harvey Wiley）博士，此君一向倡议世人使用天然食品与瘾品，他为“瘾品上瘾”下了这样的定义：“服食任何毫无营养价值、会直接刺激身体器官或控制器官的神经，以致需要或被迫重复使用的提神、兴奋瘾品。”照这标准看来，咖啡因就是会令人上瘾的瘾品了，而威利的这项观点，乃是得自医学研究与亲身体验——南北战争期间，他曾舍弃军中配给的咖啡，改喝牛奶，结果发现有益健康。后来他在1911年控告可口可乐公司，并在诉状上指出这种卖给儿童喝的饮料里所含的咖啡因，是标签上并没有注明的有害成分。经过一番缠讼之后，可口可乐公司终于将咖啡因含量减半。

此案开审前一年（也就是1910年），美国各地已能买到可口可乐，不过仍属于本土性产品，直到第二次世界大战以后，才开启了全球化的商机。当时可口可乐公司老板罗伯特·伍德拉夫（Robert Woodruff）实行了一个政策：不计任何代价将5美分一瓶的可口可乐供应给世界各地的美国大兵。（他表示：“我们是在放长线钓大鱼。”）美国政府也从善如流，免除军中若销售可口可乐就不得享受砂糖配给的限制，美国大兵更在作战期间将这种饮料介绍给许许多多欧洲人和亚洲人，于是64家可口可乐装瓶工厂（有些工厂雇用德国与日本战俘担任装瓶工作）就这么踩着他们胜利的脚步，如雨后春笋般建立了起来。

到了1955年，可口可乐已经销往世界89个国家——曾经是美国“新政时期”（New Deal）政要，后来转任可口可乐出口公司（Coca-Cola Export Corporation）董事长的詹姆斯·法利（James Farley）形容可口可乐“象征纯正的美国精神，是经过多年诚实制造、认真改进、营销全球的高贵产品”。1991年，这数字又提高到155国，同年可口可乐主要竞争对手百事可乐也已行销151国。而可口可乐及其竞争者“认真改进”的项目之一，就是不再以可乐果萃取物作为原料，因为他们取得了更便宜的咖啡因及香料。历史学家保罗·洛夫乔伊（Paul Lovejoy）认为，现在的可乐饮料只能算是和“七喜”汽水差不多的“非可乐”饮料，这话说得十分贴切。

非酒精饮料当中最主要的提神成分是咖啡因（不论其来源是可乐果、瓜拉纳，还是别种植物），咖啡与茶叶也是如此。当然，这些饮料绝不只是提神瘾品而已，人类学家或广告主管都可以证明，它们也是富有文化象征与政治内涵的东西，所以当第一批满载可口可乐的卡车开进波兰首都华沙的时候，市民才会夹道欢呼。然而，要不是含有咖啡因之类的提神成分，这些饮料也不可能在全世界受到如此热烈的欢迎。尽管威利博士对可口可乐的看法稍嫌偏颇，但还是有其道理：没有咖啡因，可口可乐的热潮也不存在。咖啡因可以说是将可口可乐送上世界轨道的火箭发射台，这条轨道则是靠着巧妙运用可口可乐的美国偶像地位，以及西方消费形态才得以持续进行的。

共享咖啡因。《饮用咖啡、中国茶、巧克力的调制法》（*Tractatus Novi de Potu Caphé, de Chinensium Thé, et de Chocolata*, 1685）的卷首插图，此书收集多篇有关当时风行欧洲的新颖饮品，影响甚广，也译成多种文字。图中前方的巧克力壶旁有一支搅拌棍，饮者用此棍将浓稠的巧克力搅得起泡后饮用。

糖在精神刺激革命中的角色

除了咖啡因之外，可口可乐还含有许多其他成分。如果不添加糖分，它还能征服世界吗？这问题其实很重要，有助于了解可乐饮料之所以大发利市的其他原因。糖的生产与消费历程，和精神刺激瘾品发展史之间存有许多关联，要了解糖业，就必须知道瘾品发展的经过，反之亦然。

甘蔗栽培最早起源于新几内亚或印度尼西亚，然后传入中国（把甘蔗当作春药嚼食）和印度（用甘蔗提炼蔗糖与糖蜜）。后来阿拉伯的商人、征服者和殖民者将甘蔗带到地中海东部、北非和伊比利亚半岛，故有“蔗糖随《古兰经》而至”之说。15 世纪时，葡萄牙人与西班牙人再将甘蔗栽培引进马德拉群岛（Madeira）、亚速尔群岛（Azores）、圣多美（São Tomé）及加那利群岛。1493~1494 年间前往海外探险的哥伦布，又将甘蔗移植到西印度群岛，但成果也和移植酿酒葡萄一样不甚理想。然而接下来的半世纪，还是有人再接再厉，并且证明了西印度群岛仍可生产少量蔗糖。1550 年后，在雨量丰沛、土壤肥沃、劳力充足等条件配合之下，蔗糖与糖蜜的生产迅速遍及美洲热带地区各个角落。17 世纪期间，世界蔗糖贸易每年约增长 5%，巴西与加勒比海东部群岛也成为蔗糖与糖蜜的重要产地。

此后糖的需求量大增，18 世纪年增长率上升到 7%，19 世纪因为有了甜菜制造的糖，增长率又上升至 10%。欧洲国家当中以英国人最爱吃糖（他们的牙齿恐怕也是最糟的），因此每人消耗的糖从 1700 年的 2 公斤，增加到 1800 年的 8 公斤，到了 19 世纪 90 年代，更高达 40 公斤。殖民地产量扩充，也使得糖成为社会各阶层都买得起的产品，就像含咖啡因饮料一样。18 世纪的英国商人以及 19 世纪的欧洲下层劳工，纷纷养成了把糖加到中国茶或印度茶中饮用的习惯，历史学家对此现象提出了种种不同的诠释，有的说是为了替劳工阶级增加热量或提振精神，有的说是为了获得他人的尊敬，也有人说这是一种对神经刺激物质上瘾的新形式，于消费者不利，对种甘蔗的奴隶更不好，让他们累死在被人剥削的岛屿上。

今天，除了谴责糖会造成儿童多动症和其他疾病的人以外，一般人都不认为糖是一种瘾品。不过，近代初期欧洲人却把糖视为一种强效瘾品和异国香料。由于海外产量增加、糖价下跌，欧洲人才渐渐利用糖来增加咖啡、茶、巧克力（都是带有苦味、以植物熬煮出来的提神饮料）的甜味。有位医生在 1750 年说道："大多数人都觉得，不加糖的茶喝起来就像淡而无味的酒。"据说葡萄牙首都里斯本的居民也在他们喝的巴西咖啡里添加大把大把的糖，杯子里的糖多得连汤匙都可以立起来了。当然，喜欢品尝苦味饮料的习惯是可以培养的，世界上也有千千万万人爱喝不加糖的咖啡。不过，诚如人类学家西德尼 · 明茨（Sidney Mintz）所说，这还有赖于"文化背景耳濡目染"，换句话说，就是必须经过一番学习才会爱上那苦涩的滋味。

反过来说，喜好甜味则是一种普世共通的天性（从小婴儿身上即可看出这点），而且几乎可以说是人类进化的必然结果。母乳是甜的，人类始祖所喜爱的成熟水果也是甜的。在含有酒精或咖啡因的饮料中添加大量糖分，可使这些饮料更迎合欧洲人的口味，也使它们更受欢迎。莎士比亚剧中人物福斯塔夫（Falstaff）说过："如果喝酒、吃糖都有罪，就请上帝救救这些坏人吧！”早在1332年，意大利蒸馏酒厂酿造的甜酒已经卖到了巴黎，并且立刻风行一时。这场甜酒革命提高了糖的需求量，情况一如消费量自17世纪以降即不断增加的提神饮料。过去50年来，积极拓展市场的碳酸饮料制造商纷纷在许多新兴国家展开“可乐殖民”，再加上电冰箱普及的推波助澜，咖啡因与糖的关系也就更加密不可分。

在亚洲，糖（或是蜂蜜）一直是调制大麻的重要成分，鸦片烟的混合物有时也特别添加了糖，世界各地烟草制造商更是利用糖来为烟草制品保鲜、添味与上色，例如19世纪烟草商制造淡味烟草（嚼食和口吸两用）的标准配方，是在每45公斤的烟草叶里添加6公斤的甜味材料，其中包括糖、甘草、朗姆酒和甘油，它们都是常见的烟草“调味料”或“包装料”。

糖蜜（是蔗糖提炼过程中所制造的副产品）也在精神刺激革命中身居要角，从巴西和法属加勒比海殖民地输出的大批烟草叶，就是利用糖蜜来保鲜的。在美国人经常嚼食的烟草丝里，也经常添加了糖蜜。糖蜜还可以当作朗姆酒的基础成分，这种烈酒（酒精浓度达100~200美式酒精度①）最早是在17世纪40年代于西印度群岛酿制而成，18世纪步入全盛时期，成为许多欧洲人、非洲人，以及大西洋沿岸印第安居民偏爱的饮料。另外，糖蜜也是奴隶买卖（早期生产甘蔗所需要的劳力，即是靠这种交易提供的）中的重要商品，所有被卖到外地的非洲奴隶当中，就有60%~70%是在生产蔗糖的欧洲殖民

① 美式酒精度（proof）的100~200度等于欧式百分比的50%~100%。——编者注

老姑娘。一杯（其实是一碟）茶加奶油与糖以慰寂寥。这幅 1777 年英国印制的图片还有一句刻薄的附语："猫仔别舔奶油，你的女主人也想舔。"

地落脚。如果他们的人口也能像种植烟草和棉花的美国黑奴那样自然增加，这个百分比应该会低一些，可是由于他们遭到疾病肆虐，必须从事永无止境、耗费精神、劳动体力的甘蔗采收工作，又是住在热气蒸腾的房子里，以致死亡率不断增加，生育率不断下降，因此奴隶船也就一批批地开来。

发生在蔗糖、朗姆酒以及奴隶身上的情况，也在所有重要植物性瘾品身上发生过，只是形式不同而已。精神刺激革命是靠大量的劳力剥削完成的，最残酷的剥削方式，则是庄园的主人与工头为了生产蔗糖、烟草、咖啡和其他作物，逼迫没有行动自由的工人（包括签了卖身契的仆人，以及非洲黑奴）操劳至死。但是，欧洲的权贵阶级还懂得利用瘾品来控制、安抚、欺诈劳工，这又是以伪装的手段来剥削劳力，都是表面上看不出来的剥削伎俩。

三小宗：
鸦片、大麻、古柯叶
The Little Three: Opium, Cannabis, and Coca

2

The Little Three: Opium, Cannabis, and Coca

酒、烟草、咖啡因是精神刺激革命的三大主要产品。三者的产量、销售、消费的规模都太大，又完全成为全世界各种文化的一部分，所以比较不易遭到勒禁。鸦片、大麻、古柯叶则是这场革命中的三个次要产品，从一开始就不曾像酒、烟、咖啡因那样普遍被使用，改革者因而能够将这三样当作全世界管制禁止之物。然而，三者至今仍是利润极大的货品。数以千万计的人在服食未经加工的鸦片、大麻、古柯叶，或使用提炼过的产品：海洛因、大麻剂、可卡因[按联合国的国际药物管制规划署（International Drug Control Programme）统计，20世纪90年代的使用程度，海洛因与其他鸦片产品达到每年800万人，可卡因1 330万人，大麻1.412亿人，均属非医疗性质每年至少使用一次者]。对于大多数人而言，“瘾品”一词指的就是这些东西。

鸦片

罂粟的原始生长地是何处？从欧洲西部、南部到中国西部的各种说法都有。按马克·戴维·默林（Mark David Merlin）仔细研究后所呈现的结果，最可能的传播路线是从中欧到地中海东部，时间是公元前1 600年前后。可能是新石器时代居住在瑞士陆岬与其毗邻地区的人在野生的草本植物中发现了鸦片。他们后来认为鸦片是有价值的东西，因为罂粟子可食用，可榨油，可供药用，还有刺激精神的作用。就这一方面而言，鸦片与大麻是相似的，大麻也是对种植者有很高食用滋养价值的植物性药物。鸦片向东南传播可能是掺在谷物中意外造成的，也可能是以外地贸易货品之姿刻意达成的。不论是哪一种方式，鸦片在希腊、克里特岛、塞浦路斯，以及地中海东部沿岸各地，都成为人们熟知的有用之物。

用鸦片治疗起来特别有效的是各种文明病：焦虑、烦闷、长期疲劳、慢性疼痛、挫败、幼儿啼哭。此外，对人口集中的地区到处可见而且往往会致命的痢疾等疾病尤其有效。排泄物传染的疾病对于居无定所的人群不会有多大困扰，对于定居下来却没有卫生设施（这些设施是19世纪以前根本不存在的）的人却是极大的麻烦。古希腊罗马的医生已经懂得调制鸦片药剂治疗肠胃及其他疾病的方法。公元161至180年在位的罗马皇帝马可·奥勒留（Marcus Aurelius）有服用鸦片的习惯，除了辅助睡眠、纾解军事战役的紧张压力之外，鸦片还能帮他远离他一向鄙夷的俗世之中的情绪烦扰。古罗马人不堪久病折磨时甚至会吞服鸦片自杀。有些研究者认为，人们拿给钉在十字架上的耶稣喝的“调和苦胆”的酒其实是调了鸦片的，而耶稣拒绝喝它，就好像坚忍的战士在上刑场时拒绝蒙上眼睛，也不抽临刑前的最后一支烟。

鸦片是阿拉伯医术中的重要药材，8世纪时将鸦片传入伊朗、印度、中国的也是阿拉伯的贸易商。这三个国家后来都成为生产与消费鸦片的主要地区。一世纪以前，具有久居印度经历的英国医生威廉·穆尔爵士（Sir William Moore）着手研究鸦片在东方使用普遍的原因。他的分析结论除了有少部分的欠妥之处外，至今大多仍站得住脚。

穆尔提出的第一个原因是其可以就地供给。罂粟虽然在每个大陆地区都试种过，但如果要达到符合获利目标的生产标准，必须有充裕的灌溉水、优质的土壤、足够的肥料，最重要的是具备相关技能的农工不虞匮乏。采收者用特制的工具在未成熟的籽囊上划开切口以汲取汁液——鸦片（源自希腊文Opion，意指罂粟汁）。由于鸦片是靠手工小量采收的，每名工人一天只能采收几两之量，所以做工者必须细心，而且工资必须低廉。20世纪初期的土耳其鸦片采收工，每天工作14小时的工资是30至50美分。在南亚与东亚的人口稠密地区这样的劳工多的是。他们生产的鸦片大部分销往外地，但仍有一些流入本地市场，连当局的禁令也阻止不了。

另有一个原因是宗教的：由于伊斯兰教禁酒，鸦片乃是比较可接受的替代品，而且鸦片是医疗上必需的。腹泻（在印度极为普遍，以致腹泻的拉丁文名就是“孟加拉国病”）的患者需要服鸦片，发疟疾的人也要服。疟疾在印度、中国西南部、东南亚的湿热地区很常见，在英国的沼泽地区也不少，所以穆尔指出，沼泽区的英国人同样常用鸦片来治疟疾。

穆尔认为受气候影响的不只是传染病。天气炎热也造成东方人比西方人更易“困倦”，所以更用得着鸦片。此话乍看简直是帝国主义者的一派胡言，但如果细看，人们因为气候导致精神不振而使用鸦片，这个说法既没有错误，也没有种族歧视可言。在西方与阿拉伯医术中都有以鸦片为纾解剂的悠久历史。阿尔比鲁尼（Al-Bīrūnī, 973~1048）曾说：“居住在热带或炎热地区的人，尤其是居住在麦加的人，养成每天服食鸦片的习惯，借以消除疲惫，纾解酷热对身体造成的不适，使睡眠安稳，并净化过度的情绪。他们开始只服最少的剂量，但渐渐会增至可能致死的剂量。”

再有一个原因是，鸦片是可以省钱的瘾品，吸了鸦片的人食量会变小——喝茶也往往是为了减少食物的消耗。吸鸦片的花费也比饮酒或其他消遣娱乐来得少。东方世界的劳工没有西方劳工视为当然的歌舞厅、公园、图书馆等休闲去处，抽一口鸦片乃是他们负担得起的少数消遣之一。

在整个亚洲之中，吸鸦片种鸦片的发展在中国是最显著而深入的。中国人最初吸鸦片是从吸烟草衍生的，吸烟于 17 世纪初传入中国。后来，中国人开始用烟丝混合半精炼的鸦片一起吸。到了大约 1760 年，有了调制鸦片膏的方法，可以不混烟丝只吸鸦片。起初吸纯鸦片只是富有人家的消遣，至 19 世纪 30 年代已经传遍宫中的太监、文武百官、商人阶层。到 19 世纪 70 年代，吸鸦片在轿夫、船夫，以及其他靠劳力生活者之中已是平常的事。再到 20 世纪初，连农民也在吸鸦片了。按纽曼（R. K. Newman）前几年的估计，1906年间有鸦片瘾而必须每天吸食的中国人多达1 620万（占总人口的36‰，成年人的6%），可能有半数的成年人口至少在节庆或生病时吸食过。（纽曼估计的人数也包括无药可救而靠鸦片纾缓痛苦的病人，成年人口则包括已在工作的青少年。他的估计方法有其长处，但他的修正派论点——吸鸦片其实不是那么严重的问题——却值得质疑。他按供应面所做的估计未纳入违法的交易，所以人数的确不多。但是与当时的西方社会相比，36‰仍是非常高的比率，比鸦片烟瘾高居工业化国家之冠的美国高得多。）

吸食鸦片变得如此普遍，供应量因而必须大大提高。鸦片的故事因此与茶的故事交会。英国未在印度和锡兰开辟自己的茶叶农场之前，茶叶得从中国进口——日本当时对西方是封锁的。此外，英国也进口中国的丝织品、瓷器，以及各式各样的中国物品，产生了严重的国际收支不平衡的问题。英国于1757年统治了印度之后，有了解决问题的办法。它虽然不是第一个从印度出口鸦片的殖民帝国，却发展出成功周全的鸦片销售及制造的垄断系统。这套系统的生财效率奇佳，后来占有英属印度总收入的1/7。鸦片产量大宗输往中国，抵消了购茶的花费后还绰绰有余。

载运——其实是走私——鸦片到中国的民营贸易行也兴旺起来。怡和洋行（Jardine Matheson & Co.）的老板之一詹姆斯·马西森（James Matheson）靠着卖鸦片赚的钱成为英国境内第二大地主，他于1844年买下了苏格兰西北海岸的离岛“刘易斯岛”，并且花费50万英镑以上的代价修了有锯齿状围墙的仿都铎王朝时代的荒唐建筑，名为“卢斯堡”。因为岛上的土质不符合他的园艺需求，他又从苏格兰运来上千吨的泥土，专供栽种花草树木。

鸦片生意是由英国商人把持的，但美国人在1812年的战争之后的30年中也参加了一脚。设在波士顿的柏金斯公司（Perkins & Company）曾经买下土耳其鸦片产量的一半或更多，专销到中国。狄兰诺二世（Warren Delano II），狄氏家族企业的开创人，也是罗斯福总统的外祖父——主持的另一家美国大商行罗素公司（Russell & Company）也从鸦片买卖赚到了大钱。狄兰诺从广东写的家书中说：“我无意从道德与慈善的观点为鸦片贸易之诉讼辩护，但身为商人的我要强调这是公平、正当、合法的生意；如果往坏处说，这项贸易可能比葡萄酒、白兰地等烈酒进口到美、英等国更易遭到更多、更强烈的反对。”

在中国人眼中——以及许多历史学者的眼中——马西森和狄兰诺这些人都是恶棍。狄兰诺的一番说辞遗漏了一件不便表明的事实：卖鸦片到中国在当时是公然违法的行为（卖葡萄酒和烈酒到美国并不违法）。自1729年中国朝廷就已明令禁止鸦片贸易。在正直的清廷官员终于采取查禁鸦片的行动之后，英国人就诉诸武力，在第一次鸦片战争（1839~1842年[①]）中打败了中国。英国的军舰大炮炸毁了中国的炮台；英国水兵把中国人的死尸集拢来投进大坟坑，立了一个手写的讥讽碑铭：“共赴黄泉”。两国第二次交战（1856~1858年[②]）的结果是，鸦片贸易彻底合法化。在1839年已经达到2 700吨的鸦片贸易

① 第一次鸦片战争的时间，据中国官方记载为1840~1842年。——编者注

② 第二次鸦片战争的时间，据中国官方记载为1856~1860年。——编者注

量，在 1879 年冲到 6 800 吨。

这时候中国境内也有每年 1.45 万吨鸦片的产量，以补足越来越大的需求量。主要产地包括贵州、云南、四川，其中又以四川产量最多。鸦片是利润高且方便运输的冬季作物，农民种植鸦片的收入是种小麦的 2~4 倍，所以在四川成为交易媒介、税收来源，也是一般人偏好使用的瘾品。“中国没有一个地方的人像四川人这么富，也没有一个地方比这儿的人抽的鸦片多。”清朝政府在 1906 年（光绪三十二年）试图逐步消灭境内种植的鸦片，华东地区拥护这一政策，靠鸦片致富的西南地区却反对。四川官员以加重税赋来执行这个政策，导致农地价值暴跌。暴民捣毁了四处税务所，官员便派兵镇压。1911 年国民革命成功，四川百姓欢欣无比，以为民国建立后会核准种植鸦片。

中国帝制结束的这一出历史上的政治大戏，是在人口持续增长的背景中演出的。西方人于 17 世纪引入东亚的不只是烟草，还有甘薯、花生等多种食用作物，促成了人口的稳定增长。结果与欧洲的情形一样，人口压力导致移民。1848~1888 年间，有 200 万中国人——大多为年轻的男性——外迁到马来半岛、中南半岛、苏门答腊、爪哇、菲律宾群岛、夏威夷、美国加州和澳大利亚。之后发展成全球性的移民，纽约、伦敦、鹿特丹、阿姆斯特丹等各大贸易货物集散地都出现了华人区。

吸鸦片也在这些地方成为固有现象。从中国来的“苦力”——不论已婚未婚——大多是光棍一条，平日生活寂寞、受压迫、欠着债务，又远离家族的影响约束，所以放松的方式离不开单身汉惯做的勾当——赌博、嫖妓、抽鸦片。操控这些勾当的税官和组织都大发其财。研究泰国华人社会的施坚雅（William Skinner）指出，泰国靠华人的勤俭美德而能扩张工商业的规模，但泰国政府也靠华人的恶习扩大了国库的收入。这种情形在有华人移民的社会都是事实。

有人难免会想到，鸦片吸食传遍全世界算是为中国人当初受印度鸦片贸易之害而报了一箭之仇，其实各国所受的影响轻重不一。传闻中伦敦东区林立的鸦片烟馆，乃是受了狄更斯（Charles Dickens）、柯南·道尔（Arthur Conan Doyle）、王尔德（Oscar Wilde）、儒默（Sax Rohmer）等名家以及许多非名家的小说创作的影响，实际情况远不及他们想象的那么严重。倒是在美国19世纪70~80年代曾有普遍吸鸦片的现象，当时这是白人底层社会一件重要的习惯，也种下了罪犯毒品亚文化的根由。

抽鸦片的行为与鸦片瘾也在上流社会与中产阶级中迅速蔓延。1870至1890年间，美国进口药用鸦片制剂的平均每人用量加倍了。一位新闻报道者说："如果可能今天就禁止鸦片制剂买卖，一周之内，每个城市乡镇的每个角落都会出现发疯的人和死在路旁的人。"鸦片制剂使用量增加的原因是南北战争（这是次要的因素，一般常将其影响夸大了）、有专利权的制药业，以及最重要的一个原因——皮下注射的吗啡之风行。

神圣的吗啡

鸦片中影响精神状态的物质主要是生物碱，也就是吗啡。德国药学研究者弗里德里克·塞尔杜纳（Friedrich Sertürner）在1803至1805年间研究将这种物质分离出来，并于1805年将研究结果以一篇简短的笔记发表。直到他于1817年在《自然科学年鉴》（*Annalen der Physik*）上发表一篇较长的报告之后，这项发现的重要性才受到广泛注意。创建了制药王国的海因里希·伊曼纽尔·默克（Heinrich Emanuel Merck）于1827年进行制造，才开始商业规模的生产。至于塞尔杜纳本人，此时已将注意力转到其他研究计划上，项目之一是改良军火。塞尔杜纳是个才能多样却古怪的人物，可能对自己的研究成果上了瘾。他于1841年逝世之后渐渐被人遗忘，却在第一次世界大战期间重振名声。他在生物碱化学研究方面的贡献，吗啡对于伤残医疗之不可或缺，同样受到一致肯定。

吗啡虽有上瘾的危险，却也有其他良好的医疗用途。鸦片的生物碱成分本来就因为土壤与气候条件之不同而各异，再加上人心的贪婪作祟，故意往鸦片成品中掺入杂质，使医药用鸦片的成分更难掌握。19世纪的医生都知道，鸦片是所有药物中最常被掺入杂质的，所以往往开给病患很重的剂量，以免用了药却不见效。有了吗啡以后，这些疑虑一扫而空，医生们再也不用可厌的鸦片了。吗啡质纯，所以不难预测服用的效果。吗啡可溶于水，所以能用注射的方式获取；皮下药物治疗的发展主要目的即在施用吗啡。注射的方式不会有口服引起的肠胃不适，效用也产生得更快，而且效用更强、更令人愉快。因此，吗啡注射也更容易上瘾。

吗啡的使用量随着皮下注射医疗的传布而上升。1855年，亚历山大·伍德（Alexander Wood）首创皮下注射法，这一年巴黎各医院的病人接受药剂科开给的吗啡量总共只有272克。到了1875年，医生们都习惯用皮下注射的治疗方式，使用总量超过了1万克。吗啡的一大优点——也是其危险之所在——是可以减轻医生无法治疗的病因引起的症状。

1886年间，法国科幻小说家儒勒·凡尔纳（Jules Verne）遭一名精神错乱的侄儿开枪打伤，中弹处在小腿。由于凡尔纳有糖尿病，医师们判定不宜动手术，唯一的办法是慢慢照顾到复原。治疗期间，医生用吗啡缓解痛苦。满怀感激的凡尔纳写了一首十四行诗——这不是他擅长的文体——赞美这为他镇痛且解闷的药品，诗中说："啊，用你的细针扎我一百遍／我也要赞美你一百遍，神圣的吗啡。"

吗啡并不是完全用在病患身上。19世纪末与20世纪初的欧洲研究报告一再显示，"吗啡瘾者"之中的医生与药剂师不在少数，这又证实穆尔提出的鸦片盛行的第一个原因——邻近供应来源——说得没错。其实没有哪个职业群或社会阶级是完全与吗啡隔绝的。妓女们打吗啡，政要们也打，在法国政坛叱咤一时的乔治·布朗热（Georges Boulanger，1891年自杀）就有一次在总统官邸底层注射时被人发现。

俾斯麦（Otto von Bismarck, 1815~1898）的案例特别值得一提，也足以说明瘾品如何影响而终至主宰个人的生活。体重122公斤的德国首相俾斯麦的烟瘾酒瘾都很大，而且非常贪吃。他也因此付出了代价，饱受痛风、消化不良、失眠、偏头痛，以及疑心病与妄想症并发的各种病症的折磨。1883年，做事实在的巴伐利亚医生恩斯特·施文宁格（Ernst Schweninger）担起医疗重任，立刻严格规定他的饮食，限制他摄取瘾品。俾斯麦起初颇能配合，但不久又喝起酪乳搭配上等白兰地。医生告诉他，抽烟使他的颜面神经痛恶化了，他才同意减量至每天晚餐后只抽 4 斗烟。于是，他买了一支他能找到的最大的烟斗，斗杆长 91 厘米，瓷斗硕大无比。而且，如果没人监视，他还要抽上第 5 斗。俾斯麦也服吗啡，主要是不堪失眠之苦。虽然施文宁格否认首相有吗啡瘾，柏林的政要圈子里却不大有人相信。与俾斯麦意见不合的荷尔斯泰因（Friedrich von Holstein）在 1888 年 2 月的日记中写道："从现在起，首相做或忘了做任何事，都可以从两方面考虑因素：吗啡或威廉亲王。"

俾斯麦以及 19 世纪晚期约数十万欧洲人和北美人注射的吗啡，都来自东半球种植的鸦片。在 20 世纪以前，西半球的鸦片种植除了零星的实验与战时的应急之用，其他规模都小得不值一提。20 世纪 10~20 年代制定的法律与协议导致毒品黑市兴起以后，情况就改变了。地理位置邻近美国这个最大最赚钱的市场，可使走私轻而易举。墨西哥西北部的索诺拉（Sonora）在 1926 年间已有数不清的罂粟田，生产的鸦片卖给境内的华人，也越过边界卖入美国。违法的鸦片出口不断扩大，引来贪污的控告，也使美墨两国关系紧张。1947 年间，美国毒品管理局（Bureau of Narcotics）局长哈里 · 安斯林格（Harry Anslinger）估计，墨西哥的罂粟田面积在 4 000~5 000 公顷之间，可出产 32~40 吨的鸦片，其中至少半数制成了吗啡或海洛因。墨西哥与美国的官员利用飞机来观察罂粟田并拍照取证，他们的对手则是利用飞机运货到美国。

作为战争剩余物资的飞机的到来，加上战后商用航空业的扩张，对世界各地的毒品买卖都是一大帮助。哥伦比亚在 20 世纪 60 年代变成大麻烟的空运与海运主要中心，之后又相继在20世纪70~80年代成为可卡因运输中心，在90年代成为海洛因运输中心。按1995年的估计，哥伦比亚供应全世界70%~80%的精炼可卡因，也是鸦片的主要生产国，罂粟田面积约有两万公顷。大部分的作物收成在雇请的中国化学师的协助下精炼成纯度非常高的海洛因，专门就近供应给美国市场。

墨西哥和哥伦比亚虽然成为西半球的重要生产国，主要的鸦片产地仍是亚洲。其中以阿富汗和缅甸在20世纪80年代与90年代初的生产量扩增最快。阿富汗成为欧洲海洛因市场的主要供货源头，缅甸供应的是新兴的中国市场，但仍有部分缅甸海洛因转运至美国。

这些发展结果都肇因于20世纪晚期有地下的国际海洛因制造企业兴起，其规模之大、走私能力之强、营销手段之精，都是空前的。历史学者阿尔弗雷德·麦科伊（Alfred McCoy）指出，许多研究者论及同时期海洛因毒瘾大幅蔓延，重点往往放在导致吸毒的原因：失业、人际疏离、青少年滥用瘾品的亚文化。这些原因虽然都是事实，但如果只强调毒瘾者的动机，“就是忽略了一项根本事实：海洛因是畅销商品，具备和香烟、酒类、阿司匹林一样的推销及零售系统。越来越多的年轻吸食者可以体验海洛因之类的瘾品，是因为这东西以标准价格出售，在全世界各大都市都有上百个零售者……若没有全球的产销系统，就不可能有那么多可卡因或海洛因毒瘾形成”。

印度大麻情结

大麻原产于亚洲中部，最早于6 000多年前在中国有大量种植。大麻是有多种用途的高价值作物，除了萃取瘾品之外，产品包括食用油、可食用的大麻籽、牲口饲料、大麻纤维。中国人用大麻纤维制作绳索、渔网，以及平民大众的衣服原料——因为丝织品只有富贵人家穿得起。

由于大麻的用途广，韧性强——在各种气候区从海平面到海拔3 000米以上的高度都可以栽种，所以必然会成为广泛栽种的作物。大麻刺激精神的作用在许多社会中受到重视，其中又以印度为最。早在公元前2 000~前1 400年间的印度古籍《阿闼婆吠陀》(*Atharva Veda*)之中就有关于bhang（大麻药）的记载。古代的大麻药是用野生或栽种的雄株与雌株大麻的干燥的叶、籽、茎制成，通常会调上糖、黑胡椒、水或牛奶。这是三种传统式印度大麻调制方法之中最清淡的一种。ganja（甘佳，大麻烟）是用人工栽种的雌株花冠加以干燥制成，含有丰富的四氢大麻酚（THC），效用是大麻药的2至3倍。大麻烟可以当烟抽或口服，印度古代什么时候开始有人吸食则不确知。从雌株大麻汲取的纯树脂加工成品是Charas（大麻脂）。如果译成英文，bhang等于较差等级的marijuana（大麻烟），ganja是等级较高的marijuana，Charas等于hashish（大麻制剂）。

印度被称为世界上最早崇尚使用大麻的文化。昔日的印度教医学（Ayurvedic）与伊斯兰教医学（Tibbi）的诊病者会开出口服大麻的药方来治疟疾等传染病或风湿等疼痛症。一般印度教徒和伊斯兰教徒的民间疗法也使用大麻，并且用它来消除烦躁与疲劳，在收获季节尤其常用。战士们饮大麻药来壮胆，苦修僧借它来安神；新婚夫妇用它增进情趣。大麻也是廉价而普遍的春药，甚至可在母马交配前用大麻喂食。

大麻在印度的普遍使用显然在莫卧儿王朝（Mogul）统治的时代（1526~1857 年）达到顶峰，印度次大陆上处处有人种植大麻，也到处盛行使用各种不同的大麻配方药剂。英国人占领印度以后，认为大麻是麻醉剂而反对使用。到了 20 世纪，西化的印度统治阶级也加以反对。一般民众和精英阶层的看法大都容忍效用温和的大麻药，毕竟三教九流各行各业都有人服用。至于吸食大麻烟与大麻脂，令人联想到社会底层的不法之徒，所以越来越不被接受。

大麻最初在欧洲出现是什么时候，我们并不能确定，但很可能是中亚草原的游牧民族引进的。希罗多德（Herodotus）在公元前 5 世纪后半期撰写的《历史》（*Histories*）之中有一段描写斯基泰人（Scythians）在燃烧大麻籽的浓烟中“快活地叫嚣……他们以此取代普通的沐浴，却从不洗澡”。阿拉伯人从希腊医学和植物学中认识了大麻，也在跟伊朗与印度的交易中更直接地学会用大麻。按民间传说，药用大麻于 6 世纪中叶传入伊朗，乃是一位印度朝圣者带来的。但有些学者认为，大麻传入近东的时间应该更早，希伯来文的《圣经 · 旧约》和阿拉姆语（Aramaic）的译本之中都提到了大麻。

大麻在伊斯兰文化中是具有争议性的，部分原因在于苏菲派（Sufis）用大麻引发神秘体验，正统派人士对此不敢苟同。断断续续的禁止未能扫除大麻的种植，到了 14 世纪，大麻烟的生产已经十分稳定，在尼罗河三角洲尤其显著。这期间，阿拉伯贸易商已经把大麻一路传播到非洲东海岸，再由此传入非洲大陆的中部与南部地区。吸食大麻的风气早在欧洲人未接触之前就盛行于非洲南部的科伊科伊族（Khoikhoi）、桑族（San）等民族之间，发展过程与烟草是相反的。简言之，哥伦布率领三艘缠满大麻绳索的大船于1492年8月3日早上从西班牙起航之前，大麻烟已经传遍欧、亚、非三洲的大部分地区了。

西班牙人于16世纪开始在殖民地栽种大麻，一直到大麻农业在加州兴盛了一段时期的19世纪早期为止。法国人和英国人也在殖民地区种大麻，包括1906年在罗亚尔港（Port Royal），1611年在弗吉尼亚州，1632年在普利茅斯的垦殖。殖民列强种大麻为的是收取大麻纤维，主要是供船舰的绳缆之用，从未重视大麻的药用价值与影响精神状态的效能。

列强引入的奴工的看法可就不一样了。来自安哥拉的奴隶（用朗姆酒、劣等烟草和其他东西买来的）把大麻带到巴西东北部的甘蔗园，大约在1549年以后成为固定种植的作物。按传说，奴隶们把大麻籽放在捆入破烂包袱的布娃娃里。地主准许奴隶在种植一行行甘蔗之间的空隙栽培maconha（即大麻，巴西葡萄牙语中表示“大麻”的词，都来自安哥拉葡萄牙语），也准许他们在农忙以外的闲暇时间抽大麻做白日梦。地主们自己却依然只抽雪茄。

当地的印第安人以及欧洲人与印第安人混血的乡下人学会拿大麻当药材和联络感情之用，后来城市地区的劳工也学会了。人类学家薇拉·鲁宾（Vera Rubin）称这种使用模式为“大麻情结”（ganja complex)，用途包括绳索与衣着、食物与香料、提神剂与补品、药材与消遣解闷之物（这末一项大多是在男性欢聚的场合中）。鲁宾指出："民间对于大麻经常性的多方面使用，大致限于农民、渔民、城乡的工匠及粗重劳工等社会底层。此外只有在宗教仪式中有神职人员使用。"

欧、亚、非洲的大麻情结也在巴西发生，大麻变成巴西殖民地区穷人的鸦片。北美洲的大麻种植虽然比南美洲普遍，收成也比南美洲好，却没有出现这种模式。极有可能是因为运往英国殖民地的奴隶来自更靠近西非海岸的一带，使用大麻的风气在并不盛行。此外，欧洲来的殖民者本来就有自己的以酒解闷的文化，以及17世纪兴起的抽烟消遣的文化。

19世纪晚期和20世纪早期的这段时间，美洲的大麻烟重心从巴西移到了加勒比海地区。转移过程与吸鸦片的全球化发展类似，关键因素都是移民与远途运输。自1838年起，美洲殖民地的奴隶制度结束（从英属西印度群岛开始），甘蔗园面临欠缺廉价劳工的问题。殖民农庄主人便从印度输入契约佣工，其中将近50万人到了加勒比海地区。大麻情结也跟着他们一起到来，这一点颇令白人社会不满。1913年的牙买加《拾穗日报》(*Daily Gleaner*)的社论曾说："我们见过生性安静害羞的苦力园丁在吸食这种植物之后言行疯癫。"文中还指出，这东西传到有非裔族群的岛上，成为非裔族群喜欢栽种的作物，这是不好的现象，日后可能发生和中国的鸦片问题差不多的祸害。

事实果然与这个预言相去不远。到了20世纪70年代，牙买加乡村男性成年人口有60%抽大麻，其中半数烟瘾很大。用大麻泡茶或充当补品与提神剂的民间药用方式也十分普遍，甚至笃信基督教的人也不认为吃喝大麻剂是坏事或可鄙的。这种态度看来有些矛盾。吞云吐雾与泡成茶喝一样是在吸收四氢大麻酚，何来好坏之别？事实上，讨论瘾品服用的最重要的话题之一就是服用意图、摄取方式、社会背景所造成的差别，好坏之别的主题也会以多种不同的样貌出现。

20世纪20年代，大麻情结在加勒比海周边地区已经根深蒂固。区域性的劳工迁徙仍是主要因素。1900至1924年间，靠着美国来的资金，哥斯达黎加的香蕉农庄和古巴的蔗糖农庄都在快速扩张，数以万计的牙买加劳工因而陆续涌入。巴拿马也吸引了一波波的西印度群岛移民：5 000人投入铁路修筑（1850至1855年间），5万人投入半途而废的法国运河工程（1880至1889年），15万人投入美国人后续完成的运河工程（1904至1914年）。许多工人在工程完毕之后留了下来。驻守巴拿马运河的美军提报的第一桩抽大麻烟的案件是在1916年发生；正规的陆军审讯在1932年做出的结论是：巴拿马农民在种植大麻供他们自用，并将多余部分卖给美国军人。负责调查此案的军官们留下一笔精彩的人种历史学论述，也是大麻情结的最佳上诉："此种植物可用于泡茶。有色人种深信此种饮料具有温和的兴奋效用，可令人产生幸福感，亦有预防疟疾的功能。将干燥的叶片与花冠制成香烟吸食，似乎并不是异常的举措。"

欧美大麻情结

1900年以后的30年中，有超过100万名的墨西哥劳工进入美国西南部，吸大麻烟的习俗也跟着他们进入美国本土。有上万人向中西部以扇形散布，在铁路、建筑工地、工厂找到工作，最远到达了芝加哥。在此同时，1910年前后由加勒比海与南美洲水手带到新奥尔良的大麻烟也向北向东传入。到了20世纪30年代中期，路易斯安那州各地都看得到兜售大麻的人，连偏远的“民间资源保护队”（Civilian Conservation Corps，政府雇用失业年轻男性担任造材、防洪、森林、救火、道路修补等工作的组织）营地都有。当时正在进行的香烟革命教美国人用肺来吸入瘾品，顺便带动了大麻烟的传播，美国境内充裕的大麻供应量是另一股助力。大麻本来是商业作物，为了收取其纤维和种子而种植，但弃置的制绳厂周围和荒废的大麻田里往往可见大麻茂盛生长，因此英文也以weed（原意“野草”）指大麻。田纳西州的罪犯只需摘起在路旁发现的大麻的花冠晒干，就有大麻烟可抽。圣昆丁监狱（San Quentin）的受刑人索性就在狱内的空地上种起自用的大麻。1936年间，纽约市警局销毁了在市界之内种植的1.8万公斤的大麻。

因为普遍容易取得，大麻烟的价格低廉，一支（包大麻的香烟）售价在5~50美分之间。这是认同此种新兴流行亚文化的都市年轻黑人负担得起的价钱。这种亚文化的英雄人物是爵士乐手，他们以身作则抽大麻而居推广之功。其中有一位的推广方式更是与众不同。芝加哥出生的犹太裔单簧管吹奏者麦兹罗（Milton “Mezz” Mezzrow）——第一位“白种黑人”（White Negro）——确信自己是个黑人，并作为大麻烟的提倡者，在哈林区的街头兜售一支支饱满的高级大麻烟，3 支 50 美分。他对买烟的人说："点上一支，抬头挺胸。"

第二次世界大战期间，美国陆军的精神科医生为防止军中的士气与纪律出问题，仔细审视了服役黑人吸大麻烟的情况。个案调查中记录了一名 26 岁士兵的体验，此人说的话是轻声的耳语，叙述时脸上露出梦幻的、狂想的表情。"你会全身发热，你会全身发冷。你会喜欢看怪里怪气的东西，会想去那种可以看见人们赤身裸体懒洋洋瘫着抽大麻烟的鬼地方。那是过瘾的顶点。你会想要看那种东西。你会喜欢人家亲吻你全身。你会巴望这种事。去了大家一起抽大麻烟的地方，你会想听发疯的咚咚打鼓声，想看裸体发癫的女人。"诊断结果：麻药上瘾。勒令退伍理由：按第八款——具有不适当及不能适应军队生活的习惯。

劳工阶级男性利用大麻逃避现实、及时行乐也不算新鲜事。但当时美国人服食的大麻和传统印度大麻的服用形态并不一样，这是比较限于满足快感需求的，并不当作药用茶或民间药剂，只图吸它能够享受一下。美国人的使用模式有别于比较古老的且用途较多样的大麻情结，鲁宾称之为Marijuana complex（大麻烟情结）。

美国的大麻情结在 20 世纪 60 年代开始跻身主流社会。自从 19 世纪 40 年代巴黎的"大麻会馆"（Club des Hachichins）进入全盛期，受过高等教育的人士就开始抽大麻，为的是寻找新鲜刺激以及诗人波德莱尔（Charles Baudelaire, 1821~1867）所说的"强化的个人特质"。但带头做的人非常少，跟进的人也寥寥无几。到了 20 世纪 60 年代，数以百万计的穿着喇叭裤的学生点起大麻烟来抽，情况可就不同了。心理学家威廉·麦格劳特林（William McGlothlin）将这个现象做了简单扼要的概括："透过嬉皮运动的中介，大麻烟从一个社会底层的瘾品脱胎而成为中等阶级与上流社会的瘾品。"嬉皮是从20世纪50年代组成人数不多却引领知识界风骚的"颓废运动"（Beat movement；beat又可以作"蒙福的"、"律动"、"怪癖者"等多种不同的解释）产生。媒体对于嬉皮有利的（即便不是故意偏袒，也是不符合事实的）报道，加上种族隔离制度、都市物质主义、"越战"的令人反感，都引起年轻人一窝蜂地效尤。大麻烟正好可以成为叛逆行为的多重价值的象征，因而在高中生及大学生之中蔚为风潮。根据密歇根大学的研究报告，从大一到大四的吸大麻人数是逐年上升的，但研究生的吸食者递减。因为研究生比较偏好镇静剂。

后起的这个大麻情结在美国特别受瞩目。据估计，到1979年为止，约有5 500万美国人吸食过某种形态的大麻，其中2/3是18至20岁的年轻人。类似的现象很快就蔓延到全世界。澳大利亚、加拿大、哥伦比亚、中国香港、印度、菲律宾、苏格兰、委内瑞拉、联邦德国等国家和地区都有研究报告指出，20世纪60~70年代的大麻吸食者大幅增加。典型的吸食者是十几岁到20出头的没有虔诚宗教信仰的男学生。大都市和市区近郊是主要的市场所在。丹麦的大麻吸食者最常出没的地方是哥本哈根，瑞典吸食者的集中地是斯德哥尔摩，其他国家可以类推。不论在哪个国家，年轻的大麻吸食者进而吸食其他瘾品的可能性都远远高于不吸大麻的人。其他瘾品包括迷幻药LSD（麦角酸二乙酰胺）、安非他明、可卡因，以及在欧洲滥用特别严重的海洛因。

有人认为，大麻文化结合其他反主流文化的吸毒行为之所以越传越盛，要归咎于少数几个坚决“以恶癖营生的人”。首先被点名的两个人即是诗人艾伦 · 金斯堡（Allen Ginsberg, 1926~1997）和蒂莫西 · 利里（Timothy Leary）。巴不得有新卖点可供炒作的媒体把他们的不良示范放大，不明就里的群众也就糊里糊涂照单全收。这话也许说得不错。但是，哲学家埃里克 · 霍弗（Eric Hoffer, 1902~1983）说过，存心带头的人不可能造成群众运动，除非历史背景的时机已经成熟。就这件事而言，先决条件在于人口。20 世纪早期的经济萧条年代中，工业化国家的生育率都锐降，到 20 世纪 40 年代末与 50 年代初才再度上升。发展中国家的生育率也在第二次世界大战过后上升。生育率齐升的结果是，全世界 30 亿人口之中，有 9.69 亿人在 1960 年是属于 5 至 20 岁的年龄段——几乎每 3 人中就有 1 人是在这个年龄段。换言之，在 20 世纪 60 年代，这些人都在走过十几岁到 20 出头的阶段。

因此，“易受感染”的人数之多，达到空前的程度。由于年轻人对于瘾品引起的不良反应的忍受力比较强，自然就比年纪较长的人更想要寻求新鲜刺激，更容易瞻前不顾后，也更急于模仿同侪。这些心理特性都易于促成瘾品滥用。在生活富裕的西方社会以及正在西方化的社会里，在凸显个人风格、及时行乐、性解放的意识正在抬头的时代，这些心理因素的影响尤其不可忽视。

传播媒体从旁煽风点火也是功不可没的。以 1955 至 1972 年间美国与欧洲发行的电影计算，有 72 部含有与毒品相关的剧情或主题。电视的新闻和娱乐节目也都在告诉观众最新的瘾品的使用方式，而播放的广告更不断鼓吹毫无限度满足个人欲望的观念。克里斯托弗·勒希（Christopher Lasch）曾经指出，“舒利兹”啤酒（Schlitz）当年广告中那种偏颇言语根本与啤酒无关，推销的其实是唯我主义：“你只走这一遭人生，能享受的玩意儿，一样也别放过。”年轻人越认为自己是不吃白不吃的消费者，越生活在自我满足与失望循环的世界里，就越有可能认为大麻只是一大堆商业推销的快感之中的一项选择。

在 20 世纪 60 与 70 年代吸食大麻的中产阶级年轻人也有机会到处旅行，这是因为他们的父母手头宽裕、出国念书的机会多，而且搭便车的交通方式十分便利。所以他们也成了到处传播瘾品吸食的媒介。出生在大麻烟故乡印度的拉文德·辛格（Ravinder Singh）可以算是大麻情结的一个典型代表。他是军官之子，进的是贵族学校，在寄宿学校就学会了抽大麻。后来他离家游荡，到了尼泊尔，又到了海岸边的果阿。他的回忆录——他死后由他父亲代为出版——之中特别令人触目惊心的是，他不论走到哪里，总会遇上一些从欧洲、北美洲、澳大利亚来逍遥游历的“毒瘾客”（freaks）。这些吸毒者为了享受便宜的大麻来到东方，对于LSD和海洛因都有不小的瘾头，或起码都乐于一试。就是在与这些人之中的一个蓝眼睛、穿牛仔裤、趿着凉鞋的法裔加拿大女孩共处的时候，拉文德打了第一针海洛因。这瘾品也终于在他 21 岁时要了他的命。

大麻传到密克罗尼西亚群岛（Micronesia，位于菲律宾以东）、斐济、萨摩亚、汤加，以及太平洋其他岛屿地区，是拜美国的“和平工作团”（Peace Corps）的志愿者之赐。按官方政策是严格禁止吸大麻的，但是天高皇帝远，派出去的年轻人的意愿胜过一筹。以西太平洋的特鲁克（Truk）为例，志愿者们分别在几个岛上种下大麻种子。起初特鲁克原住民不知道这种作物该怎么使用，经过从外地回来的特鲁克大学生指点——再加上观赏美国的影片和录像带，他们这才明白过来。旅行和运输在瘾品发展史上是决定性的变量，这与旅行运输助长传染病的扩散并无二致。

古柯叶与可卡因

古柯叶以及其中刺激精神的主要生物碱成分——可卡因——的全球化延后，正是因为运输技术不能配合。考古证据显示，嚼食古柯叶的习惯可以上溯到公元前 3 000 年。至于人类最初使用古柯，也许比这还早 1 000 年以上。可能是古代安第斯山东部的狩猎采集者在食物不足时尝试这种植株的嫩叶，从而发现其提神作用与医疗功能。总之，古柯是西半球地区最早被人类栽培的作物之一。原住民将古柯叶与植物灰或石灰之类的土壤无机碱（便于吸收可卡因）混合，是祈神仪式和平常时候均可使用的配方。此外，嚼食古柯叶可以纾缓高山症状，充饥、提神。一位嚼古柯叶的老人说，喝酒可以教你觉得舒服，古柯叶却能使你手脚有力气。

16 世纪的西班牙殖民者曾经为了是否应容许古柯叶贸易进行辩论。结果主张容许的一方占了上风，理由相当实际：古柯能使劳工耐得住银矿里的辛苦。新西班牙（西班牙人在今美国西南部与加勒比海地区诸殖民地）虽然发展出活络的古柯叶贸易，越洋商业却始终未能确立。即便是刚采下来的嫩叶，由于包装不符合长途航海的要求，运到欧洲时也已经丧失效能。送到的古柯叶的效用不是太轻就是不稳定，既令研究者困惑，也令医疗界质疑。一直要等到1860年，德国哥廷根大学的研究生阿尔贝特·尼曼（Albert Niemann）才在论文中详述可卡因的分离过程。他做研究使用的30磅古柯叶是用特别方式包装运送的，也是运抵欧洲的数量最大的一批处理得当的古柯叶。

尼曼本人虽然在发表论文的次年逝世，他的重要发现却是一个起点。1862年，曾经率先生产吗啡的德国默克制药公司开始生产少量的可卡因，主要是供应研究使用。次年，科西嘉岛的一位药剂师马里亚尼（Angelo Mariani）获得在波尔多酒（Bordeaux）之中加古柯叶萃取物的配方专利。这种“马里亚尼葡萄酒”以强调青春、健康、名流代言的方式促销，成为畅销国际的一种滋补饮料。1884年间，出品马里亚尼酒的这家公司投资的古柯产品项目增加了，包括烈酒、止咳糖、马里亚尼茶（Thé Mariani）。卸任的美国第18任总统格兰特（Ulysses S. Grant）靠着喝这种含古柯的茶帮忙，才能够在癌病缠身的状况下完成他的回忆录。马里亚尼产品的畅销引来不少模仿者——可口可乐是其中之一，也鼓励了有关古柯疗效的研究。

弗洛伊德（Sigmund Freud）于1884年发表的著名研究报告《谈古柯》（*Über Coca*）检讨了当时论古柯的各种文献，发挥了很大的激励作用。他指出，古柯一向是印第安劳工的附属用品，他自己和其他人的自我实验都有不错的成果。他表示可以乐观看待古柯对于神经衰弱、消化不良、恶病体质、吗啡毒瘾、酒瘾、高山哮喘、阳痿等病症的潜在疗效。（据说食用古柯的安第斯山居民的性能力是老当益壮的。）弗洛伊德也暗示，可卡因可以用于局部麻醉。令他遗憾的是，没有机会进一步证实这一点。因为，同年稍晚，卡尔·科勒（Carl Koller）就以证实可卡因能使角膜失去知觉而名满国际。在必须用红热的针伸入眼睛摘除白内障的年代，这是令人喜出望外的突破。不久又有实验证明可卡因有其他麻醉功能，包括阻断脊髓的神经传导。

可卡因的医疗试验所带动的需求起初超越了供应。这种瘾品的价钱变得十分昂贵，弗洛伊德也在1885年初抱怨："这将有碍一切更进一步的实验。"供不应求的情势引爆了一股古柯淘金热。美国大药厂派德公司（Parke, Davis & Co.）派遣亨利·卢斯比（Henry Rusby）到玻利维亚的丛林去找古柯叶，并且调查其他有获利潜能的植物药材。卢斯比是个头脑聪明、精力充沛、性情顽固、会推销自己的人，而且种族偏见深到极点，称得上是"生物学帝国主义"界的老罗斯福。他先后七度深入南美洲中部探险，在第一次的任务中搜刮到了9 000公斤的古柯叶，结果却因为革命爆发耽搁了运输。这一批货在等候越过哥伦比亚地峡的时候报销了。他却不气馁，集结了一支以发财为目的的军人队伍，设法渡过亚马孙河，收集了大批植物标本，数目在3.5万至4.5万种之间——反正是越收越多，抵达巴西的帕拉河（Pará）时几乎只剩半条命。

美国业者占了邻近的地利，在古柯叶的运输上不成问题。卢斯比与其他研究者却认为，在安第斯山区就地萃取出生可卡因更为划算，这样尤其便于运送到远方的市场。默克药厂和其他德国业者最初也是这样解决了运输的问题。1900至1905年间，秘鲁的合法出口达到巅峰的时期，每年运输的生可卡因总量超过2.2万磅，另外还有200万磅以上的古柯叶。生可卡因（纯度在85%~95%之间）大部分运交欧洲业者加工；而大部分的古柯叶——包好后用松脂封住以防潮湿——运到了美国。美国业者为什么要进口笨重且又易坏的叶子？表面上看来奇怪，其实是跟关税考虑有关。古柯叶进口是免税的，生可卡因则需照价课税25%。

可以预期的是，秘鲁的好景不长，逃不过全球种植面积扩张的影响。这是每一种被欧洲和北美大量需求的植物性瘾品都要走上的一条路。古柯在许多地区——从非洲的尼日利亚到亚洲的硫黄岛——种植虽然都能达到商业目标，但只有爪哇的古柯在20世纪初成为安第斯山古柯产品的最大竞争对手。殖民母国的荷兰人起初不愿再把另一种植物性瘾品引入东印度群岛，恐怕当地人民会养成嚼食古柯叶的习惯，所以只在19世纪80年代开始小规模的商业性栽种。结果栽种成功的品种可卡因含量特别高，达到秘鲁古柯叶的两倍。问题是，必须用特殊的加工方法才能完成有效的萃取，而这加工法是一家德国公司的专利，所以这家公司也是荷兰人出售的古柯叶的唯一客户。然而，荷兰可卡因制造厂（Nederlansche Cocaine Fabriek，简称NCF）于1900年（在阿姆斯特丹）成立，因为没有契约的限制，所以不必尊重那家德国公司的专利，于是爪哇古柯叶的需求量增加了。1903年，专利期限终止，又有几家德国业者成为爪哇古柯叶的客户。1904年的爪哇古柯出口量是26吨，1912年达到800吨，8年中增加了30倍。

到了20世纪10年代，世界可卡因市场热闹到快要爆炸的程度。NCF号称全世界最大的可卡因制造厂。NCF和其他竞争对手都在购买东印度的高成分古柯叶，出口者必须仔细包装这些叶子以保质量不变。（本来荷兰人也打算在爪哇就地完成萃取过程，却因为第一次世界大战爆发而作罢。）全世界的古柯叶供应量大增与制造业的扩张，把原来稀罕昂贵的可卡因变成普通而便宜的东西。1885 年的售价是每盎司（约合 28 克）280 美元，1914 年跌到每盎司 3 美元。

廉价可卡因助长了一股瘾品流行的扩散，这是从 19 世纪 90 年代起到 20 世纪 20 年代中期为止的流行，分别在不同的时期在不同的国家形成巅峰。开始的地点是美国和印度。美国最初发生的可卡因中毒与可卡因上瘾案件都与医学界相关，大多涉及病患，但医生使用过量或太频繁的例子也不少。到了 19 世纪 90 年代，吸食与注射可卡因的习惯也传到了酗酒与吸鸦片已经普遍存在的社会底层。在印度，许多服食可卡因的人是已经染上鸦片瘾、大麻瘾或酒瘾的，可卡因其实只是他们的癖好之一。但印度服食者通常是采用吞食古柯粉的方式，或是掺入槟榔叶与石灰一起嚼食。

1905 年以后的 20 年中，加拿大和欧洲不断有关于可卡因滥用显著增加的报告发表，随后照例都有劝阻的倡导和管制的措施。这个问题其实是社会底层与夜生活的并发现象：加拿大蒙特利尔的扒手、巴黎蒙马特区的妓女、伦敦西区的女演员，甚至柏林的大学生，都难免为此物疯狂。（“他们交出自己所有的一切，甚至蔽体的衣物，只为了要满足他们疯狂的渴望。”）从出口数据、警方档案、治疗统计可以明显看出，第一次世界大战结束（1918 年）以后的情况比战时更糟，因为战争中断了东印度地区古柯的外流。

20 世纪 20 年代末期，这股歪风的流行平息下来，全世界的古柯出口开始持续衰退。日本此时变成可卡因的出口国，很快就有一部分供应到印度和中国，但数量不明。对于日本的鸦片制品贸易而言，这纯属副业。在第二次世界大战时的欧洲，可卡因并不常见（除了丹麦抵抗军突发奇想，以可卡因掺入干的兔血来扰乱纳粹秘密警察用来追踪逃亡犹太人的警犬）。在美国也少有所闻。毒品管理局的一位监督员说："我们极少听到有人服食可卡因的事。"这位监督员的责任区是纽约市，堪称是美国境内最大的违禁瘾品市场所在。墨西哥的报纸上难得一见可卡因非法买卖的消息，因此被逮捕的案例在 20 世纪 70 年代以前都不多。

历史学家戴维 · 马斯托（David Musto）是率先研究第一波可卡因流行热的人。他认为，20 世纪中期的这种衰减，说明这有一种世代学习的模式。新瘾品问世会引发热潮，使用量会上升。然后，比率可观的少数使用者开始发生问题——使用过量、上瘾、疑惧。本来有意一试的人就此打住，使用量便下降。痛苦的经验似乎可以使一个世代免疫。糟糕的是，这个世代一旦成为过去，免疫力也随之消逝。可卡因在 20 世纪 70 年代再度流行，婴儿潮的这一代对于可卡因的危害却没有活生生的记忆了。他们尝了大麻这个禁果之后并没有惹祸上身，所以公然质疑有关可卡因与其他瘾品的警告。

他们从大麻走到古柯是很容易的一步。当时东半球的古柯供应已经停止，西半球的供应却在扩大。国际间对可卡因生产有限制、需求量递减，加上日本参加竞争，使 1925 年以后的荷兰东印度公司的古柯叶贸易一败涂地；后来，日本在第二次世界大战中战败又使日本的贸易停滞。安第斯山区的古柯叶生产却在 20 世纪最后三十几年中迅速扩大，1982 至 1992 年最惊人，古柯叶生产增长了 300%左右。这些古柯叶有一部分制成走私的可卡因运到了西欧，一小部分卖入东

"孩子们，干杯。"马里亚尼酒的广告，图中人物是巴黎一个工人聚集区的学童，他们喝的古柯酒可能是厂商供给的。业内人士照例会请找来的支持者免费饮酒。按这个广告的宣传语上说，一般医生均可获得"优厚的折扣"。

亚，绝大部分留在南北美洲，为可卡因的第二波大流行火上浇油。基于走私业的经济考虑，这股歪风只限于在西半球流行。用改装的大货车、船只、飞机做大量的、短程的货运，比利用带货的个人借行李夹层进行越洋的运输效率高得多。后来独霸可卡因走私的哥伦比亚，本来是用飞机运大麻，继而想到同样重量的可卡因利润更大，卡洛斯·莱德（Carlos Lehder）以及其他贩子才空运可卡因。（之后又将当地制造的海洛因加入营运。）哥伦比亚私枭前后整合，形成可卡因生产、加工、运销美国的周密网络。非法生产扩大之后，可卡因的售价下跌，1988 年的批发价只有 1980 年的 1/4。可卡因成为穷人也负

亨利·H·卢斯比。漫画中的卢斯比是许多著名的白人采药者之一，曾经辨识了近千种以往未知的植物。最后一次深入亚马孙地区探险是在1921年，当时年纪已是66岁。此行目的之一是研究当地人用来调制致幻饮品的一种藤本植物黄褥花科卡皮藤（Banisteriopsis caapi）。虽然年事已高的卢斯比不耐此行之苦，于7个月后折返，摄影者戈登·麦克雷（Gordon MacCreagh）却拍到了饮用该饮品的仪式，并且在回忆录《白水黑水》（*White Waters and Black*, 1926）之中把卢斯比不客气地挖苦了一顿。

担得起的东西，都市贫民区里到处有人抽“快克”（Crack，便宜的强效纯可卡因）。

与此同时，吸食半精炼的古柯膏也从初步加工的安第斯山区各国传遍了整个南美洲。买不起精纯可卡因的人可以用这种膏状的可卡因过瘾。在里约热内卢等城市里，游荡街头的少年都少不了它。这些孩子使用的瘾品琳琅满目：强力胶、汽油烟、大麻、烈酒、古柯膏或掺了古柯的香烟，俨然是刺激精神瘾品革命的浮世绘。吸食兴奋瘾品的后劲渐渐消失的时候，他们会吞下镇静剂安定（Valium）、罗眠乐（Rohypnol），以忘却犯罪卖淫的生活所带来的痛苦。

他们滥用的瘾品虽然多样，却仍有许多种是他们连听也没听过的，更遑论滥用了。譬如就难以想象他们（以及南、北美洲的任何人）嚼槟榔或卡特，或是借卡瓦（Kava）消愁忘忧。这些东西始终未能在西半球风行，正如许多美洲的瘾品在东方一直不普遍。造成这种情形的原因是值得探讨的历史之谜。

3 解开销售之谜

The Puzzle of Distribution

The Puzzle of Distribution

前文讨论过的影响精神状态的主要瘾品——酒、烟草、咖啡、茶、巧克力、鸦片、吗啡、大麻、古柯、可卡因，都一一变成全球生产的东西。哥伦布之旅以后的几世纪中，这些瘾品买卖遍及全世界，在东西半球或有种植，或有产品制造。古柯叶的情况比较特殊：先是安第斯山区栽种，继而东西半球均有栽种，然后回到安第斯扩大栽种。古柯叶提炼的可卡因倒成为欧洲与西非黑市的重要瘾品，在南北美洲普遍有人服食，可卡因是全球性商品，起码也是一项跨越大西洋的商品。

另外有 10 多种物质都具有颇强的刺激精神的作用，在某些文化中早有使用的历史，却始终未达到全世界皆有栽种的程度，也不曾像茶那样在 18~19 世纪传遍世界各地。为什么有些瘾品会成为全球化产品，有些却不会？这是个重要而复杂的问题，全球化发展成功带来的环境冲击也同样值得深究。

欧洲的销售

“我感到那么悠闲、那么放松，以至于觉得自己站不住了，必须倒进沙发里。”这是神经科学家奥利弗·萨克斯（Oliver Sacks, 1933~）初尝卡瓦后写下的感想。这是大洋洲各地常见的一种饮品，用卡瓦胡椒（Piper methysticum）的根制成。萨克斯承认他是“醉了，却是甜美的、暖和的醉意，所以会觉得似乎更接近自己”。他饮后睡了香甜的一觉，醒后头脑清明、精神爽朗，这不是喝了含咖啡因或酒精的饮料之后的典型反应。只要是在适当的状况下饮用适量的卡瓦，就可以产生一种极好的、净化的提神效用。既然如此，卡瓦为什么不是世界上最普遍被人饮用的瘾品？饮用卡瓦为什么始终限于太平洋的岛屿区域？

槟榔是另一个值得注意的例子。将槟榔树的果实夹熟石灰用槟榔叶包着嚼食，也许始于公元前 7 000 年。如今世界上大约 1/10 的人口会吃槟榔。这是一种带给人快感的兴奋剂，效用和烟草差不多。有人问印度裔的英国生物学家霍尔丹（J. B. S. Haldane），嚼槟榔是什么滋味，为人风趣的霍尔丹只把两眼一翻，口里继续嚼着。为什么嚼槟榔几乎只限于非洲东部、东亚、东南亚、西太平洋？为什么没有传播到别的地方？

从历史的角度看，最根本的理由是：不论是卡瓦、槟榔，或任何其他刺激精神的物质，若要达到全球销售与东西半球都普遍种植的程度，首先必须能在西欧世界成为普遍接受的药品或消遣瘾品，或成为西欧人的贸易商品。在哥伦布发现新大陆以后的400年中，瘾品行销世界主要是靠葡萄牙、西班牙、荷兰、英国、法国的商人、殖民者、航海人。因为这些人有能力有办法把他们所重视且在使用中的东西传遍全世界，而且往往传得相当快，烟草和咖啡就是明显的例子。他们的船只、植物培养箱、大农庄、记账法，都是刺激精神瘾品全球革命进展的必要工具。不过，他们为什么只喜欢某些植物瘾品而不中意别的?

可能是因为第一次接触的不适感太强。不论哪一种瘾品，都可能使某些服食者产生不舒服的反应。可能只是略有苦味，也可能强烈得难以忍受。初嚼槟榔的人会觉得非常辛辣，初饮卡瓦的人曾说味道如同粉笔灰泡在臭汗里，龙舌兰球（Mescal button）以及其他可能使人产生幻觉的瘾品都会使初尝者感到反胃。但是，欧洲人普遍接受的瘾品也往往令初试者很不喜欢——烟草即是其一。因此，初尝的反感只是原因之一，不是全部真相。

另一个可能的原因是恐怕外表不雅观。人类是好虚荣的动物，历史上却时常低估这个因素。长期饮用卡瓦的人会导致皮肤粗糙或滋生皮屑。嚼古柯叶和槟榔会使腮帮子鼓胀。亚美利哥·维斯甫奇（Amerigo Vespucci）曾于1499年写下他对于嚼古柯叶者的印象，这是欧洲人最早的相关记载。在他眼中，这种人两颊塞满奇怪的草药，反刍般地咀嚼不停，实在是他所见过最丑陋最野蛮的人。嚼槟榔也会把牙齿染黑，使唾液变红。槟榔中的熟石灰会磨蚀牙齿上的钙质，只留下牙本质，而长期发炎与牙龈增生还将使这一截牙本质也脱落。欧洲人看了这种人固然会觉得可厌，但是他们自己的老烟枪模样、酗酒者的大肚皮与酒糟鼻头也好不到哪里去。因此，外观的顾虑也不是欧洲人不接纳某些瘾品的唯一原因。

后勤运输条件不利的影响也许更大。古柯叶传入欧洲的脚步慢，就是受了运输不便的拖累。由于槟榔必须包着叶片嚼，需要种植与运输的植物多了一样，可能也是嚼槟榔迟迟不能传入欧洲的原因。后勤障碍阻断传播的最明显的例子是卡特。卡特的叶子可以嚼食，也可以泡茶喝。其中所含的一种生物碱（即卡西酮）与安非他明很类似。欧洲人虽然早在 1603 年就见过卡特并对其有了记载，这种植物的商业性栽培却一直限于东非与阿拉伯半岛境内。卡特几乎是所有刺激精神的植物之中最不耐久存的，所以经济价值很容易丧失。直到第二次世界大战以后，埃塞俄比亚等生产地区才找到代价颇高的权宜之计：用卡车把连夜采收的卡特叶送到飞机场，再由特早班的货机运往外地。

经常嚼食卡特也会有后遗症，包括呕吐残渣和严重的便秘。1957 年亚丁港禁止输入卡特，泻药的销售立刻下降了 90%。阿拉伯与西方的人士都在说，像羊反刍般地嚼卡特是一种“浪费时间的祸害”，对也门人的危害尤其深，因为据说他们会把微薄收入的一半花费在卡特上。研究医药的人类学家认为“祸害”之说未必公平，但也劝想要保持大便畅通、牙齿白净、荷包满满的人，以不买这东西为上策。已经习惯享受卡特的移民和难民当时仍希望能买到，但是进口货物被扣押，自己种植的人也遭到突袭搜查，所以货源极少。（只有英国许可空运卡特入境，供给境内的少数索马里居民。）瘾品当然可能在警方与海关的层层管制之下照样行销全世界，但一般都是海洛因、可卡因、大麻烟等浓缩状态的瘾品才值得这么做。而卡特的体积太大，太不便于走私。

美洲的迷幻瘾品

适当的保存期、运输上的可行性、适宜的价格，都是瘾品之所以能成为全球性商品的历史条件。但也不是有了这些条件就够了。欧洲人如何断定哪些瘾品应成为赚钱的作物与国际性的产品，也曾经受到非物质因素的影响。他们是基督教徒，对于凭借化学物质转换意识状态的做法不免存有疑虑，对于印第安人在仪式中使用的致幻瘾品尤其不能接受。

美洲原住民普遍有使用致幻剂的习俗，也许并非巧合。有一种说法是：古时候的亚洲人经由西伯利亚陆桥迁移到美洲之前就已熟悉毒蝇蕈（fly-agaric，亦称蛤蟆菌）的用途。他们的巫师萨满（Shaman，原始信仰的巫者）靠着用它——或许也用其他致幻剂——与神灵界相通，在服食后悟得邪祟麻烦的缘由，为身心有病痛的人驱除病根。萨满原本应该找出各种可以帮他们进入恍惚出神状态的物质。迁移至美洲落脚的印第安人祖先把弓箭、矛枪、奔犬带到西半球，也带来了寻找致幻植物的习俗。他们努力的成果十分可观，一共发现并采用了 100 种左右。佩奥特仙人掌、龙舌兰豆、牵牛花籽、墨西哥裸盖菇（psilocybic mushroom）、黄褥花科卡皮藤只是广为人们所知的少数几例。欧亚大陆的文明社会对于这些植物一无所知，民间通用的致幻植物也寥寥无几，即便欧亚大陆土地比美洲广阔，居住的历史也比美洲悠久。

我们会以为，欧洲人既然误打误撞找到了美洲这个精神瘾品天堂，理当趁机补足以前荒废了的知识。按民族植物学研究者彼得·福斯特（Peter Furst）的说法，欧洲人之所以没这么做，是因为他们把致幻植物视为魔鬼的工具，认为这些都是阻碍土著皈依基督教的坏东西。这些植物显然有超自然的效能，但是印第安人的仪式之中并不见有基督，因此，那些效能只可能是从撒旦而来。这些植物因此应当禁止，不可以出口，更不可以买卖。

烟草显然不在福斯特此论之列。印第安人也在各种不同的仪式中使用烟草，尤其常用一种耐寒的烟草（Nicotiana rustica）。如今这个品种的烟草的尼古丁含量可以高达16%。萨满们抽、吸、吃、泡饮烟草，吸收的量之多，使他们幻觉恍惚到几乎会因用量过大而致命的地步——有时候也真的因而丧命。早期批评烟草不可取的英国人都会提及烟草在拜偶信仰之中的重要性，英王詹姆斯一世即是这一派的代表。他还曾不屑地说："何不连印第安人的赤身裸体和崇拜魔鬼一并模仿？"然而，道德辩驳不会长久居上风。教会人士和他们的盟友百余年来已经把土著使用的许多致幻剂禁止、限制、赶入地下，却未能把烟草完全消灭。有些教会人士自己也染上烟瘾。

烟草成为例外，部分原因在于它是各地普遍栽种的植物，而且用途广泛。有些部落除了种烟草之外没有任何其他农耕活动。殖民者（不论占了什么地方为农庄）、教会、贸易站都不可能完全避开印第安人吸烟的行为。魁北克的耶稣会修道长保罗·勒·热纳（Paul le Jeune）曾在1634年写道："他们对此种药草的喜爱简直到了教人难以置信的地步。他们睡觉也含着芦苇秆烟斗，有时候半夜起来抽烟；他们行路时经常为了抽烟而停下来，进了家门的第一件事也是抽烟。”

殖民者看见印第安人把烟草用在仪式中，另外也当作杀虫的熏剂和治百病的药方，以及用于巫术以外的接近医疗的方面。本来欧洲人从很早以前就从东方输入药材，基于文化习惯，他们知道珍贵的瘾品都来自遥远的异邦，到美洲来也是要留意有没有新的、便宜的植物药材。西班牙来的殖民者更是奉了王命要积极加以寻找。在他们看来，烟草显然是不错的药材，它是“干燥”作用剂，正符合古时候的四体液（血液、黏液、黄胆汁、黑胆汁）医学原理，应该有许多疗效。

欧洲人也渐渐明白，使用烟草未必会产生幻觉。想引发幻觉的人服食佩奥特仙人掌必定会产生幻觉，吸烟则不一定。欧洲殖民者——他们是信基督的、文明的、理性思考的——对于是否能在恍惚中与神灵界相通没有多大兴趣，却很重视具有确定而可预测的疗效与刺激精神作用的瘾品，烟草正合他们的意，作用不那么强的热带品种烟草（Nicotiana tabacum）尤其理想。

按这个观点，近代早期的欧洲人绝不容忍巫师，而且鄙视巫师的致幻药物，只接受作用比较和缓的烟草。这是人类学家和历史学家的传统见解，也是在外国传教的基督教教会人士之中仍然显著存在着的观念。太平洋的公理会传教士对卡瓦的印象就不好，倒是天主教人士明显有较大的包容力，也许是因为他们在美洲已有长久的传教经验。

至少有一位具影响力的学者认为，当初欧洲人对于强力致幻剂的经验未必一概都反对或完全无知。但他也承认，欧洲人的相关经验不是宗教性质的。皮耶罗·康波雷西（Piero Camporesi）以半意识流的笔法写成的《梦的面包》（*Bread of Dreams*）之中，把近代早期的世界描写为饥饿与疾病不断肆虐的地狱般的地方。人人得不到足够的蛋白质和维生素，随处可见的是：

发烧到神志错乱、伤口化脓、溃疡侵蚀着细胞组织，亦步亦趋的坏疽，恶心的淋巴结核，舞蹈症和其他使人胡乱扭动的病症，以及永远摆脱不尽的寄生虫和霍乱下痢。他们也受着“下等”面包的有害作用的折磨……那是令人产生幻觉恍惚的状态，神志不清的人和发疯的人、精神错乱的人和癫狂的人，都“昏头昏脑”而“麻木无知”，长期或一时的醉酒者，因饮了酒或——实在不可思议——吃了面包而歪歪倒倒，和跛足者、眼盲者、淋巴结核患者、瘘管病患一起，漫无目标地游荡，还有患疥癣的、肢残的、枯瘦的人，甲状腺肿大、腹痛、水肿的人。

康波雷西的论题是：人们赖以维持生命的面包已经成了有毒之物。饿坏了的人们把黑麦草（毒麦）和大麻籽等杂质掺入面粉，吃下腐败的、有麦角病的硬面包，因而产生幻觉，大家都糊里糊涂。诡异的是，不吃面包也会引起幻觉，因为饥饿会阻扰酶的制造，而大脑必须靠酶才能够正常运作。所以，不论吃不到面包还是吃了掺杂料的面包，“大批最穷困的人群……活在一个完全不真实的超越知觉的世界里”。

以上这种颇不寻常的说法的数字依据不明。我找不到“大批”最底层人群在陷入幻觉的状态下胡乱游晃的证据，倒是偶发的中毒事件可以确信是有的。可能使人产生幻觉、虚弱，甚至致死的麦角病毒可能是无意间中毒的缘由之一。不过麦角病后来渐渐变得不常见了。这种病毒在黑麦庄稼上滋生，在特别寒冷的冬季与潮湿的春季之后收成的黑麦中尤其常见。由于欧洲人逐渐用小麦、马铃薯、玉米取代易染病的黑麦，1660 年以后的天气模式又是温暖而干燥的，发生麦角病的事例就减少了。蒸馏法（可以将染麦角病的谷物去毒）广为流传以后，有助于减少病毒引起的中毒，但也带来另一种后果较易预测的、意识不那么混乱的酒精中毒。

康波雷西的论述点明的重要事实是：刺激精神的物质可以帮助农民和劳工在不堪忍受的日子中苟活下去。欧洲蒸馏制酒的迅速成长，烟草输入的激增，都在历史学家所说的“17 世纪全面危机”的时期发生，也许并非凑巧。在 1590 年出生，于 1660 年死亡的人（多数欧洲人当然活不到这么久）经历的时代所发生的通货膨胀、失业、传染病、恶劣气候、作物歉收、暴乱、屠杀、战争，只有 14 世纪最残酷的年月可以相提并论。这些人需要抽烟喝酒是可想而知的。

撇开宗教信仰不谈，康波雷西笔下那些表现典型综合症状的陷入幻觉的人，对于任何持久的经济活动而言，几乎都是无用的。至于只抽烟或喝茶的人，就完全另当别论了。这类瘾品能提神解闷，却不会引发幻觉，对于掌控农工的地主们就来得有利多了。“软性”的瘾品——巧克力、较淡的美洲烟草、东方来的茶叶和咖啡——之所以能打败乔丹 · 古德曼（Jordan Goodman）所谓的摇摇欲坠的欧洲自种瘾品的文化，这也是原因之一：软性瘾品更能配合新兴资本主义秩序的需要。不但如此，这些瘾品本身就是资本主义下的商品。它们为商人赚的钱，为国库增加的收入，比它们在喝走味啤酒、吃大麻籽面包的旧秩序下能获取的可多得多了。

区域性植物瘾品的未来

我们探讨某些瘾品而非其他瘾品能成为全球性商品的缘故与时机，只能够笼统地分析。如果要细究，每一件都有无数个原因，包括时间条件、运气、财力、政治、组织管理、文化倾向、权势阶级的好恶，甚至包括军事结盟——狂爱巧克力的西班牙哈布斯堡王室与随即被感染的波旁王室结盟即是一例。

凡是限于区域发展的原因，不论说得多么详尽合理，都可以算是言之过早。因为，即便某种植物至今尚未成为全球性的作物或商品，并不表示它永远不会走到那一步。也许槟榔和卡瓦或其他区域性植物瘾品将来会像香烟和啤酒一样通行全世界，由于烟酒有可能危害健康，槟榔和卡瓦等瘾品也许会取而代之，目前正在促销烟酒的公司也有可能销售它们。1969 年间，智威汤逊公司（J. Walter Thompson Company）组成的新产品专门调查委员会建议“黎格特 · 梅耶烟草公司”（Liggett and Meyers Tobacco Co.）制造“小口槟榔”，依据的理由是：既然有数以百万计的人在嚼，其中一定有什么道理。黎格特 · 梅耶公司推出这个项目之后，却没有人响应。不过这件事证明，老练且财力充裕的资本主义机制——智威汤逊公司当时是全世界最大的广告公司——时时留意着植物性瘾品的发展前景。

此外，近 10 多年来，原来只限于区域使用的瘾品，渐渐在确立的商业范围之内或附近吸收到追随者。这都要归功于都市的市场、赚钱导向的经济，以及像“卡瓦条”这样的创新产品。巴布亚新几内亚的道路兴建，使槟榔方便运至首都莫兹比港（Port Moresby）等都市，推动了槟榔的商业化发展。诸如此类的区域内旺盛扩张，加上远地迁徙作为桥梁，可能是全球通行的前奏。例如，嚼槟榔在伦敦市的孟加拉社区已经随处可见，美国犹他州的盐湖城也有波利尼西亚人在喝卡瓦。犹他州 3 年前受理了第一桩服用卡瓦影响驾驶的起诉案。据一位公路巡逻警员说：摩门教传教士把波利尼西亚人带到美国来，他们也带着自己的文化一起过来了。

药草补充业是观察区域瘾品发展前景的另一个切入点。圣约翰草（St. John's Wort）与麻黄属植物（ephedra）在北美和欧洲的市场上已经成为普遍可见的药草。有的业者引据德国的临床研究结果，将卡瓦和其他“天然”药方标榜为镇静剂“安定”的安全而有效的替代品。利用邮购公司、网站，或在保健品店、生鲜蔬果店、平价药店，都可以买到卡瓦精。一位销售副总裁说：“我们对卡瓦的前景看好。它有条件继大蒜、银杏、人参之后成为最热门的食品。”另一位促销者建议用柠檬水服卡瓦，就完全吃不出卡瓦的味道了。把卡瓦调在柠檬酸橙汽水里再加上糖，还可以用来待客。这是超越纯医药的使用方式了，令人忆起昔时蔗糖的甜味调和了苦味的功劳。

环境影响

假使卡瓦或槟榔更进一步商业化，假使这两种植物在西半球大规模地种植，对于自然环境会造成重大而且几乎一定是有害的冲击。全球的瘾品作物，包括制成酒精的糖、谷类、水果、块茎的部分，都对生态系统造成深远影响。我们习惯从罹患肺癌或酒醉驾车等个人事故的角度来计算瘾品所付出的代价，其实最严重而长远的影响也许是在环境方面。精神刺激革命所造成的森林消失、土壤枯竭与侵蚀、化学废物的排放、除草剂与农药的毒害，都已经加速各个地区环境的恶化，也连带损及生活在这些环境里的人们的利益。

近来的古柯叶扩大栽种——“席卷热带农业的大侵略者”——已经破坏了上百万英亩的森林地，情形与19世纪巴西大肆栽种咖啡的时候相似。秘鲁的栽种者为了辟出种古柯叶的空地，将森林滥砍后放火烧，使上瓦亚拉谷（Upper Huallaga Valley）在8~9月里被浓烟笼罩。这些森林区的土质有很多是“湿沙漠”，土壤底层薄，混入灰烬种植作物后不久就耗竭了。种植者于是再辟新的空地。耗尽的土壤没有森林遮蔽，会被大雨冲蚀。水灾越来越频繁，土石流将村庄掩埋，河流淤塞，环境灾难接连不断。东南亚和危地马拉的鸦片田，哥伦比亚和墨西哥的大麻田，都是用砍烧森林的方式耕作，也都发生过同样的问题。这些地方要重新长出茂密森林，恐怕得等上几百年。在森林未生长的期间，二氧化碳排放量增多，地球大气层在增温。

违禁瘾品的加工往往就在产地的附近，加工设施是破坏环境的另一个祸首。在安第斯山地区，每将1公顷田的古柯叶制成古柯膏就会制造2吨的废物，包括汽油、煤油、硫酸、氨、碳酸钠、碳酸钾，以及浸泡洗刷古柯叶用的石灰。加工者任这些化学废物渗入地下、流入河川，又使水生动植物被毒害。提炼吗啡也会产生相同的后果。可卡因的走私者更是一不做二不休，还兼偷卖雨林中濒于绝迹的物种，不论死的活的，或当宠物，或卖剥下的兽皮，有的充当催情药，有的用作民间药材。哥伦比亚卡利（Cali）的走私集团利用大批渔船把违禁瘾品和珍奇动物经加勒比海地区一起运到美国。

不赞成禁止瘾品的人士说，问题不在加工提炼某种生物碱，而在这种加工被认定为非法。如果加工合法了，有执照的从业者自然会在有适当防范与监督的工厂中进行加工。从今以后再也不会有毒品走私者在卷着油布的丛林实验室里作业，一面把溶液随便倾倒，一面打量着可以抓来卖钱的巨嘴鸟。这种论点看来有其道理，却会误导人。因为，以往完全合法的瘾品种植一样会对环境造成重大伤害。

烟草会将土壤中的钾碱、钙、氮迅速耗竭。弗吉尼亚州东部最肥沃的切萨皮克（Chesapeake）田地经过 3 年耕作就会耗竭，此后 20 年都不能再种烟草。在每名农工至少负责 50 英亩的广大农场上进行轮作，可以支持一段时间，但切萨皮克的农场主后来还是把目标指向茂密林地肥沃的、富于腐殖质的黑土地，树林于是被他们的仆佣奴隶砍得精光。北美洲东部的原始森林消失许久以后，烟草依旧是许多国家——例如坦桑尼亚——森林滥伐的元凶，因为熏制烟叶需要大量木材。每熏制 1 英亩田地的烟叶，大约要耗损 1 英亩的森林面积，确实数量因各地烟草库坊的效率不同而各异。烟草田大量使用化肥和农药，不但污染水源，还培养出对杀虫剂有抵抗力的蚊子和苍蝇，形成热带环境中一大麻烦。

耕作技术上的改变也会扰乱生态环境。中南美洲以往一向种植的咖啡灌木都是生长在果树或其他树木的荫庇之下，以防阳光直接照射，遮荫的果树又可以收获鳄梨等其他经济作物。这些遮荫的树木庇护着多种不同的鸟类，数目仅次于雨林。然而，自20世纪60年代起，从业者在哥伦比亚和其他咖啡生产国引入新品种卡图拉咖啡（即Café caturra），可以不需树荫而快速生长，收成量高，但必须使用大量肥料和农药，并且需要靠除草剂来消灭竞争生长空间的其他草本植物。这种咖啡树如今栽遍以前栽种粮食的平原与山坡，也栽满已经砍光果树与森林的旧咖啡农场。鸟类学家已经发现，“太阳咖啡”的高科技农场里几乎不见鸟影，所以在倡导改种符合环境绿化的“树荫咖啡”。

因为种植瘾品，必须铲除森林为农地，必须开路以便运作物到市场。这两种过程都可能无意中挟带外地的动植物。农场工人和筑路工人每到一地，要带着种子批、工具、家禽家畜、行李包袱、压舱物，以及其他方便异物附着或藏匿的东西。英国植物学家亨利·里德利（Henry Ridley）曾说：“在锡兰，我得走上好几英里路才能脱离南美洲野草蔓生的地区。”在美国加州等地，阿根廷蚂蚁是侵扰农业与家居生活的害虫，它们是在1891年前后跟着咖啡豆一起经新奥尔良进入美国的。

从人类生态学的观点看，还有一个害处：瘾品作物的密集耕作会排挤人口存活所必需的粮食生产。中国曾经多次发生这种问题。英美烟草公司（British-American Tobacco Company）就曾经被指为强要饥饿的农民种植其招牌的淡色烟草。该公司的官员因而声明，十分关切农民放弃大豆、谷类以及其他作物而改种烟草的事。就算是在有能力进口粮食的国家及地区，密集种植可获利的瘾品作物，也不免因虫害或植物病而损失惨重。19世纪末，根瘤蚜虫（Phylloxera vastarix）几乎把欧洲的葡萄园摧毁殆尽，后来还是靠着将酿酒葡萄枝嫁接在有抵抗力的美洲植根上，才挽救了酿酒业。

以上这些问题——滥伐森林、污染环境、病虫害——都是或多或少会发生的。这都是商业性的农耕固有的问题，并不只限于瘾品类植物的耕作。然而，精神刺激革命却使既有问题更加恶化。植物学者早就注意到，能够使人产生快感的植物往往比提供主食的植物扩散得更快，扩散幅度也更大。这些植物耗用了土壤的养分，却供应不了多少的营养价值，甚或完全没有益处可言。19世纪的医生格里姆肖（A. H. Grimshaw）反对抽烟和种植烟草，他指出，数千英亩的田地被烟草“耗尽”，连带使农家破产，“栽种烟草占去的土地，本来可以用来生产面包的原料、羊毛、大麻、亚麻，或其他有用之物”。如果不种烟草，美国人就不必进口那么多东西；他们也不必新辟那么多田地来种植必要的粮食和棉麻。如果不谈烟草农可能掌握的商机，格里姆肖从社会与环境的角度所说的道理是很难反驳的。

除非从人口统计学的观点提出一个教人不寒而栗的论点：精神刺激革命可以导致死亡，所以能减轻环境承受的压力。这个说法听来离谱，其实不尽然。人口不断扩张——爱德华·威尔逊（Edward O. Wilson）称之为“在大地上横行的妖怪”——乃是农地扩张与天然栖息地消失的最终原因。我们假定过去500年不曾发生烟草烈酒迅速传遍全世界的事，死亡率降低的累计效果会导致现今世界人口再多出5亿。多出这么多人，环境承受的额外压力可想而知。然而，这些都只是揣测。有关瘾品如何课税、管制或是禁止的政策，往往是从社会遭受的冲击或付出的成本着眼。如果真的要细究瘾品种植、加工、使用的确切代价，恐怕很难算得准。

早期的烟草推广者之一，荷兰医生贾尔斯·埃弗拉德（Giles Everard）曾说："烟草爱肥沃而生气勃勃的土壤。"肥沃而生气勃勃的土壤却不爱烟草，因为烟草汲取养分的胃口不知餍足。图中这种美国南方的农地如果不仔细施肥，3 年就耗竭了。这幅 1855 年的木版画中，烟草种在人力堆高的小丘上，黑奴们正在锄掉烟草土丘之间冒出的杂草。

瘾品流通的版图

从植物取得的瘾品与含酒精饮品在全世界涌现，就像是一个不断外扩的连续体，服食的习惯从地方开始，逐渐发展到区域、半球，以至全世界。使用越普遍，对环境的影响越大。17 世纪的烟草繁荣盛况，也许是在历史上对生态冲击最显著的一次外扩。除此之外，诸如葡萄酒、烈酒、咖啡、茶、可可、糖、鸦片、大麻、古柯的扩大生产，都符合大致相同的模式，差异只在时机、传播方向与速度、初期遭遇反对的程度大小等细节上。

既然是连续体，就表示地理上的版图也可能从大变小——或是被迫缩小。这种情形不是没有，只是不常见而已。这足以证明，瘾品扩大发展的生物基础跨越了文化界限，也显示刺激精神的瘾品买卖不会因国际间的管制禁止而萎缩。说起瘾品的发展史，其实是一部扩张过程史，其主要推动力来自科技变革与资本家经营。至于瘾品的管制，套用一句冷战时期的话，防堵的目的大于真正将它击退。

连续体的概念也意味着目前的瘾品植物资源汇流可能还有后续发展。看来只限于地方、区域或半球范围使用的瘾品，也许只是处于全球化发展的开端。此刻我们会觉得，槟榔汁或卡瓦饼之类的产品遍销全世界的景况难以想象，但如果完全排除其可能性，就太过武断而流于族裔文化的自我优越感。

不过，假使槟榔及类似产品要扩大版图，就必须面对激烈竞争，对手除了天然产品之外还有合成瘾品。例如，麦司卡林（Mescaline）必须与摇头丸（MDMA）竞争，肉豆蔻得与丙二醛（MDA）竞争，卡特得与安非他明竞争。与植物性瘾品竞争的化学成品能产生相同的效果，但从轻便、药效、成本、味道、货源无虞的角度评量，化学制品条件更优。这也是某些植物性瘾品维持区域版图的最后一个原因。它们未能走出区域外，是因为错过了15世纪晚期打开的机会之窗。这扇窗子到19世纪关闭了，任何植物性瘾品不拘什么缘故若未能在20世纪结束前发展到全球种植利用的程度，要在21世纪达成这个目标将会越来越慢。近百年来，刺激精神的新瘾品产品主要来自跨国制药公司研发的合成瘾品，以后的情形仍将是如此。精神病学的生物学走向，加上“装点门面的精神药理学”（cosmetic psychopharmacology，借处方瘾品“微调”心情并改进工作表现）兴起，必定持续引介替代天然瘾品的“干净的”合成瘾品。这些瘾品也必定有一部分会流入瘾品的地下社会。

Drugs and Commerce

第二篇

瘾品与贸易

Drugs and Commerce

4 魔法师的学徒
The Sorcerer's Apprentices

The Sorcerer's Apprentices

只有已经在西方社会广泛被使用的瘾品，才会变成全球性的商品。但从未有一种刺激物，是一出现就在欧洲或北美成为大众消费品的。它们起初都是外地来的稀罕药品，医生们会针对其利弊热烈发表针锋相对的意见。这些同行间的争论通常不会引起官方注意，要等到这种药品开始在非医疗领域普遍使用，才会引起舆论争议与政府干预。新问世的植物性瘾品被人们接受的经过，纯粹合成的瘾品发明制造的始末，这些都好像魔法师的学徒只凭半句咒语就指挥扫帚挑水的故事，前景看好的新药方每每溜到医疗言论与控制的规范之外。它们溜到可供一般人作乐、作恶的更广阔的领域里去，也挑起国内与国际主管当局的响应。

价值极高的药草

符合科学精神的医学有这么一个定理：特定的病症应当以其功效已被证明的特定药物来治疗。不过，这个治疗特效性的原则是 19 世纪才有的（而且是慢慢成形的）。自古以来的医生大多只把药物视为产生笼统生理作用的工具。昔日的医生用药物使脉搏加速或调整排泄，借以帮助身体恢复应有的平衡。限定用某种药专治某种病的做法是极为少见的。例如，奎宁就是一种万用药，不是专供治疗疟疾的。任何有确切功用的新药一出，几乎都立刻成为医学界打听议论的目标。

如果新瘾品有多种可用之方，引起的讨论更是热烈。西班牙塞维利亚（Seville）的医生尼古拉斯 · 莫纳德斯（Nicolas Monardes）是专精研究美洲瘾品的。他于 1571 年发表一部关于烟草的重要论述，在书中指出，局部施用的烟草可以治愈各种不同的创伤、溃疡、疼痛，口服有驱蠕虫的效果，嚼食可以解饥止渴，抽烟则可提神。莫纳德斯还说，印第安人以抽烟为“消遣”，享受抽烟带来的晕醉与邪恶幻觉。他在这部广泛翻译流传的书中强调不赞成这种消遣的方式。可见，从一开始，吸烟行为就受到道德观念的约束。

没有多久，烟草却被冠上“可对抗一切毒物与传染疾病的解药”的美名。它被认为能澄清空气，把引起瘟疫的毒“气”驱散。日记名家塞缪尔 · 皮普斯（Samuel Pepys）曾在 1665 年 6 月 7 日写道：“我于这天在德鲁瑞巷无意间看见两三个人家的大门上画着红色十字，还写着‘上帝怜悯我们’。这是我印象中第一次看见这种黑死病的标记。

这令我感到不自在，觉得恶气难忍。所以我不得不去买些烟草卷来嗅闻并咀嚼，这才消除了我的疑虑。”据说，当时伦敦的烟草业者没有一个染上黑死病。

莫纳德斯所说的这个“价值极高的药草”所引起的医学界关注讨论，在1600年达到最高峰。医生们纷纷讨论烟草的使用方法，并且一一找出烟草可医的病症。另外，水手、军人、经常出入娱乐场所的男士们，都把抽烟当成一种享乐，自己抽，也鼓动伙伴们一起抽。烟草供应在17世纪渐渐扩大，吸烟也日趋普遍，这时候医生们才开始认为如此滥用会产生问题。诸多相关论战之中特别值得一提的是丹麦宫廷御医兼正统学者西蒙·保利（Simon Paulli）于1665年发表的《评论烟草之滥用……与茶之药草》（*Commentarius de Abusu Tabaci... et Herbae Theé*）。他在文中承认烟草具有发热与干燥的特性，制成浸剂、糖浆、药膏也有许多用途。但是如果用鼻嗅闻或点火抽入，会“令人难以忍受，而且非常有害”。抽烟的人会患脑中毒，会钱包空空。愚蠢的人无节制地抽烟，“也许他的妻小正在家中挨饿……此乃部分欧洲人的疯狂行径，为了满足无聊的吸烟欲望，不惜散尽家财”。

保利是见多识广的人，有丰富的植物学知识和欧陆的商业人脉，他很清楚，烟草只是传入欧洲医药与商业的诸多新发现的瘾品之一。他相信一般所说的饮用巧克力、咖啡、茶有益健康都是事实，但是他指出，只有生活在这些瘾品原始产地的人可能获得这些益处。他引据古代的医学名言为证：“任何地域的天然出产物都是最适合当地人体质的。”茶最适合中国人，咖啡最适合波斯人，巧克力最适合印第安人，麦酒和葡萄酒最适合欧洲人。如果违反这个自然法则，把瘾品和人弄混了，会导致不能生育等恶果。输入这些产品既浪费又有害，欧洲人想借这些东西获得的效果，其实在欧洲原产的植物中就有了。耗费大笔钱买入不新鲜的、掺了杂质的外地东西，简直是“染上发疯的传染病”。丹麦自己没有出产瘾品的殖民地，尤其不该做这种事。再者，欧洲人岂可模仿“卑鄙狡狯”的亚洲人，当然也更不该去模仿“曾因吃人肉染上梅毒病的，如今又因抽烟惹病上身的”印第安人。保利告诫读者，“我们欧洲人的理性远远优于野蛮人，却罔顾理性判断而仿效野蛮习俗”，实在可耻。

在保利的这本书中，备载了日后各国政府必将对某些瘾品的使用加以管制或禁止的主要原因。按他的判断，这些瘾品会使滥用者本人受伤害，使其家人痛苦，使社会陷入危险。这些瘾品会耗损个人与国家的资源，它们都是来自邪魔的罪恶。他所说的瘾品只适合于原产地却可能危害不熟知它的社会，也一直是社会科学中的老生常谈，但这个论点的根据应来自人类学，与医药无关。

他的另一个历久不衰的论点是，烟草在适当的状况下偶尔被当作瘾品用是有益的，养成抽烟恶习却是有害的。一直到了 19 世纪，我们仍可从论述的标题和组织名称看出这种划分：“将烟草当作奢侈享受的影响”、“医疗以外使用烟草是对的吗？”、“法兰西反烟草滥用协会”云云。大家都知道烟草的毒性可能致死，但它能治疗阵发性哮喘等病症却是不可否认。1881 年间，西班牙医生萨尔瓦多 · 鲁伊斯 · 布拉斯科（Salvador Ruiz Blasco）接生了一个死婴，他吸了口雪茄烟，朝婴儿脸上一喷，本来静止的婴儿竟开始抽动，接着脸部一扭，哭出声来。这个婴儿就是毕加索（Pablo Picasso）。

甚至到了现在，香烟早已是众所周知的致癌凶手，尼古丁仍有一些重要的治疗功能。研究者注意到，精神分裂症患者高达80%有抽烟习惯。经观察后确知，尼古丁可以使患者的焦虑不安症状平静下来，也可以减轻抗精神病药物的副作用。爱德华 · 莱文（Edward Levin）认为可以让患有精神分裂症的吸烟者改用尼古丁贴片，保利大概会赞成这个意见。尼古丁与相关化合物是否可以用于治疗老年痴呆症、帕金森氏症（Parkinson's disease）、忧郁症、多动症、妥瑞症（Tourette's Syndrome）、溃疡性结肠炎等，已有许多人在进行研究，其中不乏烟草公司赞助的研究计划。

酒是良药

葡萄酒是历史最久远的医药之一，凡是有酿酒葡萄农业的社会都曾用它来治病。古希腊、古罗马的医生用酒处理伤口、退烧、利尿、补充体力。犹太经典《塔木德》（*Talmud*）上说："适度地饮葡萄酒可提振胃口且有益健康……葡萄酒是最佳良药。"古人也用葡萄酒和啤酒作为冲调其他植物瘾品的溶剂，按《埃伯斯医药籍》（*Ebers Papyrus*）记载，公元前1 500年就有用酒冲药的做法。中古时代与近代欧洲几乎到处都有用酒调药的方子。一个典型的英国药酒方子是："分娩前6周起，每日早晨以3匙甜杏仁油调入半品脱白葡萄酒服下，可保顺产。"美国马萨诸塞州的牧师兼医生科顿 · 马瑟（Cotton Mather）建议用研碎的绿龟阴茎调入啤酒或麦酒、白葡萄酒，可迅速治愈肾结石。

17 世纪以前，蒸馏的酒类价格昂贵，通常只在药铺有售。它有如“奇迹”般的起死回生的神效，从要命的瘟疫到精神忧郁，没有一种病是不能治的。例如，白兰地的别称就是“生命之水”（Aqua vitae），威士忌的原文 whisky（源自盖尔语的 uisge beatha）也是同义。曾有一位医生说，每天早上服半匙白兰地的人一辈子不会生病。现代流行病学研究虽然没有这么激烈的措辞，却也证实烈酒的杀菌功能有助于防止肝炎等经由食物传播的疾病。

酒精的经历和烟草一样，曾经引来医生们对于其医疗用途的辩论。在 18 世纪晚期与 19 世纪早期，辩论趋于激烈，但各家说法几乎都肯定酒精可以当作急救的兴奋剂。19 世纪的澳大利亚医生朱利叶斯 · 伯恩卡斯尔（Julius Berncastle）曾说：“足量酒精似乎是对付蛇咬中毒的最佳特效药，它能克服心脏麻痹的状态，迫使心脏迅速恢复自然跳动。”他给蛇咬中毒者开的药方是：每 15 分钟喝一满酒杯的白兰地，直至祛除蛇毒为止。1904 年的奥运马拉松赛跑冠军托马斯 · 希克斯（Thomas Hicks）在赛跑中喝下调了番木鳖精（$C_{21}H_{22}N_2O_2$）的白兰地，才克服疲惫一马当先。我们可以从希克斯跑全程的时间推知这么做（在当时是不违规、不违法的）的利弊。他总共用了 3 小时 28 分钟，大约每 8 分钟跑 1 英里（1.609 公里）。

为了消遣娱乐而喝烈酒却要另当别论了，这种区分早在希克斯借酒增强体力以前就有了。历史学者特鲁斯蒂（Ann Tlusty）研究了奥格斯堡（Augsburg，在今德国南部）16~17 世纪的烈酒相关法规，证实主管当局所坚持的医药与消遣区分有多么顽固。1614 年有这么一条规定：“白兰地不可以无节制地饮用，只可为补充体力或医疗目的而饮。”光顾白兰地酒铺的人买了白兰地必须当场立即服下，与 350 年后服美沙酮（methadone）的病人差不多。在酒馆或其他休闲娱乐场所中是不准喝白兰地的。杜松子酒（金酒）既是浪费谷粮酿制的东西，又容易致醉，所以法规约束更严，只有 4 位领有执照的药剂师可以出售谷类酿制烈酒供医疗用。然而，民众的需求渐渐瓦解了法律规范的基础。军人非喝白兰地不可，寡妇和穷工匠会偷偷地自制金酒。奥格斯堡市政府眼见违抗规避的事例不断，终于先后首肯对白兰地和金酒的非医疗消费课税。到 1683 年，这两种烈酒都是完全合法的了。

金酒能引顾客上门的原因之一是价格低廉，与啤酒或麦酒的售价相差不多，因此曾在 18 世纪早期掀起英国人喝金酒的风气。当时的画家威廉 · 贺加斯（William Hogarth, 1697~1764）因而有“金酒巷”与“啤酒街”之作留传后世。至于托比亚斯 · 斯摩莱特（Tobias Smollett）与亨利 · 菲尔丁（Herry Fielding）这两位作家（分别具有医生及法官的身份），都指责金酒之易醉烈性是空前危险的。斯摩莱特不满地表示，金酒“售价太便宜，以至于最底层的人都可以恣意买醉，导致败德、懒惰、失序。如今行为不检的歪风到了恬不知耻的地步，这毒物的零售者公然撑起彩色招牌，引诱人们花 1 便士的小钱喝到醉；还向人们保证，2 便士就能醉到醒不过来，吸管奉送”。

以上这段不实的论述在发表后不久就受到质疑，但真实与否尚属次要，重要的是这件事的政治内涵。纵饮金酒的风气令主流人士感到忧虑。菲尔丁认为这种行为乃是犯罪的直接起因。喝金酒烂醉的人不但没能力工作，也丧失了恐惧感与羞耻心。其后果即是偷窃抢劫——他审判的这类案件就是接连不断的。菲尔丁还问：纵饮金酒的

杜菲纯麦芽威士忌。供医疗使用。这帧1894年的广告刻意描绘出酒的宝贵医疗价值。当时连最严格禁酒的人家也必有一瓶威士忌，以便发生晕厥之类紧急状况时使用。但是仍有激进的禁酒者认为将威士忌当药用酒卖是蹩脚的托词。1903年间，禁酒斗士卡里 · 内申（Carry Nation）的追随者布兰奇 · 博伊斯（Blanche Boise）在堪萨斯州托皮卡市（Topeka）专砸卖烈酒的杂货店和酒吧的玻璃橱窗。一年前她曾以马鞭抽打过纵容烈酒买卖的市长。

人孕育的孩子将会怎样？“这些倒霉的婴儿（如果我们假定他们能够活到成年）会成为我们未来的水兵、步兵吗？”保利担心烟草和含咖啡因的饮品毒害欧洲人，菲尔丁也有相同的顾虑：恐怕便宜的金酒会危害英国的前途。英国国会与他所见略同，于1751年大幅提高了执照费、增加了申请条件，也把烈酒进口的关税提高。

苦艾酒的遭遇同样与国民健康、国家安全的顾虑扯在了一起。这种浅翡翠色的酒是以苦艾溶于酒精，再加大茴香等调味剂制成，里面含有致幻的侧柏酮（thujone）。如今一般人印象中的苦艾酒，只是昔时诗人画家们特别偏好的烈酒——亨利·德·图卢兹–劳特累克（Henri de Toulouse-Lautrec）还以特制的手杖随身携带。其实此酒在19世纪趋于大众化，法国的喜好者格外多，1910年的消耗量达到3 600万升。销量大的关键在于大量生产与广告宣传。法国蓬塔耶（Pontarlier）的佩诺酒厂（Pernod）的效率惊人，仅170名员工——半数为女性，就有每天12.5万公升的生产量——都是完成装瓶、加瓶塞、贴标签、装进大柳条箱，准备运往智利的瓦尔帕莱索（Valparaiso）、美国的旧金山、越南的西贡。然而，禁酒的呼声激烈，加上怀疑饮苦艾酒可能导致肺结核、癫痫、可遗传的精神错乱，以及犯罪行为，瑞士、美国以及其他国家都明令禁饮。法国政府也因为担心苦艾酒影响军队的备战和士气，而于1914年8月发布紧急禁售令。次年，法国众议院正式公布，苦艾酒之生产、供销、出售一概均属违法。

回顾苦艾酒的历史由来，实况与上述完全不是一回事。苦艾在古代是一种药——常与酒一起服用，可以驱除肠内寄生虫、退烧、治癫痫、医痛风。有人说，耶稣被钉上十字架之后，有人拿东西给他喝，那不是鸦片而是苦艾。以苦艾调入白葡萄酒再加香料，是古人防止接触传染的方子。酿酒者也会在酒中添加苦艾枝以防变味，德文的Wermut（苦艾）即是英文的Vermouth（苦艾酒）的词源。乳母若要给孩子断奶，会在乳头上涂苦艾油。这种种观念和用法，都不曾有过任何争议。

ANOTHER IMPORTED FASHION.

又一个进口的风尚。死神一手斟酒，另一手牵住饮苦艾酒的人。这幅 1883 年的美国漫画将反瘾品的三个主题画在一起：丧失自制，丧失心智，丧失生命。注意苦艾酒被指为外来之物。

安非他明民主风

19 世纪有 4 项医学技术的发展不但加速了精神刺激革命，也使此一革命带来的社会影响更令人担忧。4 项发展是：吗啡与可卡因等影响精神状态的生物碱分离成功并且可做商业性生产，皮下注射医疗的发明，水合氯醛（安眠药用）等合成药物的发现与制造，海洛因等半合成衍生物的发现与制造。海洛因算是“半”合成类，因为其基本成分只是吗啡分子，另外再加两个小乙酰族，使效能达到 3 倍，作用的速度也会加快。临床试验海洛因与其他实验药物显示，分子结构的细微改变可造成药效上很大的不同。这个原理带给药理学重大变革，也为无数新的药物治疗方法——其中不乏具有刺激精神效用者——打开一条路。

多数合成的与半合成的药物瘾品是由德国发明的。德国乃是 19 世纪晚期与 20 世纪早期的药品研发中心。单单拜耳公司（Friedrich Bayer & Co.）就囊括了鲁米诺（Luminal）、索佛那（Sulfona，丙酮缩三乙砜）、特里欧那（Trional，眠砜乙基甲火烷）、维罗那（Veronal，二乙基巴比妥）等各种镇静剂及安眠药的销售制造，另外还有两种最著名的产品，即海洛因与阿司匹林。有药可用，医生们当然求之不得，都热烈购入各种能引人入眠的药物；有一位加拿大医生按一批 5 000 片的数量整批地买。然而，大家不久就发现，巴比妥类镇静剂和其他药物可能带来麻烦。“药物”（drug）一词在 20 世纪早期与毒瘾扯上关系，原因之一是医生们需要一个便利的用词把激增的滥用问题归为一类。“药物习惯”（Drug habit）因而具有“吸毒成瘾”的意思。

第一次世界大战期间，英、美两国的德国药品来源给切断了，两国的制药业也在政府悉心保护下成长。第二次世界大战过后，美国的制药业跃升世界第一位。1941 年至 1963 年间新上市的单一化学药品之中，61%以上来自美国，居第二位的瑞士只占 8%，德国占 6%，英国 5%，法国 3.5%。不论哪一国出产的药品，都是行销国际，因为研究的经费庞大，业者只靠国内销售是赚不回来的。这些药品如果具有引发快感或辅助性欲的效用，不免又走上以往性质相似的有机药物的发展路径，溜到医疗范围以外的用途上，继而引来争议与更加严格的管制。海洛因、巴比妥类药剂、促蛋白合成的类固醇、镇静剂、致幻剂、杜冷丁（Demerol）之类的合成性麻醉剂，都是这么走过来的。最近的一个实例是“伟哥”（Viagra），本来是治疗勃起障碍的药物，一旦变成催情实验药，就引来一片争议之声。本来不属于医疗领域的东西——例如汽油、强力胶，一旦被当成致幻瘾品使用，也会引爆争议。因为工业化的生活环境里有太多随处可得的刺激精神的化学品，所以近几年来渐渐通用“药物滥用”（substance abuse）与“化学品依赖”（chemical dependence）的说法，因为这样说比“瘾品滥用”和“毒瘾”涵盖的意思更广。

安非他明（苯丙胺）的发展史也有特别值得深究的意义。它本是一群分子结构与肾上腺素类似的相关瘾品，能刺激交感神经与中枢神经系统，使服用者反应敏锐、不想睡觉，也没有食欲。安非他明与可卡因相同的作用是，增加多巴胺（dopamine）的分泌，而多巴胺是重要的神经传导素，可以启动大脑的奖励机制。安非他明是效力强而容易合成的瘾品，全世界的非法从业者都爱制造，成品包括吞食的与注射的。此外也有人吸食高纯度的安非他明结晶粒，俗称“冰毒”（ice）。与高纯度的可卡因结晶粒相比，冰毒的效用更长，可超过一两小时。长期吸食安非他明会导致精神病，这是非常可怕的瘾品。

然而，安非他明最初是被当作缓解充血的药品出售。拜耳药厂当年推出海洛因这个产品，是当作止咳剂的。安非他明亦然，是美国费城的 SKF 制药公司（Smith, Kline & French）营销的感冒速效药，是 1932 年推出的非处方感冒药苯丙胺吸入剂的基本成分。后来发现，使用者会精神亢奋、失眠、厌食，因而令人想到可以用它来对付疲劳、发作性嗜睡、肥胖等其他病症。按一项统计，1946 年已知的安非他明适应症有 39 种，包括低血压、晕船、不断打嗝、咖啡因上瘾等病症。

大学生们也发现，只要服用安非他明，连咖啡都不必喝了。1936 年间，明尼苏达大学（University of Minnesota）的学生拿自己当实验品，立即发现安非他明在彻夜狂欢与考前开夜车时大可派上用场。（20 世纪 50~60 年代的亲身实验者又在尝试墨西哥裸盖菇碱与 LSD 之后有更大发现。）这种“大脑丸”（brain pill）和“活力丸”（pep pill）有奇效的消息传到了威斯康星、哥伦比亚、芝加哥、普渡各大学，随后又有校园以外的人跟进，包括运动员、卡车司机、赛马训练师等。美国军方也不落人后，在第二次世界大战期间发给轰炸机组员和丛林作战队伍的此种药片、药丸在 1.8 亿粒以上。

1949 年，SKF 制药公司持有的安非他明专利期截止，别的公司也涌入市场。美国的安非他明产量在 1949 年是 7 200 多公斤，到 1958 年增为 3.4 万多公斤，等于 35 亿粒药丸。其中有一半或一半以上是非医疗使用的。20 世纪 50 年代（在美国历史上通常不会与瘾品滥用相提并论的年代），一股“安非他明民主风”兴起，并且迅速扩散，传遍了长途货车司机、退伍军人、监狱囚徒、大学生、懵懂青少年，以及寻求刺激的名流之中。名医马克斯 · 雅各布森（Max Jacobson）素有“快感医生”之称，他的病人包括影星尤尔 · 伯连纳（Yul Brynner）、词曲作家兼剧作家艾伦 · 杰伊 · 勒纳（Alan Jay Lerner）、黑人歌星约翰尼 · 马西斯（Johnny Mathis），以及美国前总统约翰 · 肯尼迪。就在肯尼迪与竞争对手尼克松进行具有历史意义的电视辩论之前，雅各布森为肯尼迪注射了右旋安非他明（Dexedrine）。到 20 世纪 60 年代中期，安非他明产量高达每年 80 亿粒，假造的处方、伪造的批发订单，以及其他各种手段，助长了欣欣向荣的安非他明亚文化。

有时甚至没有处方也可以取得安非他明。詹姆斯 · 埃尔罗伊（James Ellroy）的回忆录中记述自己早年行窃游荡时“在好莱坞公立图书馆认识了一个毒瘾客，他告诉我苯丙胺吸入剂是怎么一回事”。

> 这东西是不用处方就可以买到的减充血剂，用小塑料管包装。管子里有一团棉花，棉花浸过一种叫作六氢脱氧麻黄碱（propylhexedrine）的东西。你只需要把管子塞到鼻子里吸上几下，不要把棉花团吃掉，一下子便可飘飘欲仙 10 个小时。苯丙胺吸入剂是合法的，售价 69 美分。洛杉矶到处都可以买到。
>
> 这家伙说我可以去偷几个。这倒也不错，我不必找门路或是医生处方，想要过瘾可以随手拿到。我在一家平价杂货药品店偷了 3 支，

拿了根汁汽水，蹲下来准备享用。

棉花团长两英寸，直径和香烟一样，浸过有臭味的深黄色溶液。我把一个塞进嘴里，硬忍住才没把它呕出来。不到半小时，作用就开始了。

那真是过瘾透顶，教人头顶发晕、下身发热，简直欲仙欲死。

我回到我在彭斯公园的位子，打了一整夜的“手枪”。药劲儿持续了整整8小时，把我弄得又脏又累、昏头昏脑。雷鸟把劲道冲淡，给我换上新鲜的畅快。我找到了好东西，这是我想要就有的东西。我就随自己的意大搞特搞。

这是典型的安非他明滥用的例子：先是从不正当的人得到那个情报，于是把毒品偷来用，开始是恶心不适，继而是强烈的刺激快感。埃尔罗伊吃下去的量等于25粒10毫克的药片，吃过之后又用另一种瘾品把安非他明药效冲淡。他所说的雷鸟是价格低廉的葡萄酒。他持续服用，耐受性越来越高，一次可以服食10至12个棉花团。服后幻觉可怖，会看见鬼怪从马桶里跳出来。埃尔罗伊只得向上帝求助。“我对上帝说，我不再喝酒了，也不再吃那吸入剂了。我跟他说我不偷窃了。我只求以后头脑清楚，再也没有幻觉。”他戒了酒和安非他明，利用服食大麻试验戒毒治疗，之后便参加了“匿名戒酒协会”（Alcoholics Anonymous）。20世纪70年代的西区匿名戒酒会作风极端，会谈之后有“泡热水发烧”，还有裸体的泳池集会，但终究能奏效。埃尔罗伊此后酒毒不沾，成了洛杉矶描写犯罪题材的知名作家。

SKF制药公司当初并没有打算让消费者走上这样一条路。SKF为了提防滥用行为，设计了各种不同的对策。例如，添加苦味酸使棉花条吃起来有恶心的怪味。决心要吃它的人却不怕味道怪。就算SKF与其他从业者设计成功不可能被滥用的吸入剂，仍然挡不住安非他明民主风，从业者既以那么多疾病为目标大力促销，迟早会让安非他明流窜到医疗范围以外。

制药厂的新药推销员不停地往医院诊所送免费的样品和精美的广告宣传册。有一则新药宣传册上说："肥胖的人会早死。"附图即是解剖出来的脂肪过多的心脏和油腻的肝脏。"任何控制体重的饮食疗法，都不像使用右旋安非他明类硫酸盐这么广泛、这么迅速，结果又这么令人满意。"德塞美（Dexamyl）是安非他明和巴比妥类的混合体，正适合用来"管理日常的心理及情绪方面的困扰"，例如个人的财务问题、家人间的摩擦、担心变老、亲友离丧、一时的挫败感等等，全部合用。换言之，男女老幼人人可服。甚至到了1953年，SKF对外发行的《右旋安非他明参考手册》（*Dexedrine Reference Manual*）还在否认它有可能使人上瘾，只勉强承认某些病人服用后可能产生心理上"习以为常"，不过，"喝粉红水也可能习以为常"。

医生如果拿这种打着安全无虞旗帜的强力瘾品来治疗各种含糊不清的症状，就是魔法师学徒的行径。有些病患——当然是少数——认为自己可以继续服用医生开的药来解决其他问题，反正这药是不会害人的。不但如此，这些病人还鼓励亲友一起来吃药。他们认为这种药能帮自己解决情绪低落、宿醉、疲劳、体重超标、性生活不和谐的问题，应该也能帮别人解决问题。继续服用的人会编出各式各样的理由请求医生再开药，或是向只顾牟利的药剂师直接购买，或从不法供应者那儿买来。医疗以外的使用是从确认的医疗使用衍生出来的，是并行的连锁反应。制药公司越努力促销某种药物，开这种药物的医生越多，衍生并行的连锁反应就越多，这股药物的民主风也就风行得越快。

下一步就是引来官方的干预。以安非他明为例，美国联邦政府警觉到产量的渐增（每年 120 亿粒）以及注射安非他明的亚文化逐渐滋长，于 1971 年严格限定制造配额。黑市上仍然可以买到药厂出品的安非他明，但稍不小心就会买到鱼目混珠的假货——咖啡因、麻黄碱或其他兴奋剂混合的冒牌货。联邦法令的强力管制造成的货源空隙，由非法的安非他明制造者来填补，他们供给的就全是真货了。

1971 年也是法国政府开始禁止科利德蓝（Corydrane）的一年。这是德拉格兰志药厂（Delagrange Laboratories）营销的不用医生处方就可以买卖的成药，一管 20 片，含 50 毫克阿司匹林与 144 毫克外消旋安非他明（racemic amphetamine）。指明的适应症有感冒、鼻炎、疼痛、虚弱无力。科利德蓝很快就受到没感冒、没有鼻炎的顾客欢迎。男士们吃它来催情，单车骑士借它来增进活力，学生、画家、作家用它来激发创作灵感。萨特（Jean-Paul Sartre, 1905~1980）写作《辩证理性批判》（*Critique de la Raison Dialectique*, 1960）期间，天天不断服用咖啡、茶、香烟、烟叶、烈酒、巴比妥类镇静剂，以及科利德蓝，最后一项他是当糖果嚼着吃的。这本书是唠哩唠叨的失败之作。有意思的是，萨特在写作一些比较受推崇的著述期间，完全不用合成瘾品，只喝热茶。

日本政府约束药用安非他明的政策比美、法实施得早很多；所以完全违法的供货者出现得也早。第二次世界大战期间，日本军人和飞机驾驶员都利用安非他明来维持“战斗力”。建筑工人和军需品生产工人都服用安非他明，想借此抵挡燃烧弹空袭与人力越来越短缺的压力。1945 年间，制药业者开始出清战争剩余的安瓿存货，并且打出广告：“消除困倦，提振精神。”这些小玻璃瓶的液剂价钱便宜，不用医生处方就可以买到，而且是在人心涣散、社会秩序濒临瓦解的时候推出。

自 1946 年起，日本医生开始看到安非他明毒瘾的病例。上瘾者多数为贫穷区的年轻男性，而且多为韩裔或华裔。其实上瘾者每个社会阶层都有，而且，非医疗使用的首要动机也不尽然是无聊消遣。有兴奋作用的瘾品（包括咖啡因的饮品在内）在日本这样压力沉重、以工作为中心的社会里，本来就有吸引力。一位长期居住在东京的人士说：“日本社会是需要脱氧麻黄碱（安非他明）的那种类型，因为人人忙个不停，要靠它来保持不落人后。”有调查结果为证：1955 年日本的安非他明使用者仅有 14% 表示是为了得到快感开始服用，26% 是为了熬夜工作或读书，26% 是出于好奇，28% 为了同侪肯定，5% 因为“绝望”。

安非他明流行热越传越凶之际，日本政府对销售广告与取得途径的管制也渐趋严格，非法制造及销售的刑责都加重了。1955 年间（当时日本的安非他明服用者有大约 200 万人），日本政府展开大规模的全国教育运动，借幻灯片、海报、小区集会警告民众重视兴奋剂的害处。政府实施强制治疗，并且大幅增加精神科病床以供应毒瘾者戒毒之需。这次扫毒——乃是现代人从多重战线向毒品宣战的头一回——终止了战后日本的这一波安非他明滥用的风潮。

可惜的是，瘾品滥用是一个国家会经常复发的毛病，正如个人的毒瘾会一犯再犯。18 世纪英国小说家菲尔丁说：“老实说，一个国家的恶习，尤其是已经养成了相当长时间的恶习，很难完全戒除。”日本初次扫毒之后，安非他明滥用仍然存在于黑社会、卡车司机、劳工阶级之中。再过不久，日本的富裕荣景出现，夜生活渐渐兴旺，战后婴儿潮一代达到 20 岁的年龄层。这批新加入安非他明活动的人——按东京一家报纸所述——不知道“这刚要刮起的安非他明旋风有多么可怕”。20 世纪 70 与 80 年代的安非他明使用量激增，在 1984 年达到高峰。这时候的货源全部是非法的。日本黑社会年收入的 35%至 50%来自安非他明的非法买卖，货源是走私韩国的地下工厂产品，稍后又有中国的产品加入。

瑞典的安非他明起初都是合法的制药厂产品。1938 年引进之后，1939 年就规定必须凭医生处方买卖。但是医生开处方很随便：以 1942 年计，瑞典 3%的人口得到了安非他明处方。其中绝大多数——20 万以上的病人——只在加班或情绪沮丧时服用。但也有 3 000 人养成每天或几乎每天服用的习惯，其中有些人的耐受性强到 24 小时之内服下 100 粒。这些早期的安非他明上瘾者有极少数也有吗啡瘾，他们学会将药片溶解后注射。这套技术于 20 世纪 50 年代初期流传到了放荡不羁的文化界。这时候，安非他明也在不法之徒中间流行起来，据说是由画家的模特儿们传入的，因为这些人一脚踩在画室里，另一脚踩在街头。按精神病学家贝叶罗（Nils Bejerot）指出，从 1949 年到 1965 年间，服食安非他明与苯甲吗啉（phenmetrazine）

之类的相关兴奋剂上瘾的人数每30个月增加一倍。从1965年到1967年间进行了短期的药物维持剂量的医疗实验——由政府负担医生开出的安非他明费用，结果人数在一年之内就增加了一倍。瑞典政府于是又改回原来的禁用政策。自1968年起，开立兴奋剂处方必须取得特别许可。这一年内全国总计只发出343次许可。

贝叶罗纵观药物流行病学史，将这种现象比作传染病。他认为，其中最重要的特点是：受到已经爱用却还不知药物长远害处的年轻男性的劝诱而使用。医生也可能引发这种流行热，或加速已经成形的流行热发展——贝叶罗称20世纪60年代中期的那次实验是瑞典医疗史上最大的丑闻。真正的关键还是口耳相传。斯德哥尔摩一名毒瘾者说："假如你去了一家不错的饭馆，吃得很满意，你就会介绍朋友也去。这不算是招揽行为。你介绍朋友去是因为你希望他也吃得满意。我们吸安非他明也是这种心态。"

贝叶罗认为，只有靠政府的果断行动——包括强制隔离毒瘾者——才能够遏止瘾品流行热呈自然的几何级数发展。他很赞许日本政府扫荡兴奋剂的措施，以及中国共产党对付鸦片类产品的方式。在他看来，历史已经告诉我们，大批人滥用瘾品不是"神秘不可解的天然灾害，而是社会崩解的一种形态，是可以理解的，甚至是可以控制的"。

但它不是可以完全消灭的，医生处方的管制加上其他立法的对策，把瑞典的安非他明买卖迫明为暗，继续供应最稳定的顾客群——社会边缘人和行为偏差者。有一部分非法的货源是瑞典境内自产，但大部分是从德国、西班牙，以及其他欧洲国家走私来的。冷战结束后，前苏联的卫星国与加盟共和国也成为走私货源地。《共青团真理报》（*Komsomolskaya Pravda*）叹称苏联已经变成“Narcostan”（毒品之邦）了。

瑞典的情况和别处是一样的，吸毒的亚文化教人难堪。憔悴的注射吸毒者无所事事地藏在报废的公寓里，室内到处扔着针头，吸毒者除了注射之外，就是在吃安眠药或喝甜酒，为的是要“重新点燃”或是“熄一下火”。一文不名的毒瘾者会造假支票，或出卖自己的身体；有被害妄想的人会持刀袭击警察或路人；街头毒品交易随时可能变成暴力冲突。克里斯特 · 彼得松（Christer Pettersson）既有酒瘾也有安非他明毒瘾，因 1986 年谋杀了总理奥洛夫 · 帕尔梅（Olof Palme）而被判无期徒刑。他曾经承认，在 1970 至 1977 年间连续犯下 600 起抢劫案，其中大多数的被害人都是在贩卖安非他明的人。

流行病学家约翰 · 鲍尔（John Ball）认为，诸如安非他明之类的合成药物被发现、商品化和普及，乃是第二次世界大战以后药物领域的重要变革。他于 1975 年间写道：“这些新药已经被医药界全面接纳，凭医生处方使用也已普遍，以欧美地区为最。然而，伴随正当医疗用途而来的是迅速发展的非法买卖与广泛的滥用。”医疗用途是否全属“正当”，尚有值得争辩之处，鲍尔的论点要旨却是事实：制药学方面的革新使得可能被滥用的药物与可能滥用药物的人都大大增加。西方国家的年轻人的确学会用多种不同的药物消遣，滥用多种药物的人也在激增。这种风气向外传播，危地马拉、尼日利亚、菲律宾，以及其他发展中国家都有越来越多的人滥用安非他明与其他合成类瘾品。1980 至 1994 年间，全世界制造安非他明与相关兴奋剂的地下工厂增加了 6 倍。互联网的爆炸性增长，使空前多的人可以轻易取得空前详细的瘾品相关信息，这又使非法制造瘾品更趋简便。

医疗的两难

各种类型的影响精神状态的瘾品都从医疗用品摇身变成大众消耗品，植物的、生物碱的、半合成的、合成的，无一例外。多年来，为此担忧的医生们发表了大量的劝诫著述，却都是为“傻瓜笨蛋”而写。欠揍的傻瓜自然就是求诊的病人们，他们会超负荷地吸烟或饮酒，喝茶时放糖过多，喝太多咖啡，胡乱吃药，滥用那些本来适时适量服用效用极佳的药品。这些傻瓜如果不理会医生们的告诫，有些医生还会亲自动手。受后世推崇的威廉 · 奥斯勒爵士（Sir William Osler）是人们心目中的科学化医学的倡导者。他为人看病的大部分时间都是劝病人在抽烟、喝酒、运动、饮食方面多注意。有一次他一不做二不休，把不准病人吃的糖果撒在那个病人的床上以示警告。

医生们也经常彼此警告某些药物会有多强的效用，禁忌症状是什么，有哪些副作用，被滥用的可能性有多大。医生们也相互提供安全小秘诀：不要告诉病人开给他的是什么药，不要把注射针筒放在病人床旁。这一类的意见常常发表在期刊的文章上或教科书里，也在不太正式的场合——会诊中、医院巡房时、讲堂上交流，连私人信函中也会提及。一位达拉斯市的医生在 1961 年的一封信中提醒同行：“顺便提一下，我最近几个月看过并且治疗了一个吃眠尔通（Milltown）上瘾的病人，很多人以为这种安眠药是没害处的，吃多了也没关系，于是竟拿它当花生米来吃。”

这样的抱怨很多，而且反复出现，可见医学界存在着相当严重的冲突。以往，医生得知某种刺激精神的药物已有引起中毒、被转作他用或是上瘾的事例，几乎都不会因此就将此药弃之不用。身为医生的斯蒂芬 · 泰伯（Stephen Tabor）就曾说，假如要他与同业放弃所有曾因人们滥用而引起不良后果的药物，结果会是无药可用。不过，医生们对于可能被滥用的药物终究变得比以前谨慎多了，即便这样保守的态度往往需要几年的磨炼才会出现。有时候还得靠政府强迫，如日本和瑞典的安非他明的经历，医生们才会有实际行动。

医学发展步调缓慢的原因之一是利益上有冲突。自从古希腊希波克拉底（Hippocrates）行医的时候起，医生们就知道，他们能为大多数病人做的只是预测病症后来会有什么结果，然后就顺其自然了。但病人和病人家属却期望医生把病治好，起码要把症状减轻。医生如果能达到这种期望，就可以在经济上获得丰收；否则就会流失上门的病人。在这种情况下，能给予快感的、能减轻疼痛的、能消除忧郁的、能恢复精力的、能帮助入眠的药物都是上选。但是，应该如何权衡这些药物被滥用的可能，以及人道与财务考虑上的利害均衡点？该由谁来负责权衡，又该以什么信息为权衡的标准？

后面这个问题非常重要。在 19 世纪 80 年代，有职业道德的制药商（作为广告对象的只限于医生和药剂师，不包括一般大众）开始改变营销态度。他们不再跟着医疗模式的变迁而行动，而要以主动出击的手段来左右医生对新药品的需求。手段之一是：找来有利新药营销的论述加以大量重印。派德药厂曾于 1892 年印制了《新药药理学》

（*The Pharmacology of the Newer Materia Medica*），以 240 页的篇幅评论古柯叶与可卡因——后者是该药厂当时的首要产品，其中只有 3 页讲到可卡因的一些已有充分证据证明的害处。历史学者约瑟夫 · 斯皮兰（Joseph Spillane）不客气地说，如此不成比例“显而易见是主编者对于负面效果持有偏见”。100 多年来，医生们一直受到药厂对他们发出的疲劳轰炸，这种听来颇有科学根据的宣传会夸大药品的优点，却把可能有的害处压到最低。每次有主张保守用药的意见出现，都是逆着广告风潮走。最近的广告潮流变得更强势了，制药公司不再摆出只与医学界专家打交道的姿态，开始宣传凭处方供应药物的品牌。“百忧解”（Prozac）的信息广告都在午夜和周末播放，正是沮丧忧郁的人常在看电视的时间。看过广告的人会要求医生给他开广告上的药品，如果医生拒绝，他会去找别的医生开。

药剂业的历史中也同样有这种营收损失与行业自律的冲突。100 年前的职业道德重大课题是：药剂师售药是否应当“一视同仁”——卖给那些吸毒成瘾、花大把钱买药却会害了他自己和家人的顾客。一位激进的纽约药剂师的回答是，建议正派的药局挂出显眼的告示：“贪婪作恶的药剂师会卖吗啡或可卡因给你，本局不售。”但是做起来不像说的那么容易。另有一位著名的纽约药剂师曾经写过一篇文章，直截了当谴责卖麻醉瘾品给毒瘾者的行为。某日，助手却看见这位仁兄把一些鸦片卖给一个明显是吸毒成瘾的人。遭到言行不一的质问时，他竟辩称这位买主是唯一的例外，他已经供给此人鸦片 25 年了，“如果现在拒绝卖给他，等于把一位老顾客赶到别家药铺去。”

从这个例子可以看出药物管制的难处。只想赚钱的药剂师、帮病人开上瘾药物处方的医生、不负责任的制药商，都是药物管制规定上的漏洞。药物只供应正当医疗用途是20世纪中逐渐形成的国际药物政策主旨。各国的药物管理法虽有细节上的差异——例如毒瘾者治疗期间的维持剂量多寡，但基本处理方式都一样：盯住药物从制造者到服用者手上的层层关卡，办法包括规定业者配额、凭执照制造配售、凭医生处方购买、以三联单保留买卖记录等等。越是危险性高的药物，规定越严格，这个理念可以从法规和国际条约上附载的不同“方案”、管制药物目录等看出来。这样“掐紧出入口”的用意在于减少合法制造的药物总量与偏离正当用途的可能性，同时也维持医生处方与研究用途的足够流量。

这套管制系统由何而来，香烟等为何得以豁免于此，后文将有详述。药物管制上最明显可见的难题就是强效的合成药物种类越来越多。第二次世界大战以前，管制的药物大致只有三类：鸦片类、古柯类、大麻类。设计管制办法的人想象不到会有上百种新的合成药物出现，他们也想不到某些新型合成药物——例如羟戊甲吗啡（etorphine）的强度会是吗啡的1 000多倍。他们更没料到，新的合成药物溜出医疗规范之后会有数以百万计的非医疗使用者出现。

多位人士看出了这种情形与核武器发展的相同之处。心理学家韦恩·埃文斯（Wayne Evans）曾在1971年指出，药物研发者面对的道德上的两难，与曼哈顿计划（Manhattan Project，美国军方于1942年展开的原子弹研制计划）的那些物理学家们遭遇的相同。新型的合成药物与核能一样，同时具有造福与作恶的强大潜能。救人命、打垮侵略者，是研发新药与核武器有力的正当理由。万一有人将新发现用到不正当的方面又该如何呢？既杰出又兼具争议性的美国学者内森·克兰（Nathan Kline）——在精神药理学界的地位如同爱德华·特勒（Edward Teller，美国的“氢弹之父”）——的说法简单扼要。他认为，问题的重点不在如何造出影响行为与情绪状态的新药。制造并不怎么难，难的是“确认该由谁来决定药应当什么时候用、给谁用、由谁来提供”。

身份地位具有影响力的人不肯服从传统权威，使药物管制的难题更加复杂。第2章提过的“以恶癖营生”的人士之一利里，为了捍卫迷幻剂体验运动，舍弃了大有可为的学术生涯（他说“LSD比哈佛重要”），甚至放弃自由，过了几年牢狱生活。他到瑞士寻求政治庇护，遇见了当初在1943年发现LSD的艾伯特·霍夫曼（Albert Hoffmann）。1971年9月的某一天，LSD之父霍夫曼与LSD的头号倡导者利里在共享鱼与白葡萄酒的一餐时讨论了各自不同的观点。曾经希望LSD有益精神病医疗的霍夫曼，态度由衷而坦白，他认为LSD对年轻人特别不宜，利里却引诱年轻人来服食，太不像话。霍夫曼说，利里应该避免大肆宣扬，只在学术的环境背景中默默从事科学性的探索。

利里具备真正的革命分子不可或缺的三项特质：不屑于谨慎、不在乎造成伤害、精于颠倒是非的狡辩。他反驳霍夫曼说，那些因他唆使开始吸食迷幻剂、跟上迷幻潮流、辍学的10来岁的美国年轻人，会成熟得相当早。他们懂得这么多，有这么多人生经验，水平和欧洲的成年人差不多了！至于大肆宣扬，乃是他达成重要历史任务所必需的。利里认为，传播LSD这大好消息的正面效果太大了，任何伤害

利里摄于1967年，背景为其在纽约州米尔布鲁克（Millbrook）的迷幻总部。这位LSD的提倡者有300次迷幻之旅的经验。据说他向访问者怨称："我在LSD运动中已经算过时了。披头士取代了我的地位。他们那张新专辑完全是在颂扬LSD！"

损失——不论多么值得遗憾——都只是一点儿小小的代价。霍夫曼虽然相信利里心中怀有理想，却觉得这理想是有严重误导性的。他在回忆录中写道：“错误不当的使用，导致LSD成为给我惹麻烦的孩子。”

医学界的论述素有正当使用与滥用的二分法，遇上麻醉瘾品与其他极易上瘾的药物，区别尤其分明。利里反对这样二分，贝叶罗却断然说：“对于可能上瘾的药剂只有在确切病变状况下使用，才是医学上理由正当的，而且此种使用必然要有严格而有效的管制。除此之外，此类药剂的其他使用均应视为滥用。”人类学家也许会质疑，为抵抗地区性疾病而服鸦片的自我医疗习俗，不是在“严格”而“有效”的管制下实行，算不算是滥用？尽管诸如此类的古老习俗的确存在，自从精神刺激革命之始，就有了医疗使用与消遣使用的区分。在犹太教、基督教、伊斯兰教、佛教，甚至印度教的文化中，都一直有这样的区分；这种区分强化到成为国际管理制度的中心道德标准。凡是溜到医疗系统掌控之外的药物——不分天然的或合成的，都引起关注与要求管制的呼声——连魔法师的学徒也明白兹事体大。

享乐的陷阱

A Trap Baited with Pleasure.

5

A Trap Baited with Pleasure

瘾品大多属于危险物质，最好是在医生监督下限量使用。这已经是官方对瘾品的社会角色所采取的立场。但这并不是唯一的立场。商人、资本家，以及向商人和资本家征税的政治大权在握的执政者很早就发现，瘾品是诱人的产品，也是丰厚税收的来源。由于赚钱的机会和健康的顾虑不能协调一致，精神刺激物的贸易历史中便处处可见因此产生的道德与政治的冲突。自始至终，财政的考虑都与医药的考虑势均力敌。有些瘾品的发展中，财政考虑根本重于医疗。我们首先还是要问，瘾品为什么会引起这么大的需求？为什么——这也是保利在300 多年前就在研究的——有人为取得瘾品而不惜牺牲一切？

进化的矛盾

瘾品是毒。具有刺激精神作用的植物为防卫草食动物而进化出生物碱。昆虫与鸟兽吃了这些植物，会晕眩、辨不清方向，或产生幻觉。然而，有些动物仍然会吃令自己昏醉的植物和发酵的果实，甚至不在意自己的求生能力因而大打折扣。按进化的理论，“意外”吃醉的行为可能是有益的，因为这可以警告误食者不应再吃这种植物。至于“故意”的行为，不但无益，而且是矛盾的。这样做显然是与自然淘汰的道理背道而驰。

比较合理的说法是：食用麻醉品可以满足某种基本需求。安德鲁·韦尔（Andrew Weil）认为，每个人都与生俱来拥有一种想要转换自己正常意识的冲动。儿童在游戏中会故意自己转圈到发晕的程度，修行的人会在冥想打坐中忘却自我。消除以自我为中心的意识乃是人类固有的欲望。但是，为达到这个目的而采取的手段，有些是相当危险的。借瘾品这强有力的工具来转换精神状态，是一种捷径，但转换后是什么状态，并不是全凭瘾品决定的。最终的状态乃是瘾品与服用者的心态、服用者的实际环境及社会处境交互作用的产物，但作用的关键仍在于瘾品。利用瘾品满足转换精神状态的冲动，是不惜接受毒害以得到又强又快的效果。

虽然韦尔假设这种冲动是生来就有的，冲动的强弱却与社会环境大有关系。日子过得无聊痛苦的人比忙碌满足的人更容易想要转换精神状态。被囚禁的动物也远比野外自由的动物更容易去食用麻醉物。其实，文明社会也可以算是一种囚禁状态。人类本来是小群人结队狩猎、采集，过着居无定所的生活。进入新石器时代以后，多数人从事农耕，生活在拥挤的、受压迫的、疾病不断的社群里。近代早期90%的人口陷于痛苦贫穷之际，正是烟草等新兴瘾品成为大众消耗品的重要时机。这些东西是对抗难堪处境的意想不到的利器，是逃离现实桎梏的新手段。克兰认为："如此逃避'过得太辛苦的自我'，不惜代价换取解脱重负的幸福感——哪怕只是一时的体验。再也没有比从这方面着眼，更能深刻了解历史演进的了。"

幸福感与解脱感都是化学分子凑巧产生的结果。只有少数有毒的分子（如果这些分子能顺利进入循环系统并且穿越从血液到大脑的障碍）能够模拟或影响脑部的奖励与痛苦的控制中枢之内的神经传导素。身体机能在快感方面很是吝啬。诱发幸福感的神经传导素分配得非常俭省，而且大都发给对于求生或繁衍后代有益的表现。瘾品会蒙骗这个发送系统，促使这些诱发快感的神经传导素暂时增多。

近30年来的科学新知虽然激增，研究者仍未完全摸清脑部对各种精神刺激品究竟如何反应。有些瘾品会影响多个神经系统，引起"杂乱"的反应，酒精即是明显的例子。但各种瘾品似乎都有一个起码的共同点：会影响中间边缘多巴胺系统（mesolimbic dopamine system），影响可能是直接或间接的，也有强弱的不同。这种原始的神经基质系统是快感的主要传送路径，我们决定做或不做某事的动机也是由此而来。瘾品会刺激这个系统——可能也刺激其他尚未确认的系统，借快感发出"这就对了"的信号。即使像咖啡这样麻醉力轻微的瘾品，也能通过这个系统使人兴奋起来。有一项针对护士们喝咖啡的习惯所做的细致研究发现，每天喝2~3杯咖啡的人自杀率仅有完全不喝咖啡者的1/3。这是极有意思的发现，足以证明瘾品的确是帮助人应对生活的工具。

不过，续杯之前你要记住：反复服用含咖啡因或其他成分的瘾品也会改变脑内本来的化学作用，以致有损健康。脑部不断吸收外来化学物质的同时，会调整内部分泌相同物质或受体的数量，从而对外来的供应产生依赖。这外来的供应一旦中断，就会有不舒服的感觉。鸦片瘾断毒时引发的多种症状尤其明显，包括烦躁、冒汗、极度焦虑、沮丧、易怒、心慌、失眠、发热、发冷、干呕、猛烈腹泻以及类似感冒的浑身酸痛。严重的痛苦折磨使许多毒瘾者但求一死了事，以下赫尔曼·戈林（Hermann Göring）1925年的病例即是一例。

病因：吗啡与优可达（Eukodal，二氢羟基可待因酮）滥用，严重的断毒症状……病人为德国纳粹要员，参与希特勒发动的政变期间受伤住院；据说从医院逃至奥地利，医生施给吗啡后染上毒瘾。进入阿斯普登疗养院之后，出现剧烈的断毒症状（虽然护理人员给他加量服用吗啡，仍无法控制）。期间他变得有攻击性，行为暴烈，不能持续留院休养。曾扬言要自杀，要“死得像个男子汉”、要切腹等等。

曾经获得“蓝徽勋章”（Blu Max）的戈林，曾断断续续服用吗啡达20年之久，还曾在德国空军参谋会议上打瞌睡，都证明鸦片类瘾品对人体的影响是多么强。作家威廉·巴勒斯（William S. Burroughs）于1954年从北非的丹吉尔（Tangier）写信给诗人金斯堡说：“药房那个人卖了我每天用量的一盒优可达安瓿，他的一脸奸笑仿佛我吃了陷阱上的诱饵似的。艾伦，我以前从没有过这样的瘾头，每20小时打一次。也许因为打的是优可达，这东西是半合成的。要做什么害死人的东西，谁也比不上德国人。”

凡是刺激精神的瘾品，只要养成经常服用的习惯，断瘾时就会出现一些生理与心理的症状。连含咖啡因饮品之类不那么强效的瘾品也不例外。1989年间，伦敦的哈默史密斯医院（Hammersmith Hospital）的医生们发现，病人手术后常见的头疼症状并不是手术中的麻醉引起的，而是因为手术之前与期间不能再喝含咖啡因的饮料所致。除了头疼之外，常见的症状还有情绪低落、困倦、打不起精神。断瘾症状虽然不等于上瘾，研究者却在其中发现“咖啡因成瘾症状”的确凿证据。例如，病人为了喝到咖啡会无所不用其极，会在危险有害的情况下照喝不误，会罔顾损害健康的后果与医生的警告而继续喝。巴尔扎克（Honoéde Balzac）即是个典型的例子，他因坚持不改酷嗜咖啡的习惯，致使死于心脏病的后果提早到来。

人们明知这种行为对健康有害，为什么不愿停止？由“效用逆转”的观念可以看出个中端倪。服用瘾品而上瘾的人——如巴勒斯所说——是掉进了以快感为诱饵的陷阱。既然是为了感觉舒服而服用，就恐怕停止服用会感觉不舒服。如果上瘾形同劫持人体自然的强化奖励机制，断瘾症状就是抵住脑袋的那把枪。曾经上瘾的人就算彻底戒毒（可卡因之类的瘾品完全戒除干净可能需要好几个月时间），也会像变了一个人一样。大脑会记得达到快感的化学瘾品快捷方式，生活环境中的细微线索——例如常去的酒馆招牌——都可能挑起强烈的渴望。瘾品上瘾实在是一种慢性的、容易复发的脑部疾病。

接触的机会

人为什么会不由自主地服食瘾品？瘾品上瘾的根本原因在于脑细胞一再有机会接触瘾品吗？抑或是因为上瘾的人自己的基因、心理、社会、文化、道德上本来就有问题？这个议题与理解瘾品发展史和执行有效的药物管制政策都大有关系。

诸多论点之中的一个极端是精神科医师贝叶罗的一派。他认为，瘾品就像病原体，可借人为的手段诱发任何人的破坏性冲动："不必有异常人格或潜在的社会问题，人就可以对瘾品上瘾。"关键只在有没有机会接触到瘾品。这个论点可以解释德、美等国医生染上毒瘾的比例为什么从来都高达一般大众的 100 倍。曾任美国毒品管理局局长的安斯林格说过："我们简直没见过律师搞这些东西。我可不相信这是因为律师比医生护士更有道德，或是因为律师比较有办法躲掉这种麻烦。这是躲不掉的。只要有机会接触到，总有人会想试一下。"唯一的解决之道在于管制货源。

另一个极端是斯塔顿 · 皮尔（Stanton Peele）的一派。他认为，瘾品上瘾的问题是人的问题，不是瘾品的问题。上瘾和瘾品或瘾品的化学特性无关，赌博等活动也一样会有人上瘾。按这个论点，上瘾者基本上是能力不济或误入歧途的人，他们会一而再、再而三地服食瘾品，为的是要"安然沉湎于一种把一切人生难题的意识都泯除的感受"，是个人的价值观在决定要不要服用、是否持续服用、是否成瘾、该不该戒除？而个人价值观是受文化价值影响的。假如文化本身是容忍醉酒的，是让酒有能力左右人的行为的，会发生酗酒问题的比例就一定高于反对醉酒、要求个人为自己行为负责的文化。因此，爱尔兰和意大利的国民平均酒类消费量虽然都很高，爱尔兰的酗酒案例却比意大利普遍。可见症结不在货源，是个人与文化的价值在影响需求与习惯。

我个人的看法（也是多数的瘾品制造者、销售者、广告促销者的看法）是，以上两个似乎互相抵触的观点都言之有理，但先决条件是人能够受到所接触的瘾品的影响。不论何种瘾品，使用过的人不一定都会上瘾。香烟是可能使人上瘾的瘾品中影响力最强者之一，但试吸过的年轻人只有大约1/3会有烟瘾，有不少人天生就有对某些瘾品免疫的特性。例如哲学家卡尔·波普尔（Karl Popper），因为对香烟过敏而变成几乎与世隔绝的隐士；而美国前总统克林顿（Bill Clinton）年轻时之所以没有吸大麻，是因为肺里不能容忍烟进入，即便朋友们一再教他抽，他也没学会这牛津大学学生的基本功夫。对某种瘾品始终会有强烈不适反应的人，等于对上瘾免疫了。意志力强的人，谨守宗教戒规的人，也比较不易去尝试。与上述各类相反的人，爱找刺激的反社会人格者，试用而上瘾的可能性就大得多。皮尔认为关键在个人是有道理的，但集体的行为也是重要的，例如，土耳其人强烈忌讳吸鸦片（但不反对输出鸦片），因而没有严重的鸦片瘾问题。中国文化把幻觉行为等同于精神病，所以LSD始终未在中国普及。反观日本人，因为对豪饮采取放任态度，使得半数人口基因里带来的喝酒潮红反应也失去原有的保护作用。

至于和瘾品近水楼台的关系有多大影响，也可以从历史中找到证据。19世纪的后半期中，伊朗的鸦片生产迅速扩大，当时的丝织业正趋于衰退，鸦片的世界需求量却在渐增，伊朗人因而视鸦片为理想的出口作物。后来鸦片出口也衰退了，许多伊朗人为了排解经济困顿之苦而抽起自种的鸦片。伊朗国王巴列维（Reza Shah Pahlavi）政府在20世纪50年代中期实施扫除鸦片生产的政策，当时估计国内吸鸦片上瘾的人数约为280万。实施扫毒的结果可以预期，毒瘾者减少了，1968年估计约在25万到50万之间，但吸食走私海洛因的人数增加了。继巴列维之后执政的宗教领袖们，想尽办法要消弭邻国走私进来的海洛因。然而，即便发起了反毒运动，吊死了数十名贩卖毒品者，却仍堵不住从阿富汗和巴基斯坦流入的海洛因。对于诱使伊朗人使用并买卖瘾品的严重失业率，伊朗政府也束手无策。

古巴人曾经有过消耗掉古巴雪茄总产量三成的纪录，亚洲种植并销售鸦片的地区内，抽鸦片上瘾者一向都多于不种、不卖的地区，加纳与尼日利亚等非洲转运点都有严重的海洛因与可卡因毒瘾问题，美国肯塔基州的肺癌比率特别高，这些现象都显示，经常接近瘾品，熟悉且容易取得瘾品，都造成一定的影响。但是影响有多大呢？菲利普·巴里东（Philip Baridon）汇集了33个国家官方调查的瘾品上瘾人口比例进行研究，于1973年发表。他在研究中做了多重回归分析（估计相对原因权数的统计学方法），将上瘾比例与社会、经济、地理各方面12种独立因素对照（包括都市化状况、平均国民收入、与鸦片或可卡因产地邻近与否等等）。结果发现，邻近产地比任何其他因素的影响都大，45%的差异与产地邻近与否相关。巴里东因而认定："在诸多复杂的心理与社会的解释纷争之中，瘾品滥用的最根本的事实往往被忽略了。那就是，如果不能取得瘾品，就不会有滥用的行为。"

瘾品发展过程的背景中充满白白赠送的促销手法，正是基于这个原因。学校迎新活动周赠送香烟和维 · 马里亚尼酒，短程快速赛车中赠送无烟烟草，过剩的巴西咖啡免运费送到日本，都是实例。100年前的美国工人酒馆换了一个方式：午餐免费，啤酒要付钱。曾有一位芝加哥市的业务员向同事表示，他渐渐发现自己不是为了免费午餐去那家酒馆，而是为了啤酒，所以必须戒掉再去的习惯了。这些赠送手段背后的用意是要给可能成为终身顾客的人更多接触的机会，尤其要抓住消费习惯仍有可塑性的年轻人。受影响度排行榜第一的是年轻、单身、社交活动偏少、欠缺体质上或文化背景上的防范机制、已经在使用其他瘾品的都市男性，这一类人最有可能试用新的瘾品，而且试用后会上瘾。贝叶罗强调，并非仅有这一类人会成为欲罢不能的使用者，只要假以时日与充分的接触机会，就可能有数以百万计的人走上同样的路。1915 年间，美国吸香烟的人口大多只限于台球馆和街头路边的范围，到了 1955 年，美国 25 岁到 64 岁之间的男性有 2/3 是老烟枪，其中绝大多数是吸香烟。

上瘾、耐受性、需求

一旦上了瘾，需求量就固定不可少了，常有人说，上瘾者是不在意价钱的。其实他们和一般消费者一样会考虑价钱，如果瘾品售价涨得太高，上瘾者会去找替代物，或是减量使用，或索性戒掉。不过，鸦片或卡特等物质毕竟和大麦、燕麦不同，上瘾的人甘愿为了能够持续服食而多做一点儿牺牲，放弃他们不那么渴望的东西。尤其是短期内因断瘾而正在受苦的人特别容易做这种牺牲。

英国作家兼书商威廉·霍恩（William Hone）曾与散文家查尔斯·兰姆（Charles Lamb）于某个夏日傍晚一同在伦敦北区的野地上散步，两人决定都要戒掉吸鼻烟的习惯，在一时冲动之下双双把自己的鼻烟盒从坡顶上扔进有刺的灌木丛里，得意地扬长而去。事后霍恩写道："于是我开始觉得很不舒服，整夜都不好过。第二天早上我又走在那小山坡上，只见兰姆在下面的灌木丛里找东西。他抬头对我笑着说：'哟，你也是来找鼻烟盒吗？''我才不是！'我答道，一面从我的背心口袋掏出纸包捻起一撮鼻烟，'我在第一家开门的铺子花半便士买了点儿。'"

类似霍恩这种经验——吸烟者大清早到处找可以买到烟的铺子、酗酒者在寒风中瑟瑟发抖等着酒铺开大门、睡眼惺忪的上班族掏着口袋里的零钱准备买早起的第一杯咖啡，都将成为工业化都市生活中常见的景象。数以百万计的消费者那种"非买不可"的感觉，将瘾品隔绝在商业荣枯循环的影响之外。经济史学家阿尔弗雷德·赖夫（Alfred Rive）曾经研究1860年至1900年的40年间英国人的烟草消费，他发现失业率从2%上升到10%，烟草消耗量只减了1%左右，足以证明这是无弹性需求。至于国际间的表现，烟草业在经济"大萧条"期间还不只守住既有的版图，英美烟草公司甚至创下销售新纪录，盈利比以往还高。在美国，1928年的经济繁荣期到1932年的衰退期之间烟草类的零售量只有平均每人1美元的下降率，从26.23美元减到25.29美元。《华尔街日报》（*Wall Street Journal*）的老板巴伦（C. W. Barron）过世后，他的继承人休·班克罗夫特（Hugh

Bancroft）曾经私下对人说，1929 年美国股市崩盘后，他只买了 3 种股票：通用汽车（General Motors）、派拉蒙电影公司（Paramount Pictures）和美国烟草公司（American Tobacco）。他说出这么做的道理：美国人即便负担不起车子也要开车，不该看电影的时候也照样上电影院，为了买香烟几乎什么都可以不要。他说过："假如你想赚钱，要挑一个可靠的坏习惯。人在年头不好的时候会放弃很多必需品，却绝不会想到要戒掉自己的坏习惯。"

瘾品也不受流行风影响。这种说法违背我们的直觉，需要解释一下。瘾品的某些品牌和使用模式——例如 101 毫米长的香烟、可卡因随身吸食包——会流行一阵而后消失，但瘾品本身一旦被普遍接受，都会持续很多世代，瘾品是耐得住时间考验的。水獭皮帽、蓬蓬裙，以及其他曾经风行一时的东西早已进了博物馆或被人抛诸脑后，瘾品仍在人们的生活中流窜。自古以来，时尚便是从社会上层往下传布，一方面在追逐，另一方面又要摆脱。社会地位较低的人急于获得地位的符号，就抄袭上流社会的衣着、装潢、行为模式。高居社会顶层的人很有警觉，自己的社会地位特征一旦被侵犯，就把庸俗化了的作风弃之不用，另外去找别的，这新找到的以后又会被中下阶层抄袭，时尚因此永远在变，如德国社会学家格奥尔格 · 齐美尔（Georg Simmel）所说："时尚一旦风行起来，也就逐步走向它的末日。"（齐美尔的理论不一定适用于现今所有社会阶层同时受媒体传播新流行趋势影响的情形。但 20 世纪以前，西方社会的时尚大致都是自上而下的走势。）

咖啡、茶、巧克力在欧洲起初都是上流社会的流行饮品，后来才推广到一般大众。但是，家家户户老百姓都开始喝茶以后，贵族士绅们并没有把他们的银壶银杯束之高阁，原因何在？答案之一是：这些饮品（以及加在饮品里的糖）具有提振精神与使人上瘾的特性，上一季流行过的服饰却没有。英国贵族尽管用镶金边的杯子和高雅的礼仪凸显他们不凡的地位，却不会放弃平民百姓也在喝的茶。

除了以上这些之外，茶商还有其他优势，包括茶的重量轻，而且容易掺假。大多数人以为以假乱真是黑市买卖才有的事，其实20世纪以前世界各地的合法瘾品买卖中掺假与冒牌都是十分普遍的。卖方为了多赚一点儿钱，葡萄酒、烈酒、烟草、巧克力、咖啡、茶、鸦片、大麻，都不免有兑水、掺假、加味、贴假商标的情况，在茶叶上动手脚更是屡见不鲜，伦敦茶铺老板会让华人服务员站在柜台后面，以免被怀疑在茶叶中掺入了黑刺李的叶子。消费者明知茶叶掺假，仍旧照买不误，可见茶瘾不小，这也是无弹性需求的又一证明。像霍恩那样受了一夜的断瘾煎熬之后又去买鼻烟的人，是不大可能在质量上有所挑剔的。

消费者并不是人人都像霍恩有这么大的瘾，不过，人人都会对买来使用的瘾品量产生耐受性。持续使用相同剂量却出现效用递减的情形，或是必须增加剂量才能维持原有的效用，都表示耐受性产生了。经常上酒馆买醉的人发现自己得比以前多喝两杯才有醉醺醺的快感，就是对酒精有了耐受性。这是固有的利润促进机制，能增进需求却不增加顾客。多数惯饮的人后来会达到中毒的高耐受量。酒瘾最大的人通常不会超过每天10盎司纯酒精的耐受量，吸烟则以两包（40支香烟）为限。但也有人超过这个限度，罗斯福总统每天抽到4包，著名电影制片人戴维·赛尔兹尼克（David O. Selznick）是5包，演员约翰·韦恩（John Wayne）更高达6包，终于因为变黑的左肺里有个鸡蛋大的肿瘤上了手术台，这时候他抽掉的香烟早已超过100万支。

瘾品是理想商品的另一个原因是：刺激精神的作用短暂。点燃吸入的瘾品迅速经由肺部进入心脏和大脑，作用又快又强。服下去的瘾品——例如酒与鸦片丸——是逐步进入体内的，作用时间较长。除了LSD、口服美沙酮、脱氧麻黄碱，以及其他少数几种瘾品之外，明显转换意识状态的作用几乎都不超过五六小时。

瘾品的情况和耐久商品是相反的。生产过剩虽然会导致售价下降，却不必担心需求会突然消失。瘾品这类产品本质上就会促使消费者不断掏出钱来，对作用短暂的瘾品上瘾的人更是如此。比约翰·韦恩略逊的一天两包的烟枪，每年大约要吸15万口烟，抽掉1.5万多支香烟，花费——按目前的价格算——1 500美元。从事投资而成为传奇人物的沃伦·巴菲特（Warren Buffet）曾说："告诉你我为什么喜欢烟草业？制造只用1美分，卖出去可以卖1美元。抽烟的人会上瘾，而且有非常强的品牌忠诚度。"

如今的香烟商人如果还说自己不知道这些事实，那可是在骗人。但早期的烟草业者是否理解瘾品的经济逻辑？他们是否只顾做买卖而不知他们供应的是什么性质的需求？其实欧洲和其他地区普遍有人讲过用了烟草欲罢不能的情形，烟草商当然不会没听过。英国哲学家培根（Francis Bacon, 1561~1626）在《生与死的历史》（*Historia Vitae et Mortis*）中写道："在这时代变得这么普遍的烟草"带给人们"如许的暗喜与满足，所以一旦吸食了，简直割舍不下"　。古人也发现，长期使用鸦片的人可以轻轻松松服下足以使初次服用者丧命的剂量。葡萄牙药剂师托梅·皮雷斯（Tomé Pires）于1516年在印度的科钦（Cochin）写给国王的信上说："这是绝佳的商品。经常服用它的人会昏睡糊涂，他们两眼发红，丧失理智。他们服用它是因为它激起淫荡心……这是好商品，消耗量大，价值很高。"早在本杰明·拉什（Benjamin Rush）和托马斯·特罗特（Thomas Trotter）说出酗酒是病的观念的150年前，17世纪的欧洲就已经知道，长期习惯性的饮酒可能"把乐事变成必需"。医生们确知瘾品上瘾是一群相关的神经疾病（如吗啡瘾、可卡因瘾、咖啡因瘾等等）乃是19世纪晚期的事，但走过精神刺激革命早期的人们至少已经初步发现，欲罢不能的使用与耐受性产生的可能性很大，以及相关的经济问题的重要性。

性交与生意

近代早期的使用者购买瘾品不仅仅是为了平息个人的苦恼或满足对快感的秘密需求，即便这两种需要也很迫切。他们同样重视瘾品在政治应酬、社交、性交方面的用处，这也是瘾品很快从无趣的医疗范围向外流的另一个原因。例如，近东地区的咖啡馆供给男人们一个外出的最佳借口，让他们在明显缺乏男性宴饮同乐习俗的社会里，有机会和其他男人往来。16世纪的神职人员会反对喝咖啡，不是因为咖啡会引起咖啡兴奋症（marqaha），而是因为疑心咖啡馆是招引男性聚集做坏事的地方。

咖啡馆在欧洲也曾经发挥类似的解放作用，中产阶级渐渐兴起之际，咖啡馆成为供人们闲聊、交换意见、谈论政治、评论艺术的场所。意见的隔阂与社会阶级的界限在咖啡馆里都可以打破，性别的界限却是难以逾越的：17~18世纪的咖啡馆里几乎看不见女性顾客。德国倒有“咖啡集会”（Kaffeekränzchen），这是妇女们自组的聊天活动，集会中可以讨论时事和时尚，这却引来古板人士的挞伐。

大麻和鸦片虽然对于欧洲的“启蒙运动”（the Enlightenment）无甚贡献，却仍是男性群集休闲之中的要角，和抽烟斗、雪茄相似，香烟更是随时随地的便利交际的工具。在中国，男人们标准的打招呼方式是说：“抽烟吗？”同时一手递过香烟包来。敬烟和请人上酒馆或喝咖啡一样，会增加接触瘾品的机会、增加消费量，终至增加上瘾的人口。折中主义的医生兼药学专家约翰·尤里·劳埃德（John Uri Lloyd）也广泛研究瘾品的历史，他认为，导致“放荡行为”的往往不是瘾品本身，而是借瘾品交往的关系。

简言之，瘾品的吸引力不但在于能刺激脑内的奖励机制，也在于社交方面的用处。文化影响瘾品使用，瘾品使用也影响文化，许多社会习俗——例如举杯祝饮、上班时喝咖啡的休息时间——的形成是从瘾品得来的灵感。第二次世界大战过后，美国妇女发现香烟不只是输送瘾品的媒介，而且是件有用的道具。她们想向外宣示自己的女性魅力时，可以用含义多样的香烟来凸显自己的独立、可接受追求、友善，以及把香烟在烟灰缸中用力按熄表示自己的愤怒或不屑。香烟非常彻底地融入20世纪的群居生活，有人会把香烟描述成人的替身。一位在丈夫离家时抽香烟的女士说：“我觉得它就像是个伙伴。”一位打猎时独自在树林里抽香烟的男士形容自己的感受是：“好像有人陪伴着。”

到了20世纪中叶，尼古丁气味成为浪漫的气息，抽烟也成为男女欢爱行为的一个附件，酒精依然如此，自古就是性爱的助兴物。“你一旦喝醉了，‘不’的意思就变得特别暧昧复杂了。”卡罗琳·纳普（Caroline Knapp）做过这样的概括，她在酗酒期间打定主意不和喝酒有节制的男人约会。不过，酒精对做爱前戏比较有用，对最终成其好事却未必有益。莎翁戏剧《麦克白》（*Macbeth*）中的守门人对麦克德夫（Macduff）说得好：“它会激起欲望，却教你表现失常。”

许多男人用药助兴是为了把高潮的时间延后，过早射精在许多文化之中都是令男性觉得丢脸受挫的毛病。1563年间，葡萄牙属地果阿的一位皈依基督教的医生加西亚·奥尔塔（Garcīa d’Orta）——死后被宗教法庭判为暗中信奉犹太教——发表了一部有关印度出产药物的著作，其中包括将大麻、曼陀罗花、鸦片当作致幻剂与催情剂使用的论述。鸦片乃是“到处都有大量需求的商品”，人们买来收藏着，小量地食用以排解平常的不适，但也常有人在行房之前服用它。（呼应皮雷斯所说的“激起淫荡心”。）奥尔塔认为这种做法令人费解，因为所有专家都证明经常服用会导致阳痿，为什么还有这么多人不明白事理？“这不是很体面的话题，更何况我们是以葡萄牙文讨论它。”他这么表示之后，又接着用迂回的文辞细谈同步性高潮，“这时候服鸦片就有帮助。它……可辅助较从容地完成性交行为。”

吗啡和可卡因也曾被用来制造这种延缓效果。瑞典人称为“性动力”的安非他明也曾被用于达成同样目的（瑞典俚语中描述瘾品的词十分丰富多彩），有些抗忧郁药也曾经误打误撞成了催情药。一位医生开了氯米帕明（clomipramine）给忧郁症病人服用之后写道："附带提一下，他的夫人——一位高大的影星型女子——希望他继续服药，因为他维持勃起的时间比从前久得多了。"这又是一个以快感为诱饵的陷阱。长时间服用延缓射精的瘾品（使用烟草亦然）通常既会导致阳痿又会上瘾。男性企图调整一种自然的冲动欲望，用了不自然的而且价格昂贵的东西，却把原来的本能赶跑了。

比较不易上瘾的致幻瘾品也经常被当作催情剂。利里曾经叱骂不服用迷幻药的人说："拿你平时做爱的情形和服了LSD以后相比，不管你以为你那样做的快感多么销魂，都像是和百货公司橱窗里的假人做爱……在细心安排的情爱LSD体验过程中，女性能有好几百次的高潮。"古代和现代文化中普遍当作催情药使用的大麻，效用比这个温和得多，但爱用者是一样踊跃的。大麻能解除抑制、增强敏感度，还能扭曲时间感，使高潮显得更持久——这种效用可能因服食者的期望而加强。1980至1981年间，乔治·盖伊医生[George Gay，在海特·阿什伯里免费诊所（Haight-Ashbury Free Medical Clinic）工作]与同事做了一项独特的研究，对象是120名酷嗜瘾品与热衷性爱的人。研究者与这些人一一对谈，要他们说出各自的偏好有哪些。那是旧金山尚未爆发艾滋病的年代，这些人所说内容可谓无所不包。令人意外的是，这些经验老到的人选出能增进性交快感的瘾品冠军是大麻，领先MDA（此为男同性恋普遍使用的）、可卡因、LSD诸项。

大麻也能增强享用食物与音乐时的快感。曾有一名21岁的学生说："男生爱女生，性最妙。吸了大麻'嗨'（high，亢奋）起来，什么都最妙。"大麻这么全面的快感促进功能，不是每一种瘾品都具备的，但是别的瘾品也发展出不一样的加乘搭档：葡萄酒配饭菜、咖啡配甜点、喝啤酒配掷飞镖。瘾品商人卖的不只是一时的“嗨”或一解断药之苦，他们卖的是可以增进各式各样快感的产品，性爱与口腹之欲只是其中之二。

现代的广告会刻意宣传瘾品——合法售卖的瘾品——的这类功能，但增进某种快感的功能并不是广告率先说的，也不是广告里一定会说到的，比广告更古老、更有效的是口耳相传：酒馆里的私语、墙角撒尿处的涂鸦，都可以一传十、十传百。在偏离正轨的享乐亚文化之中，瘾品有助取乐的信息传得更快。例如，海洛因可延长性交的说法，最初是在美国东北部各都市中常逛红灯区的年轻男性之间传开的。

有人第一次试用瘾品就会爱上它。吉姆 · 卡罗尔（Jim Carroll）在《篮球日记》（*The Basket Diary*）之中说：“什么也比不上那第一次的快感。那就像 10 次的性高潮。”但是，比较常见的初试反应是不喜欢或恶心不适。有时候恶心之中也夹杂着快感，有时候则没有。对于苦味、辛辣的烟，有作呕感都是人体自然的抗拒，也是瘾品畅销上的最大障碍。据说英国女王伊丽莎白一世（Elizabeth I）只试吸了一次烟草就戒烟了，许多尝试瘾品的人也和她一样，只有第一次，没有第二次。他们都遵守了人类进化过程中对毒性生物碱警觉避开的原则。

但也有人吃了苦头后不会立刻学乖。这种人会一试再试，主要是因为同伴的鼓动和压力：没关系，每个人第一次都会恶心，下一次你就会知道其中妙处了，要是你老不开窍，可就太逊了。20 世纪初期的俄罗斯工人若是竟然不会喝酒，就会被伙伴们讥笑为“krasnaia devista”（红丫头）、“mokraia kuritsa”（软脚母鸡）、“baba”（乡下女人）——全是阴性名词。真正的男人要会喝酒，也要会抽烟。弗兰克·麦考特（Frank McCourt）在回忆录里写到爱尔兰少年时代的同伴们：“他们不信我不会抽烟。他们以为是因为我的眼睛不好，要不然就是我有肺病。不会抽烟的人哪儿能交上女朋友？”和他同时期的美国小说家约翰·厄普代克（John Updike，1932~ ）也有同感：“在20世纪40年代晚期，不会抽烟的高中学生会到处碰壁。”他初次抽烟虽然感觉不好，却强忍着难受继续抽，此后一直抽了30多年。

饮酒与恋情（本图中是“不当的”恋情）是绘画与文学中时常并列出现的主题。其实酒类只在求爱的初期很有用，而且只限于适度地饮用。但是，什么时候该停止是很难拿捏的，因为喝下肚的酒不断被吸收，喝完最后一杯之后血液的酒精浓度仍继续上升。如果要在上床前再来一杯，实在是不智之举。本图取自西奥多·德·布里（Theodor De Bry）所著的《贵族浮雕……》（*Emblemata Nobilitati...*, 1592）。

靠社会问题获利

新出现的瘾品往往要分占既有的瘾品市场。例如，17 世纪的金酒竞争，18 世纪的咖啡因饮品问世，都曾使荷兰的酿酒业者承受很长的衰退期。在拉丁美洲，大麻被作为使人陶醉的便宜方法传入之后，烈酒也曾进入辛苦的竞争期。在尼日利亚，廉价金酒一旦上市，就取代了价格昂贵的传统待客品可乐果。香烟出现以后更是在烟草市场上一枝独秀。以 1900 年的美国吸烟者计算，平均每吸两支雪茄才吸一支香烟；到了 1949 年，香烟与雪茄的比例变成 65 ∶ 1。1899 年上市畅销的阿司匹林是鸦片类药剂的安全替代品，在 1914 年已经成为全世界使用最普遍的镇痛剂之一，医生用药导致的吗啡上瘾也因而减少了。在此同期，奴佛卡因（novocaine）与其他药物合成的麻醉药，几乎完全接收了危险性较高的可卡因原来占有的市场。

瘾品市场并不是论较输赢、你死我活的赌局。新出现的瘾品添加到既有的瘾品之中而加强其作用的例子比比皆是。有了可乐类饮料以后，喝私酿酒的人可以用它加味，嚼食卡特的人可以用它解酒。镇静剂和巴比妥酸盐可以加强酒精的作用，尼古丁可以加强大麻和卡特的效果。注射海洛因若是加上可卡因，刺激性更强，瑞士人称之为“鸡尾酒”，美国人叫它“快速球”（speedball）。酒精本来是多功能的医药用品，加上新研发的合成物质，又成了新药，在掺有麻醉剂的成药与萜海洛因（Terp-Heroin，呼吸系统的抗痉挛剂）之类的医生处方药之中都少不了。制药公司发现，减肥药和其他安非他明类产品加入巴比妥酸盐，作用可以增强；服了添加巴比妥酸盐的产品会觉得心情更愉快放松。

烟草类和大麻烟很适合互相搭配。凡是已经盛行吸烟与吸大麻的文化之中，都有人将两者合用，在摩洛哥叫作“kif”（昏倦），在牙买加叫作“spliffs”（大麻烟卷），在美国是“blunts”（钝器）。烟草产品是大麻走上发达之路的大门，如果没有香烟革命在先，美国的大麻烟文化情结不会兴起那么快、传播那么广。反主流文化的老生常谈虽然说大麻烟是烈酒的良性替代品，酒瘾大的人却很可能兼有大麻瘾。总之，抽香烟与饮酒已经使大麻烟和其他瘾品的需求增加了，并没有使之减少。

瘾品常可用于抵消其他瘾品的作用。巴比妥酸盐类和古柯酒都可以减轻鸦片类药剂的断药症状。镇静剂、鸦片类药剂、烈酒都可以缓和可卡因的药力。咖啡豆和可乐果都可以用来解酒。吗啡和海洛因亦然：进入 20 世纪以后，仍有许多鸦片类药剂的上瘾者起初是为了消除宿醉而开始使用。无酒精饮料的销售者也会把其产品当作良性的另类选择来促销。第二次世界大战过后，联邦德国的报纸上有这样的广告：“宿醉难消吗？来喝可口可乐。”日本三井制药厂推出的“康复”是一种含咖啡因和维生素的口服液，目标瞄准的也是清酒灌多了的人们。

这些都是经济学家所说的“外部性”：出乎预期的效果，这些效果产生的损失与利润都不是瘾品本身包含的。瘾品的伤害性所引发的外部性向来很多，例如意外事故、中毒致死等等。因此瘾品在 19~20 世纪受到的管制越来越严。然而，精神刺激革命也制造了许多带来利益的外在事物。各种瘾品问世之后，接踵而来的是精致烟斗、镶宝石的鼻烟盒、细瓷茶杯、艺术茶匙、大麻烟枪、加味卷烟纸等不胜枚举的相关产品。[美国禁毒署（Drug Enforcement Administration）在20世纪70年代中期开始只按香烟纸销售量来估算国内的大麻烟消耗量。]瘾品的确能引发人们的巧思，以往卖荔枝干和煤炭球的人曾经生意兴隆，因为荔枝干可以用来揉鸦片团，炭球便利点燃鸦片烟枪。1876年间，单是伦敦这一个都市，就有30家制造并进口海泡石烟斗的商店。在君士坦丁堡，贵妇名媛们流行佩戴遮掩袖珍型皮下注射器的珠宝。100年后的美国瘾品爱好者喜欢戴安眠酮（Quaalude）药片形状的金坠子和耳环。

“外部性”往往以“问题导致获利”的形态出现，例如瘾品滥用引来的问题可以转变成为提供治疗的业者获利的机会。在20世纪30年代，“消化汽水”（Bromo-Seltzer，含溴化钾、乙酰苯胺、咖啡因、柠檬酸，无须医生处方即可买到）的销售者发现，买主大多数是想要消除宿醉的低收入男性，因而立刻收回广告，改用星期天的报纸漫画版来促销，因为星期天是“消化汽水使用量最多的日子”。营销“碱性汽水”（Alka-Seltzer）的对手商家不甘示弱，也针对又抽烟又爱过量喝酒的男性设计了漫画广告。止咳含片的广告印在纸板火柴包装上：“使你喉咙舒爽，口气清香。”

意外收获最大的是调理瘾品滥用后果与帮助正在努力戒除者的医疗系统，后者在美国的获利之大尤其居全世界之冠。19世纪晚期开始成形的疗养业，只是五花八门的邮购疗方和一些私人开设的疗养院（上流社会俚语称这种地方是“浸泡坊”），到20世纪晚期已经发展成为化学品依赖现象的庞大综合体。美国1992年治疗酒精及其他瘾品滥用的花费已经超过 60 亿美元，另外还有 30 亿美元耗费在预防、人员训练、研究、保险事务各方面。20 年前我认识了一位在药物滥用管理部纽约州分处（New York State Division of Substance Abuse Services）工作的人士，他在研究曾经有过药物成瘾的案例。我对他讲起我要撰写美国市井阶层的麻醉药物服用历史，并且要从记录年长的美沙酮病人案例着手，他说我的计划很好，不过有一点很可惜，因为我漏掉了真正的主戏——药物成瘾治疗产业。

这产业商机之大，连他也始料未及。其实问题导致获利并不是瘾品发展中独特的现象，凡是利用人类本能冲动而起家的企业中都有。人类始祖的进化本来是为了适应脂肪和糖类都稀少的非洲大草原的生活。谁若是能在难得的可以大量摄取脂肪的时候饱餐一顿，才有可能在遇上饥荒时保住小命。我们这些后代子孙仍然保留种种此类本能冲动，即便在如今的快餐社会里，这种本能已经变成健康上的劣势，却还是容易被利用的弱点。自从哥伦布来到新大陆，新食品的汇集与口味发展都与瘾品的经历有相似之处。如果没有与新大陆的接触，现在也不会有巧克力糖、比萨酱、爆米花、炸薯条（美国境内的马铃薯每 3 个之中就有 1 个成了炸薯条）。到了 1997 年，美国食品加工业每年运到国外的薯条重达 38.6 万吨，麦当劳（每天喂饱美国 7% 的人口）在 105 个国家设立的分店达到 1 万家，单单日本境内就有 2 000 家。麦当劳的巨无霸汉堡，从远在北极圈稍南的芬兰的罗凡尼米（Rovaniemi）一直到新西兰最南的因弗卡吉尔（Invercargill）都可以买到（两地相距两万多公里）。同时期“肯德基炸鸡”（Kentucky Fried Chicken）的生意也做到了埃及狮身人面像的脚下，而它在 10

年前——1987年——已经在天安门广场毛泽东纪念堂的对面开设了全世界最大的一家分店。

这些通俗事物到处长驱直入，是有其超越文化界线的生物性基础的。甜而多油的食物人人皆爱。有些肥胖的人使这种“天生”的吸引力变本加厉，他们用甜而多油的食物来排遣无聊、挫折、愤怒、忧郁、不安、失望，正如容易染上使用瘾品习惯的人。历史学者苏珊·斯皮克（Susan Speaker）认为：“资本主义和医药界获利并不只因为我们原本有嗜好高热量食品与精神刺激物的生理倾向，也因为人类各式各样的身、心、灵苦恼是无所不在的。”人类为这些获利付出的代价各有不同。天生就有旺盛的脂肪储存基因的人，或生活在运动贫乏的自动化环境中的人，如果饮食过量，往往招致糖尿病之类的麻烦疾病。美国人可以从平均体重的数据看出来，管住自己不吃过量的食物是很难的，在我们本能的口腹欲望之外，还有商家广告的火上浇油，使我们的理智判断和意志力败下阵来。演化医学专家伦道夫·内瑟（Randolph Nesse）和乔治·威廉斯（George Williams）说：“人类千百年来努力要创造一个真正流出蜜与奶的环境，结果却发现许多现代病和过早死亡都该归咎于这个创造出来的成果。真是莫大的反讽。”

虽然反讽，也让胰岛素、动脉引流、抽脂手术、减肥药丸、跑步机、减肥餐的供应者赚到了钱。现代资本主义特有的催吐天才是：能教我们为了某一类产品或服务而违背自己的理智判断，然后再卖给我们另一批东西来应付已经造成的伤害，以便我们能够回过头来消费更多造成最初伤害的那些商品。评论家理查德·克莱因（Richard

17~18世纪的咖啡因饮品盛行也引来了许多新产品，多以华丽的形式呈现，供富裕的消费者享用。这幅粉彩画是仿1743年的“美丽的巧克力女郎”之作。原作出自让-艾蒂安·利奥塔尔（Jean-Etienne Liotard）之手，模特儿是早上为他端来巧克力的女仆，乃是巧克力主题绘画之中的“蒙娜丽莎”。图中女仆的托盘上放着德国麦森（Meissen）细瓷杯子，杯上有赫洛尔特式（Höroldt）绘饰。

Klein）尖锐地指出，减肥是最炉火纯青的消费行为。

瘾品制造者当然也把握了借脂肪赚钱的机会。时装模特儿很早就发现安非他明可以帮人变瘦，英国模特儿琼 · 道内（Jean Dawnay）说，20 世纪 50 年代的纽约模特儿除了安非他明、右旋安非他明、不加糖与牛奶的咖啡之外，什么都不吃，“她们苗条得不可思议，教我自叹弗如。”数以百万计的妇女为了模仿高级时尚界那种幽灵似的形象，以香烟为减肥的秘密武器，借抽烟来抑制对甜食的欲望。女星安迪 · 麦克道尔（Andie MacDowell）从影前曾是模特儿，靠服食减肥药丸和可卡因保持身材细瘦，她说：“你如果查字典就知道，‘模特儿’（model）的意思是‘范例’。少女们为了要像模特儿那么瘦，什么方法都会试，一天到晚只喝健怡可乐，还有抽烟。”还有比这样更糟的。男影星小罗伯特 · 唐尼（Robert Downey, Jr.）说：“有些实际的问题是海洛因和可卡因可以解决的，例如体重过重，或是注意力不能集中。”他是过来人，说得应该没错。

超级市场出口结账处摆着教你减肥的书。为了凸显男子气概要抽香烟，为了治疗烟抽多了造成的勃起障碍，又得服用“伟哥”。这些显然都矛盾得近乎荒唐，但这只是从公共卫生的观点看来如此，从获利最大化与充分就业的观点看来却很合理，甚至是不可避免的。有问题才会有获利，是成熟的资本主义的一个定义特征。发展成熟的资本主义要不断成长，不能只靠埋头制造平淡无奇的产品和耐久商品了。大豆和烘干机能带动的经济活动量就只有那么多。瘾品却能辐射出“外部性”，制造更多的经济活动。瘾品就像一种永恒运动的机器，提供稳定的工作机会给所有人，农民、律师、瘾品史研究者都从中受惠。

“有了梅太德林（盐酸脱氧麻黄碱），她可以欣然拒绝！”消费导向的社会既重健康又要享乐，简直像追着自己尾巴跑的狗。一个新款产品会引来对另一个产品的需求——以及制药公司的利润。如图的广告刊登在20世纪50年代的一些美国医学期刊上。设计者的目的是要制造医生们的“反应习惯”，使医生见了某个病人群就立即开这个商标的药。

托马斯 · 默顿修士（Thomas Merton）在1948年间就说过：“我们生活的这个社会，其运作的原则就是要挑动人体内的每根神经，并且让它们维持在最高度的人为紧张状态，要把人类的每个欲望逼到极限，并且尽量制造更多新的欲望与人造的渴求，为的是要用我们的工厂、出版社、电影公司以及所有其他从业者制造的产品来满足这些欲望和渴求。”这话说得完全对。瘾品制造者与多巴胺的关系就如同色情业者与睾丸素酮、食品销售者与味蕾、整形外科医生与异性追求的美丽外表的关系。这些人都以利益为目标，都能借科技之助启动人体内在的奖励和调节机制。这些机制是在与现今完全不同的环境条件下完成进化的，如此被牟利者利用，显然对生理上有害，在道德上也是一种颠覆。如何处理“靠社会问题获利”，是出现过多次的政治上的两难，在全球化逐渐形成之际，问题也更趋迫切。

6 逃离商品地狱

Escape from Commodity Hell

Escape from Commodity Hell

1997年间，美国国家毒品管理政策办公室（Office of National Drug Control Policy）主任巴里·麦卡弗雷将军（Barry McCaffrey）从历史观点就毒品问题发表了重要演说，这是颇不寻常的作为，因为美国毒品事务方面的重量级人物大多没有从事瘾品问题历史反思的癖好。总之，麦卡弗雷切中了问题的要害："违禁瘾品是工业化社会的一项副产品，这种社会使我们不计后果地胡乱篡改了人体的内在环境。"合法瘾品当然也是工业化社会的副产品。香烟尤其是工业产品，是用机械的方式生产，由许许多多已经调整自己在机械时代生活习惯的吸烟者以机械化速率加以消耗。

以工业产品而言，香烟占有许多优势，包括易上瘾、易有耐受性、效用短暂、便利社交与增添性感、能控制体重。另外也有一个不可忽视的劣势，这是大量生产的物品都免不了的。香烟是商品，是诸多竞争者制造的产品可以取而代之的，经由拆掉商标的产品测试屡屡证明，香烟都是大同小异的。20 世纪 40 年代初，因为美国烟草公司（American Tobacoo Company）做了一则广告——“有书面誓词为证：烟草行家中最中意于‘好运’牌者是其他品牌的两倍”，联邦贸易委员会（Federal Trade Commission）对此进行了调查，结果当然证明这根本是不实的广告。有大约 200 位烟农、烟叶仓库管理者、烟叶销售者、烟叶采购者一致作证，所有标准品牌香烟都是用同一类的烟草制造的。烟农在同样的土壤中种植，使用同样的肥料，以同样方式采收熏制，送到公开拍卖场上，卖给采购同样质量烟叶的香烟制造商。

这项事实是放诸所有商业瘾品类而皆准的。一箱箱的朗姆酒、一束束的可乐果、一块块的鸦片砖、一斤斤的可卡因，都是一批批的商品。在商品买卖的这一行里——也有人称之为“商品地狱”，要想多占一点儿市场，唯一的方法就是降价。竞争不断把利润幅度向下压，瘾品生产业的初期成本比较小，新的竞争者又持续出现，所以降价的压力特别大。

逃离商品地狱的办法有几个，制造者可以通过卡特尔、托拉斯，或其他垄断方式来控制产量并稳定售价，如果这个办法不成功，可以从广告上着手。经营者打造成功而具有吸引力的品牌就能多赚一点儿钱，因为消费者甘愿为中意的品牌和产品多付一点儿钱。还有一个方法——也是用得着广告的，即是改革产品，削减成本，例如，设计更佳的茶袋，再以比原来低的价钱卖出。但是创新有一个缺点——竞争对手后来会有样学样；起初虽然有专利，但这只是暂时的优势。此外，生产者如果能打开原先关闭的或先前对其产品反应冷淡的新市场，这样就不必降价了，有人肯免费运咖啡到地球的另一端，就是这个道理。

瘾品发展史里面有各式各样逃出商品地狱的妙招：可卡因制造商搞卡特尔，推出加味咖啡和加味烈酒，在色情杂志里刊登硝酸盐广告。本章专谈香烟的制造与促销。香烟制造者创造了庞大的、利润独大的全球性企业，他们在做广告、科技革新、开拓新市场等各方面的成功，也为其他精神刺激产品开创了时运。许多瘾品在烟草业的顺流中乘势得利，例如，惯吸香烟的人可能滥用安非他明的概率是不吸烟者的 4 倍（年龄、性别、婚姻状况、是否饮酒等因素均列入考虑），吸烟者的烈酒消耗量也比较大。20 世纪早期的药瘾研究专家查尔斯 · 汤斯（Charles Towns）甚至公开声称吸烟是所有瘾品上瘾之中最糟的。吸烟的立即影响虽然伤害性较小，却进而导致酗酒、吸毒，带来一连串不堪设想的后果。汤斯指出，因为抽烟是可以公然进行的，且是被许可的，所以使这种“自我毒害”的行径可以堂而皇之地出现。

让人消失

小说家杰弗里 · 阿彻（Jeffrey Archer, 1940~）曾说：“人们把精力的作用低估了。有天赋又有精力，你能称王；有精力而没天赋，你可以称侯；有天赋而没精力，你只能做穷光蛋。”詹姆斯 · 布坎南 · 杜克（James Buchanan Duke）这个人物正像是从阿彻的小说走出来的，既有经营生意的天赋，又有用之不竭的精力。据他自己说：

“我最爱做的就是忙生意，我以前是从清早工作到深夜的。”他三十几岁的时候就成为公认的烟草制造业之王，也是香烟革命的主要推手，说他是整个精神刺激品商业史上最重要的一位人物，也不为过。

杜克的父亲是南北战争中南方军的炮兵，于 1865 年在北卡罗来纳州的农庄遭到北方军洗劫。长大后身材魁梧的杜克辛勤地工作，想要挣回家产，后来成为父亲收购的达勒姆（Durham，美国烟草主要产地）一家烟草工厂的正牌股东，烟草工厂的竞争非常激烈，著名的“大号达勒姆烟草”[Bull Durham，由约翰 · 格林（John Green）与威廉 · 布莱克韦尔（William T. Blackwell）主持销售]尤其是小烟草厂望尘莫及的。大号达勒姆供应的是“自己动手卷”香烟的烟丝，已经卷成支的香烟尚不在其产品项目之列。杜克父子于是集中力量专攻香烟现货市场。

这个策略很明智，用烤干的浅色烟草制造的香烟有许多优于其他烟草类产品的长处。消费者认为，香烟比烟斗和雪茄来得轻便，也比较可口，而“快抽”的特点十分可取。抽一支卷好的香烟只需 5 到 7 分钟，比慢吞吞半小时抽完一支的雪茄更适合都市工业化生活的节奏。有一家报纸的社论说：“短小、味浓、易点燃、易抽完，没抽完要扔掉也一样方便，香烟正是机器时代的象征。这种时代的基本嵌齿、转轮、杠杆就是人的神经。”

通往神经的路要先经过肺部。吸烟者深深吸入，可以把很强剂量的尼古丁输送到自己的血管里。烟草业有了香烟，就好像鸦片类药剂业有了皮下注射器，都是革命性的技术，能使生物碱对大脑的奖励机制更快产生作用，带来的效果也更强。19 世纪末的人虽然不知道脑内有这种系统，却知道香烟的确有诱惑人的、近乎麻醉的力量。香烟在美国引起的争议特别多，也赢得“麻药棍”（dope stick）的诨名，有不少人疑心制造商在里面加了鸦片或大麻、可卡因之类的东西。

这种猜疑是没有根据的。单凭尼古丁的力量就足以使人上瘾。无政府主义者埃玛·戈德曼（Emma Goldman）本来有一天抽40支香烟的习惯，被监禁期间无烟可抽，据她说那是“几乎教人痛不欲生的折磨”。在政府扫黄行动中遭拘禁的妓女们也有烟瘾难耐的现象，她们摇撼铁窗，咒骂着，高呼“要药要烟”。不论哪个社会阶层里，抽香烟的人和注射麻醉瘾品的人一样，都比较容易上瘾。与抽雪茄、抽烟斗、嚼烟草、吸鼻烟的人相比，抽香烟者每人平均的消耗量也都比较大。

杜克父子在1881年开始经营免卷的现成香烟时，面临的不利条件是价格。内战时期遗留下来的联邦税很高，雇用手工卷烟者的成本也高，制造香烟的90%的成本都在人工上。1883年间，政府大幅削减香烟税，次年杜克就顺利取得彭萨克（Bonsack）卷烟机的使用权，有了彭萨克，10小时一班的工人可以制造出12万支香烟。这神奇机器的制造者屡遭其他业者回绝——他们因为认为机器不可靠——之后，同意杜克可以比未来任何竞争者少支付起码25%的价格，杜克则同意尽量多买机器，只要自己有能力维持机器运转。

技师们一旦把机器的小毛病修整完毕，彭萨克便开始让杜克既能降价又能赚回厚利。不过，免卷香烟当时仍是新鲜东西，市场很有限，杜克本人就不抽——他办公室里仍摆着沾有吐烟草汁痕的痰盂，他这一代的男性也大多不喜欢。他既然能把这么大量的香烟倾泻到尚不知情的人群之中，就必须想出好好处置这些香烟的办法。

香烟广告业似乎才是杜克的发明。小说家罗伯特·路易斯·史蒂文森（Robert Louis Stevenson）于1879年搭火车旅行美国中西部，一路上看见的是沿着望不见尽头的铁轨而筑的围栏上只贴着两类广告，不是烟类的就是治疟疾的药方。杜克的手法却与众不同，他把大量的资源空前地投入促销与广告，单是1889年的花费就高达80万美元。他与业务部门在广告和香烟卡上起用女演员和穿着紧身衣的模特儿，性感形象有助促销，对都市里的年轻单身男性尤其管用。而这个人群向来是有益新型瘾品成长的沃土。

杜克在开拓新市场上积极下功夫，派出推销员到全国各地，在棒球比赛中散布杜克品牌的香烟，雇了街头游童在烟草店门外分送样品。1884年间，杜克亲征纽约市，在莱文顿街（Rivington Street）开了一家小型的用彭萨克机作业的工厂，但不久就得挪到大地方去了。他派了背着大袋子的外勤人员去迎接来到纽约的移民（这些人之中不乏已经会抽香烟的），朝每个下船的男性移民手里递上一包。杜克说出这么做的理由："这些人会把我们的香烟带到全国各地。这可是不得了的广告。"

杜克知道，大规模的机器生产香烟及其他烟品，不免导致烟草行业的集中。他的四大对手在他毫不留情的削价与大手笔广告攻势之下正节节败退，他们当然也知道会有这个结果。1889年间，各方同意共组"美国烟草公司"，集资2 500万美元，由杜克担任总裁。杜克的第一步棋就是买下彭萨克机器的独家使用权，以确保机械化香烟生产的主控权；他也开始收购其他公司与工厂，在他的总裁生涯中，共收购了250家。到1900年，他的垄断企业掌控全美香烟产量的93%，以及鼻烟、嚼食烟草、烟斗烟草产量的大部分——以防仍然具有争议性的香烟事业遭到改革运动者抵制。此时杜克的地位已是不可动摇，连零售利润幅度和农民的烟叶售价都是由他说了算（农民的烟叶收成与售价贱到只有每磅3美分）。

杜克仍然持续努力再压低成本，制造锡箔包装纸、折叠赠券，以及其他上百种的作业，都装设了专门功能的机器来做。丹麦裔的美国社会改革者雅各布·里斯（Jacob Riis）于1910年6月间参观了北卡罗来纳州一家烟草工厂。

我站在一架机器旁，切好的烟草从一个溜槽倾入这机器，再送出来的就是我们常见的小包香烟，可以直接摆上商店的柜台了。小包香烟往外送的途中，某处有一对钢爪伸下来，不知从哪儿抓来一枚印花税票，往香烟包上一贴，再伸出去抓另一枚。那真是机械技能的极致。小包香烟运送的出口处坐着一个黑人男孩，他拦下送出来的一包包香烟，只是一扭就用两条细绳把它们捆起。他每秒钟捆一次，别的什么也不做，就做这个，日复一日，年复一年。

里斯以这段叙述证明，装配线上的工作会把童工变成不用头脑的机器人。他却也间接地证明了专用的机械装置的效率多么高。这些机器再改进一番，差不多就可以包办全部的制造与包装作业，从而使烟草产品的售价再降低。杜克真正想做到的是让那个黑人男孩也从流水线上消失。

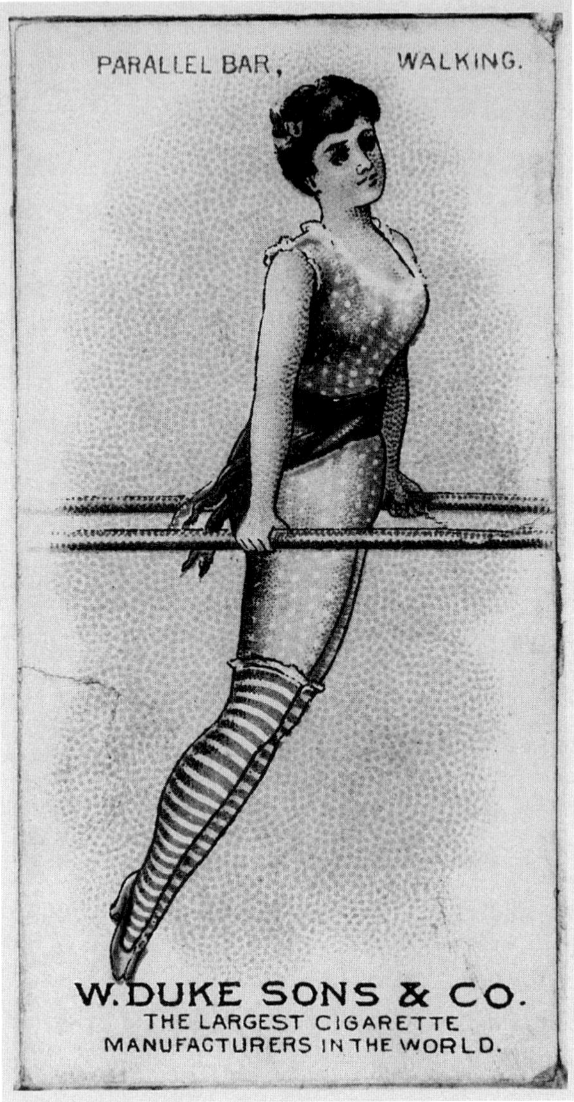

1878 年首创的香烟画卡，可供收藏，也是香烟战之中的妙招。烟草业曾经创造了一种新的嗜好，叫作“香烟画卡收集”（cartophily），集卡簿、画卡贩子、画卡拍卖会一应俱全。画卡以名人、异国风情、野外冒险、活力体魄、性感形象为主题。本图在杜克开始经营美国烟草公司之后发行的“运动女郎”之中算是比较文静的。吸烟者拿 75 张赠品券可以换一叠“艺术画片”，画的都是穿着后宫妃嫔衣饰的丰满女郎，一面抽着烟，一面做出挑逗姿态。

芥菜种子的比喻

杜克的洛克菲勒式作风终于激起了报复。破了产的竞争对手只能谋到在他公司店面的柜台工作，却借机窃取账务的现金。蒙面的烟农半夜放火烧了公司的仓库。报纸社论严词猛批。司法部提出反托拉斯诉讼。几年缠讼之后，最高法院于 1911 年下令美国烟草公司解散。这时候杜克却创建了更具野心的事业——英美烟草公司（简称BAT）。

BAT 是侵略行动下诞生的。杜克原先在 1901 年买下英国利物浦的奥格登公司（Ogden Ltd.），打算从这个据点达到控制英国烟草业的目的，最终目标是控制欧洲的烟草业。他的对手公司们便联合组成了帝国烟草公司（Imperial Tobacco Company），唯一宗旨即是阻挡杜克侵略，因为杜克在英国现身已经引起同业的恐慌。双方对峙到 1902 年，终于达成一项重大交易。帝国的董事们买下奥格登，并保留英国境内市场的控制权。美国烟草不在英国自行销售其产品，帝国不在美国销售产品。另外由第三者——BAT 去开拓所有外国市场，仅政府公卖的法国及西班牙市场除外。新成立的BAT 由杜克主持，其股权 2/3 属于美国烟草公司。为杜克作传的作者说，纵观所有产业，BAT 可以算是最接近在全世界垄断经营的一项壮举。

杜克用BAT 输出香烟，也输出技术、组织管理、广告技巧。他的输出最成功的是在中国，当时他在中国已有规模不小的事业了。据说，杜克刚知道有彭萨克卷烟机，就要人拿一本世界地图给他看。他一页页翻着，不看地图，只看人口数字。翻到中国这一页，看见“人口：4.3 亿”，他便说：“那就是我们要去卖香烟的地方。”

1905年，杜克找了北卡罗来纳州同乡詹姆斯·托马斯（James Thomas）来主持他在中国的业务。托马斯自称是香烟的“传教士”，为杜克效力到1922年，成为亚洲最高薪的外国商人，他以干劲、决心结合非凡的理解力与手腕。他的美国南方式作风在中国很吃得开。一开始他就聘用了年方20岁的中国青年吴廷升（译音），吴是大学毕业生，英语说得非常好。吴本来认为兜售香烟是丢脸的事，托马斯并不与他辩解，反而把《圣经》上芥菜种子的比喻讲给他听。吴廷升明白其中所说的大事业须从卑微处做起的道理，改变了原先的想法，开始向人兜售香烟，后来做到了BAT的首席买办。

有了像吴廷升这样的人们帮忙，杜克和托马斯在中国创造了与已经在美国应运而生的大量生产、大量销售相似的一个整体系统。这个系统涵盖烟叶田——耕作者可以免费取得淡色烟草的种子、现代化工厂、横越戈壁沙漠的骆驼队伍等等。托马斯凡事都考虑得非常周密，据他招聘的一位人员事后说，他认为只有初出茅庐而好冒险的年轻人才会傻乎乎地去做他和董事会提出的点子，所以他招募了一批单身汉来接受推销员培训。他教那些能坚持到受训完毕的人去学中文，还要学会讲各自负责的区域的方言。凡是通过BAT语文考试的人可以得到500美元的奖金。他另外还雇了一批中国人为“老师”，这些人的任务是到处示范点烟、抽烟，以免拿到免费赠送样品的农民再用牙齿咬香烟。

BAT的成功大大倚重中国商人、买办、烟农、烟厂工人——其中不乏女性——的配合。由于外国人撰写的广告词往往闹出谐音或双关语的笑话，因此整个广告工作是由中国人负责的。BAT的人士引进了最新式的印刷设备，赶制有响亮口号的抢眼海报并到处张贴，这些漂亮的广告甚至成为人们家中的装饰品。其中有一件是在上海架设起来的三色钟形标志，这个促销“红宝天后”（Ruby Queen）香烟的广告高约 40 米，每个霓虹灯字大约 0.9 平方米，乃是中国境内最大的、耗资最多的一个广告。BAT 自己的电影厂也摄制了宣传“红宝天后”、海盗牌等该公司品牌香烟的影片。

BAT 的经营成功也靠售价。托马斯曾说：“我们知道我们的烟好，并且尽一切力量以最经济的价格销售，以便购买力最小的人也能享用。”一个中国铜板——约合半美分——就可以买到 5 支香烟。托马斯又说：“每当我看见本地人吸烟，我常想，他以同样代价买来的任何其他东西都不可能给他这么大的快感和享受。我们的销售量就是证据。”BAT 的年度股息也是，1902 年只有 6%，1924 年提升至 26.5%。

杜克显然希望BAT的香烟在中国能取代鸦片的地位。自 20 世纪之初，吸鸦片在中国就受到传教士、国民党人，以及其他改革运动人士越来越严厉的抨击。杜克于 1925 年逝世后，一位BAT 官员宣称，杜氏已经凭着“教导中国人抽北卡罗来纳香烟而使他们戒了鸦片，这是结合商业经营与博爱精神的作为”。这究竟是不是博爱精神，又达到多少戒鸦片的功效，都是还有讨论余地的。可以确知的是，BAT 香烟的中国销售量在 1916 年已经接近百亿支——有些估计是早已超过百亿，这时候中国不论哪个社会阶层和年龄层都普遍有人吸烟，连儿童也不例外。BAT 在中国的业务在 20 世纪 20~30 年代持续扩大，其间历经民族主义者的抵制、中国烟草业者的竞争、内战、第二次世界大战，都顺利挺过。直到 1952 年，毛泽东——本人就有很大烟

1887 年的弗吉尼亚州里奇蒙（Richmond）的香烟工厂。杜克的机械化制烟不久就让这种劳动力密集的工厂关门大吉。

瘾——正式将BAT进行社会主义改造，其经营才结束。

杜克的事业并不是在亚洲处处顺利。在日本，他为了回避不利的关税条件，买下了日本一家烟草公司——“村井兄弟”，又派了斯文高雅的前南军政府官员爱德华 · 帕里什（Edward Parrish）来监督运营与扩张。帕里什深晓杜克作风的窍门，安排军乐队在偏远山村招摇而过，让穿制服的女孩在 1903 年大阪博览会的香烟赠送站旁边发送村井香烟。结果和在英国一样，侵略式手段激起民族主义情绪的反应。对手公司打出富于爱国情操的广告：“天国香烟苦战 !!! 外来企业残暴凶猛 !!!”日本政府已经仔细研究过欧洲的烟草专卖经营方式，所以胸有成竹。1904 年，日本政府便将香烟收为国营。经过帕里什的交涉，杜克拿到了可能争取到的最高补偿便撤资了。此后杜克只安于中国、印度、缅甸等国的市场，凭BAT的经营手段拉到新一代的吸烟者，使市场持续扩大。

上海，1923年12月21日。英美烟草公司同人餐会的节目表封面，餐会是为造访中国的休·康里夫-欧文爵士（Hugo Cunliffe-Owen）及夫人而举行的。杜克于1923年步下英美董事职位后即由康氏接任。餐会上有四道肉食的大菜，以及猜谜游戏，猜的是公司里胖胖的中国董事们的身高与体重（“可以附加赌注打赌”）。康氏返回伦敦后宣布当年的获利又破了纪录。

广告公司的能耐

没有谁能再像杜克在20世纪最初10年间这样称霸于烟草界了。虽然偶尔有些公司共谋决定售价与瓜分市场——例如菲利普·莫里斯公司（Philip Morris）和BAT据说曾于1980年在拉丁美洲有此行为，但整个烟草业早已形成竞争性的跨国寡头卖主垄断模式，亦即由少数几家大公司相互争夺国内外的市场占有率。真正垄断而能存活者只有国营的公司了。中国的国营烟草公司有政府对进口品牌施以重关税的保护，在1988年达到占有全世界5万亿多支香烟的1/3的产量，贡献政府岁入整整12%。

美国的公司——美国烟草、雷诺兹烟草公司（R. J. Reynolds Tobacco Co.）、黎格特·梅耶烟草公司、罗瑞拉德公司（Lorillard）等等（都是杜克烟草王国经法院裁定解散后成立的）——却没有这种关税保护的优势，只能靠自己力拼。倒是高度发展的广告业和公关公司帮了它们不少忙，这些代价不菲的帮助使各个烟草公司能建立消费者的品牌认知与忠诚度，并吸收数以百万计的新一批吸烟者，改进产品，对抗负面的健康报道，进而拓展全球的香烟市场。

20世纪20年代烟草业者投入广告的资金量大得空前。查尔斯·林白（Charles Lindbergh）驾驶“圣路易精神”完成飞越大西洋的划时代航行后，香烟公司以5万美元的代价请他公开为其品牌代言，遭到林白拒绝。达莱顿（Tareyton）的运气比较好，陆军的三引擎飞机“问号”在1929年1月间完成一项大肆宣传的耐力飞行实验，在空中持续停留近一周的期间，飞机机组人员欣然接受了由加油飞机送来的 1 000 支达莱顿。广告公司的人考虑要在所有南美洲客机上配备达莱顿："只要有一回特别危险的翻山越岭之行，就能成为大新闻。" BAT 在智利的业务部门想到用飞机以降落伞投下"好朋友"（Compadre）香烟，同时用扩音器放送广告。美国烟草公司的促销者发现另一种利用飞机的方法：出每天 1 000 美元的高价请首创以飞机烟雾在空中画字的杰克 · 萨维奇少校（Jack Savage）在纽约与其他都市上空画出"好运"（Lucky Strike）香烟的字样。

1948 年，"好运"的广告业务（已暴增至 1 200 万美元）交给了"白顿 · 巴登 · 杜斯汀 · 奥斯本公司"（Batten, Barton, Durstine & Osborn）。该公司老板布鲁斯 · 巴登（Bruce Barton）曾任共和党众议员，是畅销书作者，也是美国最成功的广告人之一。他接下项目后立即开始挖空心思找促销的新策略。从他的信函可以看出促销香烟的智谋有多么精明，美国广告业多么清楚香烟既是精神刺激品又是社交产品的双重本质。

巴登对于与销售量成长密切相关的女性吸烟者用心颇多。他想到请社交礼仪作家埃米莉 · 波斯特（Emily Post，1873~1960）来为一系列以女性吸烟礼仪为题的广告代言，（例如："在办公室记录上司口授信函时不可吸烟。"）也想到吸烟易瘦的"健康"广告："何不留下最后几口菜别吃，来点上一支好运烟？"巴登的另一则备忘录写道："紧张使人命短，紧张使人老得快。感受到自己的紧张时便最好点上一支好运烟……《亚莫斯与安迪》（*Amos & Andy*）自创了'unlax'（放松）这个词，我们可不可以自创一个'un-tense'（不紧张）？听来可笑，但是 L. S./M. F. T. 当初提出来时难道听来不好笑？"

L. S./M. F. T.是Lucky Strike means fine tobacco（“好运就是优质烟”的意思）的简写，从1944年起就是这个品牌的简化广告语。巴登觉得优质烟这个重点可以加以发挥：“你只活一次，为何不活得像百万富翁一样？”据他解释，这句话的道理是：“你买不起劳斯莱斯汽车，你买不起第五大道的房子，你没钱到新港去避暑，但是，老天有眼，有一件事上你可以和全美国最富的人一样，你可以抽最优质的烟。点一支好运烟，体会一下百万富豪的感觉。”

这种“小老百姓当大王”的卖点如果能找到真正的国王来，效果一定更佳。巴登觉得不妨一试。1949年11月某日，他与胡佛先生——不确定是美国前总统胡佛（Herbert Hoover）还是当时的联邦调查局局长胡佛（J. Edgar Hoover），但应以前者较合乎巴氏的顶级交往圈——在华尔道夫饭店进餐时得到了灵感。他环顾四周，发觉华尔道夫快要变成缺钱的皇室成员的避难所了。他于是想聘请温莎公爵（Duke of Windsor）之流来赞美美国香烟，就说：“这烟非常好，非常受人喜爱，在许多国家、地方甚至可以当现钱用。我到此以来试过贵国的各种牌子，最喜欢的还是‘好运’。”巴登指示部属开展工作之前提醒他们，找皇室的人做广告手段要很细腻，宣传部门的人可做不来。“我们该找艾斯特夫人（Mrs. Astor）或某个想要赚一点儿钱的顶尖社交名流去游说。”结果温莎公爵没有做这个广告。但是巴登对于他的财务状况所料不差，公爵夫妇后来迁离美国，到生活花费不那么高的法国定居。

为雷诺兹公司做广告的从业者为了促销“骆驼”（Camel）香烟，使出了比较奸诈的手段。多年来，雷诺兹一直散播的说法是：抽骆驼牌香烟的医生比抽其他牌子的医生都多。这个说法勉强算得上是有观察依据的。广告公司派了一批采访者到纽约市一家饭店外面，饭店里在举行医学会议。访问者对走出来的医生们提出一连串例行的问题："您是开车来还是乘飞机来？有没有家人同行？"在这些看似无害的问题之中却藏着以下的问题："请问您抽烟吗？"如果医生的回答是肯定的，接着就问抽什么牌子，现在身上带着的是不是这个牌子，结果发现，比例相当大的人数身上带着骆驼牌。该公司一份机密文件上对此做了解释："看到以此说法为依据的广告的人们所不知道的是，采访者在医生们抵达饭店时先在他们的房间里放了一条骆驼牌香烟。医生们很可能在抵达时已将随身带的香烟抽完，所以就随手拿起一包骆驼烟就放进口袋了。"

到了20世纪60年代，大规模的广告公司不但能提供全面服务，而且积极涉入产品的技术改进。在此以前，香烟制造商也一直在东改西改。他们实验过不同口味的混合烟丝，学会用烟草茎、碎屑、烟灰来制造还原烟"纸"，起用了滤嘴和不易压扁的烟包，开始在香烟中加味。菲利普 · 莫里斯公司于1965年开始采用加氨的烟草，这样可释出更多尼古丁供肺部吸收，这也是万宝路香烟的制胜化学秘诀。这些不属于商业机密的修改都被广告公司拿来大力宣扬，例如，鼓励关心自己健康的人抽三重滤嘴的香烟，提醒怕口臭喉干的人改抽薄荷烟。此外，广告公司也主动从细微处了解消费者的动机，并且向制造商提出改进建议。

1969年间，智威汤逊广告公司组成一个公司内部的任务小组，以向黎格特 · 梅耶烟草公司推荐可获利的新产品为目标。小组成员一一讨论了市场调查、心态与形象研究、科学研究报告、广告分析，以及重点群体的意见，得出的结论是：多数人吸烟是习惯动作，在某些状况下会不经思索而点起烟来。香烟可算是一个万用道具，人们借着它可以暂缓言行，整理思绪，放下工作小歇一会儿。香烟能给人触觉的与口腔的快感，摸起来更舒服、更柔滑的纸质可能增加香烟的吸引力。“软的、柔韧的、比现有滤嘴更易吸而好咬的滤嘴”也可以有这种效用。乳头状的滤嘴“能更舒服地含在嘴里，与嘴唇的接触点也更多”，也可能增加香烟的吸引力，但最重要的还是尼古丁。组员们指出：“唯有具备能起作用的药性成分的植物才会被大量人长期习惯性地使用。”例如咖啡、茶、槟榔、大麻、卡特、鸦片，均属与烟草同性质的植物。既然尼古丁是主要成分，何不将它添入不冒烟的产品——例如止咳糖中，或是将它浓缩在焦油含量低的香烟里卖给关心健康的消费者呢？

继续抽下去

这真是有先见之明的意见。1982 年到 1991 年间，美国香烟的平均尼古丁含量增高了 10% 以上，其中增加最多的就是低焦油的品牌。尼古丁含量高的低焦油香烟问世，乃是消费者担心香烟有损健康引起的诸多回应之一。抽烟影响健康无疑是烟草业在 20 世纪后 50 年中遭遇的主要问题。这个问题第一次达到“临界点”是在 20 世纪 50 年代初期，当时有多篇研究报告指吸烟可能导致肺癌与其他癌症。

烟草公司的老板们痛恨这些早期的癌症研究者，除了因为他们伤害公司的利益，也恨他们伤人感情，破坏了人们从抽烟得到的“无邪”乐趣。20世纪50年代的美国是吸烟者的乐园。纽约远近驰名的夜总会“鸟域”（Birdland）里面烟雾太浓，以至于开张不过几星期，吧台后面的金丝雀就被熏死了。社会习俗和连续多年投下的数百万元广告资金，共同造就了抽烟的理想心态，反正大家都在享受人生，何不放松身心来点上一支？癌症的阴影却毁掉这教人舒适的假象，也连带毁掉了香烟业最得意的合理化解释，即烟草公司的老板们总认为公司虽然在赚钱却也是在做好事。托马斯看见中国人抽烟时的感想——抽烟者绝不可能花同样代价买到这样的快感与舒适——其实就是烟草业的道德基础之一，另外两个是制造就业机会、贡献政府税收。奥尔顿·奥克斯纳（Alton Ochsner）、厄恩斯特·温德（Ernst Wynder）以及其他穿着白色实验衣的噩耗使者把这个道德基础彻底摧毁了。他们把抽烟和特定的致命疾病关联起来，把一种可以排除焦虑的产品变成会大量制造焦虑的产品，而且使医学界开始明确反对吸烟。医生们纷纷戒烟，并且劝告病人也戒掉。

烟草业起初对癌症之说采取否认与推卸责任的响应方式。电视节目主持人阿瑟·戈弗瑞（Arthur Godfrey）于1952年9月安抚观众：“你们一天到晚听人说香烟对这个那个什么的有害”，其实根本不必担心，因为“切斯特菲尔德”（Chesterfield）对你们的鼻子、喉咙，以及“附属性的器官”都不会有害，某某负责任的咨询机构和某某合格的医学专家都已经担保了。美国烟草公司的保罗·哈恩（Paul Hahn）以及其他烟草业领袖都知道，各个品牌单打独斗必败无疑。许多牌子各自跑出来说糊弄人的话，只会增加一般大众对癌症问题的注意。

（只有呆子才不知道“附属性的器官”是肺的委婉表述法。）烟草业必须组成联合阵线。1953 年 12 月哈恩和烟业领袖们在纽约市豪华的“广场饭店”（Plaza Hotel）会晤，决议创立“烟草企业调查委员会”（Tobacco Industry Research Committee，简称TIRC）。

TIRC有钱，有人才，也有手段。委员会的捐款来自各家老板自愿从每 1 000 支香烟抽出 0.25 美分的会费，另外再视需要而拨款。TIRC的日常运营由伟达公关（Hill & Knowlton）主持。伟达公关是赫赫有名的公关公司，总部设在帝国大厦，在他们的协助下，TIRC很快就变成一个平稳运转的假情报散播机构。TIRC在多家（公正可靠的）报纸上刊登全版广告，否认香烟会引起肺癌的论断；发送宣传小册，引用否认抽烟与恶性肿瘤有关的权威言语；纠正报章上有关香烟与健康的“不实报道”；搜集对禁烟人士可能造成伤害的信息；资助实验所与流行病研究以营造烟草业急于追求事实的印象。资助研究的行动也暗示，只要研究发现香烟之中含有致癌物质，香烟公司就会立即将此物质排除，还给消费者完整无缺的乐趣与享受。短期之内，这些策略奏效了。抽烟与癌症有无关系的争议在 1955 年虽然持续存在，而且有广泛的报道，但原先那种危机意识已经缓和了，香烟销售量又渐渐上升了。

TIRC的调查人员也监控着国外的发展。欧陆的比利时、法国等国都有肺癌死亡病例明显增加的现象，但欧洲的吸烟者比美国的冷静。例如，巴黎烟草商能觉察到的唯一影响就是有滤嘴的香烟销售量增加了。至于英国来的消息，也很令同行受鼓舞。英国大烟草公司在 1956 年成立了英国版的TIRC，叫作“烟草制造业常务委员会”

（Tobacco Manufacturer's Standing Committee，简称TMSC）。由于其运作的背景中有不一样的制度的与文化的约束——例如“英国医生们对所有外界资助抱持的极端敏感且保留的态度”，所以行动必须更加谨慎。不过，TMSC也效法TIRC，采取许多同样混淆视听与转移话题的策略。他们质疑纯粹统计式调查结果的可信度，宣扬烟草业慷慨资助肺癌研究的行为，针对某些科学家不符烟草业利益的研究结果加以驳斥。

TMSC的活动不止限于传播误导情报。由于英国政府和“医药研究审议会”（Medical Research Council）已有反烟的宣传，TMSC急于知道效果如何，便自行调查了一般大众与医学界对抽烟及健康的看法。结果以好消息居多。一次调查的结论是：“民众似乎相当满足于现状。他们知道专家们正在做癌症研究，确定的答案迟早会出来；而烟草业正在资助这些研究。结果未知之前，就继续抽烟吧！”TMSC的公关顾问艾伦·坎贝尔–约翰逊（Alan Campbell-Johnson）私下提出更直截了当的评估：“惰性与瘾头的力量仍然比损失与危险的阴影强。”英国和美国的情形一样，烟草业与公关公司合力打赢了癌症战的第一回合。

但是医学证据越来越多：心脏病、肺气肿、婴儿出生体重低，都与抽烟有关。美国卫生局长于1964年发表了反烟的报告与电视公益宣传之后，美国的香烟消费量终于开始下降。从20世纪60年代中期的成人平均每天半包，逐步下降到20世纪90年代初期的1/3包。这时候美国人平均每年有多达50万人因与吸烟相关的疾病过早死亡，有100万人在戒烟，有1 500万人打算戒烟。

烟草业有两种对策，两者都倚重广告业。第一个是：吸收10来岁的年轻人抽烟，以递补已经死掉或戒掉的吸烟者。基于法律考虑，烟草商坚决否认有这些意图。但只需仔细看看他们内部机密的文书往返，就知道事实正相反。雷诺公司1975年的备忘录上说："为确保骆驼滤嘴香烟销量持续、长期增长，必须加强渗透14至24岁年龄层，这个年龄层另有一套比较自由的价值观，他们也代表香烟事业的明天。"布朗·威廉姆森烟草公司（Brown and Williamson Tobacco Co.）一位心怀年轻人的顾问在1975年提出的妙策是："尽你所能（在虑及某些法律束缚的情况下）多讲香烟与大麻、葡萄酒、啤酒、性爱等等的关系。不要提健康或相关的话题。"智威汤逊公司为据称烟草较浓的切斯特菲尔德香烟打出"量浓可以少抽"的口号，一位主管不以为然，在公文的空白处批下："不合年轻人的口味，就是要危险才刺激。"

不论哪儿的广告人都知道，要想吸收年轻的吸烟群，就得把香烟塑造成解决年轻人心理困惑与社会焦虑的东西。那时候的年轻人买烟并不是为了享受尼古丁，而是为了装点自我的门面。在他们看来，香烟象征独立、性感、不服从权威。（曾有一种日本香烟品牌是以代表叛逆青年的美国影星詹姆斯·迪恩命名的。）为了摆出姿态而吸上烟的后果如何，十几岁的年轻人不会去看，即便看了，也是透过一知半解的模糊眼镜去看。他们正是拉风的品牌最理想的推销目标。业务人员瞄准了快餐厅、录像带出租店、便利商店，这些都是尼古丁、酒精、咖啡因、糖、油脂、盐的袖珍市集，也是青少年下午消磨时间的主要去处。业务人员在最靠近初高中的商店里放满各种赠品，设置了各种促销手段：折扣价、免费打火机、附赠鲜艳的T恤。雷诺公司驻佛罗里达州的业务代表特伦斯 · 沙利文（Terence Sullivan）坦承："我们把青少年当作目标。那时候我说这样做不道德，而且可能是违法的。人家却告诉我，这是公司的政策。"

公司政策也强调更进一步扩张国外市场，这是维持或扩大顾客基础的第二途径。20 世纪 70 年代结束时，香烟已经是美国经济结构之中广告量最大的产品，烟草商同时又往国外促销上投注了数以十亿计的广告费。国外的规定不及美国境内的严，例如，日本香烟包上的警告语只是"为保健康吸烟勿过量"。于是，塞班岛上出现了"云斯顿"（Winston）香烟，特鲁克群岛有骆驼牌大抽奖，塞内加尔看得见L & M的大广告牌，万宝路男子汉的形象更是无所不在。挪威的中间偏左派国会联盟通过全面禁止香烟广告的决议，这是个特例，后来却也成为惯例。1975 年这项法规正式实施以后，本来持续增长的 13 至 15 岁吸烟人口群开始减少，成年人的烟类消耗量也减少了。

1996 年，世界卫生组织公布了一项全世界健康紧急状况报告，可见烟草业者以国外收益抵消国内损失的策略奏效了。当时全球成年人每人平均香烟消耗量维持不衰，全世界的香烟市场在人口增加的支持下却有每年大约 1%的增长率。领先英国香烟出口的BAT，正在发展中国家和前东欧集团国家之中大肆扩张。[铁幕消失以后，BAT 的帕特里克 · 希伊爵士（Patrick Sheehy）兴奋地表示："这是我在烟草业 40 年来所见过的最令人振奋的时刻。"] 美国各大公司的业务在国际做得越来越多。菲利普 · 莫里斯公司是最积极经营出口的，在美国境内每卖一支香烟，就在国外卖两支，甚至还是在里根（Ronald

Reagan）政府的贸易施压的助力之下攻陷了日本市场，算是完成了当年杜克未酬的壮志。1994 年间，日本境内每售出 8 支香烟就有 1 支是菲利普 · 莫里斯的。这是不得了的成绩，因为日本男性有 2/3（日本医生有将近一半）是吸烟者。相形之下，美国成年人口只有大约 1/4 吸烟，受教育程度最高的人口群几乎都不吸了。在 20 世纪 60 年代晚期哈佛拉德克里夫（Radcliffe）的学生是不讲究戒烟的，但以 1970 年毕业的这一届学生计，到 1995 年只有 6% 是吸烟者了。相对而言，全世界效率最佳的香烟公司的故乡美国，差不多已经成为芸芸吸烟者汪洋中的不吸烟孤岛了。

“麦克世界”

历史学者称这种情况为内化（internalist）。烟草业扩张的故事讲的是内行人和创新者如何应变解围，他们为了不减少利润而增加市场占有量、平复大众的恐惧，想出各式各样组织上的、技术上的、媒体宣传上的对策。竞争对手也会亦步亦趋，否则就只有死路一条。大家集体努力的结果是，世界上更多地方更多的人吸掉更多效用更强的香烟，这些香烟还附有精力与健康的符咒。

其他瘾品发展史中也有类似的内化情节。烈酒酿造业经历两个世纪的酵母选样、发酵槽与蒸馏机作业磨炼，早已成为高效率的企业经营，能不断大量推出包装美观、质量稳定的产品。健康意识越来越强的发达国家，出现成年人每人平均消耗量不上升甚至下降的状况以来，从业者就展开了双阵线的行动。一方面用甜的、添加水果味的、含酒精的饮品抓住刚开始喝酒的年轻一代，另一方面用华丽的广告在马来西亚、津巴布韦等发展中国家扩张销路——这是把万宝路手段搬到伏特加酒的世界里来用了。销售违禁瘾品的人自有另一套创意，例如，海洛因贩子惯用“F-16”或“氢弹”之类的品牌名称来强调自己卖的不是街角交易的掺假货。

科技与广告从“外部性”的角度也有相辅相成的功劳。某种产业以外的创新发明的影响之大，往往不输这个产业内部处心积虑创新的结果。回想到古代的一大突破——人类能驾驭火种，看似不相关，却是瘾品之所以能普遍使用的最主要原因。如果没有火，根本不可能有古罗马的长颈盛酒瓶、烟斗、茶、泡水加热的碎麦芽（酿酒用）、提炼的鸦片，以及其他。控制自如的火乃是精神刺激革命所仰赖的原始科技。而且，随着时光推演，控制与携带火种的方式也更趋便利。摩擦火柴的发明，是 19 世纪吸烟者莫大的福音。从此他们自己爱抽的方头雪茄便摆脱了种种不便的限制。如果没有摩擦火柴以及后来的安全火柴，香烟革命说不定不会发生——也许要一直等到有人发明了打火机以后。

铁路与公路辟建以后，不但降低合法瘾品的运输成本，也帮毒品贩子省掉了不少麻烦。以印度 20 世纪 20 年代到 30 年代的可卡因供销为例，大部分是先走私进入加尔各答，再沿着两条西北向的铁路干线穿越联合省区进入旁遮普以及更远的目的地。（铁路干线沿途的都市都成为毒瘾最严重的地区，可谓意料中事。）再看美国，19 世纪的私酒业者必须用骡子拖的滑橇从山路运货到市场；20 世纪的徒子徒孙们都是用加强马力的汽车跑碎石子路了。有了飞机运输，世界各地的瘾品供销速度更快。阿拉斯加州的首位商业飞行员于 1923 年在该州东南起飞，此人乃是“希尔斯兄弟咖啡”（Hills Brothers Coffee）的业务员。飞行家林白曾说：“民航飞机使世界上没有一个地方能躲过商业的蹂躏。”

林白并不因为自己缔造了航空史上的重要纪录而得意忘形，反而担心“快速交通可能带来极恶劣的标准化发展”。他担心未来会是一个被北美洲消费模式操控的同质化世界，这套独霸的模式不容忍地域风俗，会颠覆部落固有传统，会破坏环境。作家本杰明·巴伯（Benjamin Barber）将林白担忧的状况命名为“麦克世界”（McWorld）。思维敏感的人会对“麦克世界”的状况忧心忡忡，正急于打开新市场的西方国家瘾品制造者却额手称庆。这也许是科技发展无心插柳使他们获利的典型实例。

回顾一下百事可乐当年的国际广告攻势中败北的经过，就可以看出其中的道理。1963 年间，百事可乐为了要追上可口可乐的业绩，在全世界都打出同样的广告——“活起来，你是百事新世代”。用同一个画面，同一个声音，在全世界的百事装瓶公司使用同样的意象和主题，结果效用不大。在某些文化里，十几岁的年轻人并不自认为特殊的非成人群体，强调世代自主的口号对他们没有什么意义。当时的德、日社会都是由成年人控制可以用来买汽水的钱，小孩子无权过问。百事可乐这个广告词译成英文以外的许多语言都是讲不通的。国际广告事务专家艾伯特·斯特里斯贝里（Albert Stridsberg）认为，百事公司忽视了国际营销既定的策略，买产品的人和产品销售都在各国当地的市场之中。国际营销的成功要诀就是适应当地市场的需求，广告手法、饮料甜度、容器大小、定价，都要视国情而变。推销新产品的人总不免要走过文化的雷区。昔日BAT起用当地人来卖香烟，才有惊无险走过去。百事可乐一步走错就炸得遍体鳞伤。

好在有媒体推波助澜促成了“麦克世界”的兴起，又有美式英语和青少年文化伴随着流传，穿越雷区渐渐变得容易，瘾品的国际促销流程也简化了。最早看出这种趋势的人士之一也是斯特里斯贝里。在20世纪60年代晚期，他已经在描述国际性广告事业如何可在纽约、伦敦、巴黎设总部运营。他强调，各国市场虽然还不是一模一样，却因为经济富裕、旅行、晶体管收音机、卫星传播、商业电视都便利西方文化的传播，彼此越来越相似了。以上的条件加上电子方面的其他进步（斯特里斯贝里预言“卫星转播、同轴电缆、记忆库”将联合组成一个全球性的声音影像网，果不其然），又为西方的影像与世界性产品的优势铺了路。配合年轻人主题的国际广告，在习惯MTV节奏的世界里更易产生效果。瘾品的促销虽不能这么大张旗鼓来做，道理却是一样的，例如，津巴布韦的中小学生的西方文化倾向越强，就越有可能尝试大麻和其他吸入类瘾品。

理查德·罗兹（Richard Rhodes）有史诗气魄的作品《制造原子弹》(*The Making of the Atomic Bomb*)，其中论及单一民族国家据应用科学与工业技术为己用而制造毁灭性武器。这些国家为了保卫自己，为了逞其野心，在20世纪的战争中造成上亿人死亡，其中又以1914年至1945年间死亡者占多数。核战争是从法国马恩河（Marne，第一次世界大战激烈战役地点）到日本长崎的机械化毁灭过程的最高潮。罗兹认为，1945年以后的伤亡规模变小并非凑巧。因为军事破坏力太大了，是否发动全面战争必然成为需要谨慎评估的政治问题，强国的领袖终于认识到这无异于集体自杀。

瘾品发展史上不乏相似之处，制造瘾品的大公司与卡特尔因为本国政府着眼税收与出口而获得纵容，得以利用应用科学与工业科技来保护利益与扩张市场。他们也和军事部门一样，既研发自己的技术，也利用其他领域的发明。瘾品制造业在20世纪造成1亿以上的人过早死亡，单是吸烟致死的就有8 000万。[若将人口增加与科技进步（机械、汽车增多）的因素纳入考虑，20世纪因酒精导致过早死亡的人数最少也有2 500万。20世纪因烟酒以外的瘾品致死的人数应亦以百万计。] 如此的杀伤力已经引起全世界公共卫生界对烈酒采取积极对策——对于烟类产品更不在话下。改革人士更期盼烈酒也能纳入管制瘾品之列，一并归入禁止做广告的项目。

改革人士目前尚未达成这个目标。合法瘾品导致人命损失的数目仍持续增加。这种情形存在的原因，追根究底，还是为了钱与权。

Drugs and Power

第三篇

瘾品与权力

Drugs and Power

7 人民的鸦片

Opiates of the People

Opiates of the People

我开始为撰写本书搜集资料以前，曾严重低估了三项事实：咖啡因类瘾品使用与上瘾之广泛，医疗以外使用烟类早期遭反对之激烈，瘾品用于安抚、控制、剥削劳力（不分是牲畜或人类的劳力）的方法种类之多。马克思（Karl Marx）的著名比喻——宗教是人民的鸦片——若改为酒精或烟草，其实一样贴切。对权势阶级而言，瘾品带来利润和税收，还能借它控制劳工，本来都是只有利而无害的，直到19~20世纪部分人士开始重新思考瘾品的影响，情况才有所改观。

苦工无了时

鸦片帮劳工消愁解闷的用途是最广为人知的，其中又以19世纪到海外的华工使用得最普遍。华工的典型处境是：在异乡做着让人精神麻木的苦力、无聊、想家、没有亲属监督。于是他照家乡的船夫、轿夫排解愁闷的方法，有样学样抽起鸦片来。这并不妨碍他的工作，至少一开始是没有影响的。曾有一位英国官员说："抽鸦片的苦力也许是世界上最可靠的工人了。"但是这种工人经常有债务在身，如果是离家乡很远的，更是经常寅吃卯粮。只要债没还清，他就不可能回中国老家去。因为经常得花钱买鸦片，加上单身汉都免不了的赌与嫖，他就永远背着还不清的债，所以只得像推磨的骡子般无休止地做下去。为数不少的华工终于因为生病或绝望而停止推磨，最终使他们停下来的也是鸦片—— 一次吸食过量的鸦片导致了死亡。

种植鸦片的国家都有暴利可得。统治者——多半是宗主国的官员——会把鸦片专卖权拍卖给出价最高者——通常都是由武力不弱的帮会支持的华商集团买去。这些帮会不让竞争对手侵犯他们独占的利益。华商们供给华工的鸦片是按垄断的定价，往往要扣掉他们半数甚至 2/3 的工资。拍卖鸦片的政府可以坐收源源不断的厚利。据历史学者卡尔·特劳基（Carl Trocki）指出，新加坡等于是靠嗜抽鸦片的华人苦力在赡养，殖民政府 19 世纪的总收入有一半来自鸦片。

中国工人不是唯一的受害者。据 20 世纪 30 年代初期一位在埃及工作的医生记载，上了瘾的埃及粗工把工资的大部分花在了买瘾品上。以每天可赚 5 个比索的工人为例，通常是花 1 个吃饭、花 1 个买烟、花 3 个在鸦片类制品上。有一个地主因为瘾头太大，连送妻子回娘家探亲的费用都挪来买了瘾品。还有一家尼罗河运输公司的承包商是有海洛因瘾的，他索性只给装卸工人臭腐的饭食吃，拿克扣下来的钱买每天两包的海洛因。后来警方搜查他的账簿，才发现他还以瘾品代替工资发给工人，借此多赚30%的利润。这种做法至今仍存在于泰国的大型渔船上，据传这种船上的渔工有20%或以上是有海洛因毒瘾的。

在牙买加的印度大麻田里，除草的青少年工人有时候是会领到大麻作为工资的，所以他们工作中处于“嗨”的状态也是颇为常见的。凡是有印度大麻文化情结的地区，农工们普遍服用大麻。每逢收割季节，旁遮普省的消耗量会增加一半。哥伦比亚农民宣称，大麻可以消除疲劳，可以提振体力和精神；服了大麻的人打拼不会累。这跟批评美国大麻文化情结的人士所说的恰好相反：大麻使人浑身无力、缺乏动力、虚脱疲惫，所以根本无益。人服食瘾品之后会出现什么样的举动？这既是药理学的问题，也是关系到社会及文化背景的问题。为了撑过甘蔗田里整天的劳苦而学会吸大麻是一回事，为了在摇滚演唱会中熬夜狂欢而学会吸大麻则是另一回事。状况不同，服食瘾品后的反应也就不同。

在农业尚未机械化的时代，烈酒在欧洲与北美曾经扮演过与大麻烟类似的角色。加紧赶工的收成期要喝酒，收成完毕庆功时要喝酒，为了排遣农村生活的劳累与无聊也要喝酒。但是烈酒比大麻的价钱贵，经常豪饮的农民一定会成为穷光蛋。在东欧地区，除了小镇社区的犹太人（shtetl Jews）和区区几个戒律严格的少数宗教团体之外，农民把钱耗在饮酒上是常见的。有些农民把马铃薯和谷类送进地主的酿酒厂，直接换回伏特加酒。担任翻译的朱韦纳尔·伊万诺维奇·塔拉索夫（Juvenale Ivanovitch Tarasov）回忆自己故乡俄罗斯村庄在19世纪80年代的情形：

我还是小孩子的时候，村里半数的农民时常一醉就是好几天……一瓶伏特加酒渐渐成为一种币值的标准单位。如果询问农民做什么活需要付他多少工资，他的回答不是以卢布算，而是以几瓶伏特加来算。如果商店里没有伏特加的现货，农民就不肯干活；等到店里进足了货，就会有农民蜂拥而至抢工作，要赚钱去买酒。有商人整车运来一箱箱的伏特加，近乎疯狂的人们就拿着工资、家里的牛、一切财物去换酒……我还记得，那时候会看见身上总共只有一件衬衫可穿的男人，他把其他所有的衣物都当了。衣不蔽体的女人也不算稀罕的景象。能换酒的东西全都换酒了。

为逃避现实而饮酒在欧洲惯用瘾品的贫民区也很常见。社会改革者认为这要归咎于工人的生活单调，生活环境不舒适。左拉（Émile Zola）曾在1868年的作品中指出："工作需要有休闲。如果钱不够多，未来又无可展望，人就会把握眼前能得到的快感。"

以下一则欧洲移民在美国的实例即是证明。1855年间，一群爱尔兰籍的铁道工人——个个都是地地道道的"无产阶级流氓"——来到中西部一个城镇的一家德国旅店。一位路人把这旅店的功能解释给他们听之后，他们大呼小叫起来，把大拇指放进嘴里做出模拟酒瓶塞子拔掉的声音。旁观的一位挪威人在家信中反感地写道："这德国人（旅店老板）立刻拉大嗓门推开店门，开始口吐不成句的糟糕英文，手忙着开威士忌酒。他就要成为资本家了，因为这些家伙酒量惊人，一口喝下一夸脱的烈酒，眼皮也不眨一下。"

好酒贪杯的工人——例如富兰克林（Benjamin Franklin）在伦敦

遇见的豪饮啤酒的年轻印刷工，恩格斯（Friedrich Engels）看见的在曼彻斯特街头醉得东倒西歪的无产阶级民众、完成长途赶牛任务的美国西部牛仔们、南美洲酒馆里的牧民们、来自各国获准上岸的水手——都毫不吝惜地把工资花在买醉上，如果没有在烂醉之前就被警察带进拘留所的话。他们总要喝到自己头疼欲裂、钱包空空，之后就不得不回去再为雇主卖命。富兰克林很看不惯“这些不知振作的人就这样永远把自己搞得昏头昏脑”。酒精使这些人无休止地出卖劳力，正如鸦片使中国苦力的苦工永远做不完。

烟草亦如此，只是比烈酒和鸦片的作用程度略逊一筹。曾有一首年代不明的梵文诗中说：“一个人不论多么穷，也不会舍弃烟草不抽。”英国医生约翰·罗兰（John Rowland）曾于1659年间这样写道：“农夫、拖犁的人、扛运工人，以及几乎所有出卖劳力的人都请求发给烟草，声称这东西让他们精神焕发。许多人为了得到烟草，连必需的粮食也甘愿不要。”烟草生产扩大以后，价格降低了，为买烟草而使子女挨饿、拿财物换取“这少量迷惑人的无用东西”的事仍然时有所闻。英国经济学家威廉·佩蒂爵士（Sir William Petty）曾经估计，17世纪爱尔兰农民的食品开销的2/7是用在烟草上。这项统计颇奇特，却也很有意思，因为佩蒂把食品和烟草同列入摄取营养的基本项目类。总之，烟草类产品一直到20世纪仍是低收入工人的一项重要开销。美国进入经济大萧条时期之际，佐治亚州的黑人佃农仍将现金收入的6%花费在买烟上。按经济学家杰克·戈特塞根（Jack Gottsegen）在1940年的研究，其他低收入群的人们的日常零花几乎全部用在买烟上——远高于用在阅读、生活用品、教育上的比率。

纵观以上，可见瘾品一向都是人们上进之路上的一种阻碍，存钱、购地、受教育、成家、立业的目标都可能因瘾品而遥不可及。这并不是什么人为的大阴谋。事实上，借瘾品提神解闷的行为可以说是人类文明的副产品。人类本来是集结成群游猎为生的，后来演化成定居农耕的社会，这种生活方式不如以前游猎状态那么多变、那么令人身心满足，也比较不平等、不利健康。游猎生活的人群也重视瘾品的价值，但多在巫医仪式中使用，不常用来应付从早到晚劳动的辛苦。借服食瘾品排遣日常生活的单调苦闷（或治疗伴随定居生活而来的肠胃病与寄生虫病）都是文明化生活才有的。用瘾品使婴儿安静昏睡，以免打扰忙碌的父母或照顾者，也是文明的副产品。20世纪初期以前的劳工阶层中，使用鸦片或大麻安抚幼儿是常见的，许多发展中国家和地区至今仍存在这种习惯。这都是迫于社会环境不得已而为之的，显然违背了人类的本性。

畜生与军人

被人类驯养的动物的经历也相同。有许多动物在野生状态中会找致醉的植物来吃，却远不如在被囚禁的状况下摄取到的那么多，而且是不得不摄取——人类会为它们准备瘾品。动物园里的动物在搬迁过程中、在必须适应新环境的状况下，照例都要施予麻醉剂或镇静剂。动物一旦表现得神经质，或是持续一成不变的动作，就是给药的时候了。在展示区里来回不停踱步的北极熊，需要的是一剂百忧解。

实验室里的动物如果“在笼内有健康状况衰退的情形”或健康无

碍却不肯适应新环境，比较可能会接受安乐死，因为用镇静剂维持其存活会影响其实验价值。家养的宠物如果表现神经质，自然另当别论。小型宠物兽医如今会开一些抑制神经细胞吸收化学物质的特效血清素，这类药物在中国香港的市场特佳，因为香港的宠物主人往往整个白天扔下宠物在拥挤的公寓里独处，20%以上的香港家犬患有分离焦虑症——主人不在时吠个不停、在地板上拉屎撒尿、撕咬家具，需要借药物改善。

人类也经常给动物服用瘾品以便利役使。中国西藏地区的人给骡马喝大壶大壶的茶，以增加牲口在高海拔地区劳役的能力。养鸡场的农户会在鸡饲料中添加安非他明，以增加鸡蛋产量。斗鸡的主人用大麻混合洋葱喂公鸡，以加强其好斗性。驯养的大象只要把搬运工作做好，驯象师就可能喂它鸦片球，这和表演的海豚得到训练师奖赏的鱼差不多，驯象师手捧鸦片，大象嗅出味道，就像吃花生一样地把它送入嘴里。

驯象师也用鸦片来对付成年公象狂暴的发情期。睾丸素酮分泌量极高的发情“疯”象可能造成很大损害，甚至导致死亡，所以会被拴上镣铐，被击毙或绞死，大象既然不听从文明的指挥，只好用文明社会的手段加以处置。但是，劳役用的大象是价值很高的资产，驯象师为了避免囚禁或击毙大象造成的损失，就喂大象大剂量的鸦片使它平静下来，但剂量也不能太大，否则会导致嗜睡。曾有泰国大象因为吃了太多鸦片在猎虎的半途中躺下来，结果不免挨一顿毒打。

人类喂马吃鸦片至少可以上溯到17世纪。印度马贩会先喂马鸦片再让买主来看马，因为吃了鸦片的马儿会显得比较温顺。土耳其的旅行者会在踏上辛苦的旅程之前喂马或其他坐骑牲口吃鸦片，剂量多达 2 克。印度北部武士种姓的拉吉普特人（Rajputs）每次执行沙漠侦巡任务之前，一定会拿出鸦片与自己的马儿和骆驼分食。

拉吉普特人自己本来就好服食鸦片。世间各种职业类别之中，军旅生涯也许是最易助长服用鸦片习惯的。多数人想到军人服食鸦片，脑中自然（或受电影的影响）浮现为上战场壮胆而服食鸦片的画面。其实军人吸鸦片大多是为了排遣军旅生涯中必然产生的烦闷与疲惫，例如，在 20 世纪 20~30 年代，南非军营中无仗可打的兵士、美国驻扎在巴拿马运河区的军队，以吸鸦片为消遣的事并不罕见。西班牙独裁者佛朗哥（Francisco Franco）曾以大麻烟当作部分薪饷发给北非柏柏尔人（Berber）部队。不过，在军中最盛行的瘾品当然还是烈酒和烟类。

自从特洛伊城被围的时代，甚至更古以前，葡萄酒就是出征的军队必不可少的军需品。亚历山大大帝和他麾下的军官都好饮酒。据传有一次饮酒比赛导致 35 人死亡，其中一人是喝下 20 夸脱（约 6.3 升）的胜利者。罗马人已知道节制饮酒之必要，却也担心被侵略国的水质不良，所以出征时总带着葡萄酒。由于葡萄酒的携带量太大，蒸馏术问世以后，军旅酒品就改为烈酒。18 世纪欧洲的陆军、海军的常用酒都是烈酒。英美的海军每人每天可配给半品脱（约 0.13 升）的朗姆酒。美国第二任总统约翰 · 亚当斯（John Adams）是“大陆海军”规章的制定人，明智地许可在作战或执行额外任务时增加配给量，军中称之为“splice the main brace”（字面意思是“加系主桅转桁索”)。陆军的行事方式也差不多。一次交战中，殖民地的大陆军有一小队人拾回了英军打来的炮弹，把它们装进发射 32 磅炮弹的大炮里，变本加厉回敬英军，因而获得朗姆酒的奖励。至于英军这边，除了固定每个月 1 加仑朗姆酒的配给，还在战役前后加发半品脱。

18 世纪英国陆军中饮用烈酒并不是未经思考或无人质疑的事。1761 年驻守蒙特里尔附近的一位中校曾这样写道："我确信朗姆酒是给英国陆军惹麻烦之物。希望我们驻守此地期间不要让它流入。"其他军官虽然也承认饮酒对于健康、士气、军纪可能都有害，却认为这是必要之恶。适度饮用朗姆酒有医疗与澄净水质的功效，至于用在鼓励劳动方面更是不可或缺，有些兵士非要有酒喝才肯做工。军官可以利用额外配给的"劳动朗姆"贿赂想喝酒的兵士做粗重工役。担任魁北克远征司令的英国将军詹姆斯 · 沃尔夫（James Wolfe）不讳言地表示，军中的掺水朗姆酒是"让人工作的最廉价酬劳"。

直到 19 世纪，军中仍以烈酒作为酬劳。梅里韦瑟 · 刘易斯（Meriwether Lewis）和威廉 · 克拉克（William Clark）率领陆军探险队执行任务期间（1804 至 1806 年），每天辛苦的工作完毕后都发给人员威士忌——直到补给耗尽为止。社会改革人士虽然力主以咖啡和糖取代烈酒，南北战争期间仍旧有烈酒配给制。双方的军人都不会在战役之前豪饮，但是如果要做类似在深及腰际的冷水中搭桥的工作，事前的确都有威士忌可饮。戍守边塞的部队也有这种酒饷可领。75 名士兵在南北普拉特河（Platte）交会处修筑卡顿伍德堡（Fort Cottonwood）期间喝掉了 8 大桶威士忌（每桶容量 31 加仑有余）。

在南北战争与 19 世纪其他战争期间，最能帮人解除焦虑的应属烟草。医生拉什在 18 世纪时就看得出："恐惧使人想用烟草。所以军人、水手以及其他类阶层的人都大量使用它。兵士在守卫和放哨的时候，水手在暴风雨天气中，使用最为频繁。”他们焦虑的长官也一样。拿破仑三世于1859年与奥国军队在索尔费里诺（Solferino）交战期间，抽香烟是一支接一支的——都由副官为他仔细卷好。至于普通士兵要抽卷好的香烟，得等到杜克的香烟革命以后了。

第一次世界大战终于敲定了军人与抽烟的关系。历史学家卡桑德拉·泰特（Cassandra Tate）指出，各军种的军官都把烟类——尤其是香烟——视为强化士气与军纪的重要助力。人人相信抽烟的部队比较好控制，有关烟品短缺导致1917年间法军之中普遍叛变的报道，更证明这种想法无误。军队外的援助人员也这么认为。有一位基督教青年会（YMCA）的志愿者说："每个人只要拿到香烟似乎就能忘记烦忧。他会挺直腰杆，变成一个男子汉，而不再像个做苦工的杂役。"

YMCA和红十字会等救援组织的例行工作就包括分发香烟给疲惫的与受伤的军人。海明威（Ernest Hemingway）曾经随红十字会到意大利服务，他就是在毕亚维（Piave）的前线发送香烟和巧克力的时候遭到炮弹炸伤的。知名的人道救援组织大量发送香烟，这等于是给予这具争议性的产品（至少在美国是受争议的）合法的地位而加以推广。美国国防部的粮饷用品分部的做法也是如此，该部运往海外的香烟有大约160亿支，包括已卷好的成品和吸烟者必须自卷的，至于比较累赘的雪茄，只运出了2亿根。

于是，数以百万计的年轻男性在身心极度紧绷的情况下承受香烟的影响。当时的军中日记和家书显示，许多人害怕自己会断手残腿。一位护士埃瑟琳·迈耶斯（Ethelyn Meyers）写道："这些孩子真可怜。我宁愿被炸烂也不要像他们这样担惊受怕。美军中士威廉·冯·肯内尔（William von Kennell）一再在噩梦中看见自己倒在地上，脸朝下，炸残的肢体血如泉涌。有些年纪不满 20 岁的飞行员看起来就像 40 岁的人，因为高空侦察的压力与同胞的惨死已经使他们身心俱疲。几乎每个人都尽量找机会抽香烟，这是借尼古丁缓解压力的最快速、便利的方法。”曾任英军机枪手的乔治·科珀德（George Coppard）回忆时写道：“香烟和弹药一样重要。英国士兵将死之前会要求抽一支，就好像它是能解除痛苦的鸦片，能让人安然往生。我相信它的确有此效用。”

科珀德取得的宝贵香烟有一部分是亲戚从英国寄给他的。如果有人寄送其他瘾品，官方是反对的。例如，英国的大商家哈罗德（Harrods）、萨沃里（Savory）、穆尔（Moore）曾经捐赠吗啡和可卡因的礼品小包（并且在《泰晤士报》上刊出广告说是“前线朋友们用得着的礼物”），结果却吃上官司。按检察官指出，供应吗啡之类的瘾品给军人是极其危险的，因为军人可能因此在值勤或执行任务时睡着，从而危害其安全。至于香烟，只要留意在敌人的视线以外抽，就不会有危险。

在第一次世界大战期间，香烟与其他烟品方面的最大问题只是供不应求，想抽而拿不到的人个个苦不堪言。据科珀德叙述，因上级命令而不得抽烟的人难受得“像发了毒瘾”，香烟供应短缺教人“简直不想活”。一次，科珀德耐不住没烟抽之苦，自己用干茶叶包上牛皮纸来抽，“味道很糟糕”，许多战时的叙述中都提到渴望抽烟之苦状。1918 年 11 月 11 日停战日过后不久，美军中士肯内尔遇见一群被德军放出来的法国兵和意大利兵，这些人衣衫褴褛，脚上无鞋，“最想要的都是烟”。他把自己的大号达勒姆烟给了他们，“因为我们可以充分取得卷好的现成香烟了。他们都不断道谢，想回报我一些纪念品……他们做奴工赚得的几个德国马克。”几天之后，好心的肯内尔把自己的烟斗和烟草给了一个老人，“那是我在美国买来准备不时之需的，但一直没用着。他见了烟草惊喜交加，他已经4年没尝到真正的烟草滋味了。”

肯内尔的叙述令人想到总体战的一项有趣的悖论。军中和民间往往是在烟酒商品最短缺的时候需求量最大。虽然战争一向会刺激鸦片（镇痛剂原料）与大麻（纤维原料）增产，对烈酒的影响却相反。由于战时有谷类与糖的配给制、税收增高、劳力短缺、封锁，以及作物、酿酒设备、运输工具的毁坏，都造成产量减少。德国的啤酒消耗量在战前的1913年为平均每人102升，1918年下降到只有39升。政府往往在战时禁止蒸馏酿酒，俄罗斯就曾在第一次世界大战期间实施。战争也会影响烟类供应，甚至造成供应量骤减。例如，日本成年人1941年的平均香烟消耗量是每天4支以上，1945年减至不到两支。美国军人当时平均每天抽烟30支，甚或更多。空降诺曼底的美军部队每人除了带有磺胺剂和吗啡皮下注射剂之外，还各带3条香烟。如此充足的供应是异于常态的，诸多参战国之中像美国这样能特准香烟为战时必需品、特准烟农免服兵役，是少之又少的。

纳粹德国的优先配给与意识形态就又大不相同了——希特勒（Adolf Hitler）乃是狂热的反吸烟者。德国军人每天规定的香烟配给量只有6支。不过，各地区司令另有在“特殊”状况下加发香烟与烈酒的规定，所谓“特殊”既指字面而言，也包括委婉的说法。纳粹党卫军的一位上校曾在部队防守巴黎最后一线战役之前发给每人一包香烟、一品脱白兰地。参加反犹太人“行动”——在埋尸坑前将犹太人集体射杀——的兵士和宪兵也可以领到加发的伏特加酒，行刑者不免有喝得太醉而开枪打歪的情形。党卫军的医生约翰尼斯·保罗·克雷默（Johannes Paul Kremer）在奥斯维辛集中营的日记中说，自愿参加行刑小队的人可以领到0.2升的马铃薯酒、5支香烟、100克的香肠和面包。“由于有这些特殊配给，人人争先恐后要参加这种行动。”

烟与酒是军中使用量最大的两种瘾品。第二次世界大战期间，美国陆军将香烟列为军人的“应急口粮”，却反对服勤的军士喝烈酒。实际情况是否如官方规定则另当别论了。步兵第31师的成员以南方人居多，其中不乏经验老到的私酿者，照片中的几人是驻扎在莫罗泰岛（Morotai Island）上的。军需连的一名士兵供给他们糖以换取一份成品烈酒。其余被这些人自己喝掉，或卖给其他大兵。后来，一名上士依上级命令把他们的蒸馏器毁掉。这位上士是不情愿的，因为他也是这些人的酒客之一。

瘾品与娼妓

这种事例并不是犹太种族屠杀的惨剧中才有的，人们在头脑清醒时通常不屑去做的事，都可以凭借瘾品诱导促成。这究竟有多少该归因于瘾品在脑内起的化学作用，或是特定文化对于服食瘾品所持的态度影响（例如，喝醉酒后言行失当是情有可原的），仍有争议。不论如何，瘾品的影响是真实的，而且令人担忧。

从事许多令人不快又危险的工作免不了要喝酒，例如，掩埋战场上的残骸、从奴隶船舱拖出死尸。但是，与酒的关系最普遍也最一贯不改的行业之一是卖淫。1909 年间，内布拉斯加州的乔茜 · 沃什伯恩（Josie Washburn）出版了她漫长老鸨生涯的回忆录，书中列举了种种卖淫与烈酒纠缠不清的关联。她说，男人不会直接往妓院里走，他们会先去酒馆灌下一两杯烈酒壮胆，一旦进到妓院，就有酒不断送上——这儿的啤酒贵到一瓶 1 美元。老鸨最大的利润来源就是硬把酒卖给嫖客，所以要妓院里的女郎陪客人喝。想到她们接客的数目、工作的性质，加上劝客人饮酒、听客人的淫秽笑话，不变成酗酒者也难。有些妓女会用诡计减少饮酒量，例如调换杯子，或乘嫖客不注意把酒倒进痰盂。（“男人们真不知道他们花了多少钱把那东西装满。”）但据沃什伯恩看，大多数的妓女最后仍会成为酗酒者，要不然就是染上毒瘾。做过一年之后，她们可能变得很强悍，“什么坏事都干得出来”，或是被“毒品、情人、更多的毒品”弄得麻木了，或是明白过来要为离开而做准备。

自 19 世纪末起，几乎所有关于娼妓的论述都有酗酒吸毒的主题。

鸦片制品和可卡因成为娼妓的日常必需品，这在彼此文化差异甚大的印度、法国、美国社会里是完全一样的。曾有一则1941年的日本警察报告描述——详细得有些走火入魔——中国哈尔滨窑子里的妓女，“因为她们不停地接客，累得精疲力竭；因为她们喜欢纵情肉欲；因为患梅毒与淋病引起的痛苦，她们全都染上吗啡瘾。举例来说，窑姐买了5毛钱一包的吗啡，马上毫不迟疑当着嫖客的面就把吗啡抹进生殖器官里”。另一则比较近期的研究报告估计，里约热内卢——一个有独特性生态却没有社会安全网的城市——市内居住着少数男扮女装的娼妓，他们之中91%好饮烈酒，76%使用可卡因，61%吸大麻。

娼妓也用瘾品催情。喀麦隆的妓女会在阴道塞入大麻、岩盐、小石粒的混合物，以增添嫖客的快感。但最普遍的还是借瘾品之助继续在这一行做下去。旧金山一名色情按摩女郎说：“我通常是什么客人都做的，但是我通常会要起码一半现金一半可卡因。要看我是不是想痛快吸上一顿。”根据其他提供消息的叙述可以看出，怪癖变态的性行为让毒品药效发作的快感格外强。瘾品能使躯体对疼痛麻木不觉，也能抹杀记忆。里约热内卢的一名年轻妓女说：“我在包膳食的宿舍做的时候，我爸爸会跑去要付我钱让我和他做，我就是不肯，所以他每次来了又走了。我就会抽一大堆大麻，想把他说的话都忘掉。”

以性为交换条件的准卖淫行为常见于许多文化，而瘾品是这种行为中的重要交换物之一。可乐果在苏丹中部，啤酒在巴布亚新几内亚，香烟、咖啡、可口可乐在第二次世界大战后的德国，都是可以换取性交之物。在美国的贫民区里，生父不详的非婚生小孩有时候被称为“楼梯婴儿”，意思是指有毒瘾的母亲用身体与男人换取大麻或快克时在楼梯上受孕。不同文化的男女之间也有这种以性交换瘾品的行为，实例最多的是欧洲男子以烈酒向土著女子交换。1766 年间德拉瓦族印第安人代表发言的一份匆匆写成的誊稿说："还有一件事是我们不喜欢而且常常抱怨的。有人不时雇用我们的妇女和他们同睡，并且付给她们朗姆酒，这种事很不好，妇女之后又把朗姆酒卖给族人，让他们喝醉。"

物品交易与奴隶买卖

欧洲人用烈酒和印第安人换取的除了性之外还有更多其他的东西。我们且看境外扩张的模式。欧洲人建立了果阿或巴达维亚之类的贸易站王国，新西班牙或秘鲁之类的属地王国，马萨诸塞或新西兰之类由自己的移民定居的真正殖民地；以及海地或牙买加之类的大农庄殖民地。大农庄上的人手主要是自非洲输入的无人身自由的劳工，奴隶制废止后就换成由亚洲输入。基于贸易与农业的需要，欧洲人起初都是占据可耕作的岛屿和海岸平原。再过去就是当地人控制下的更广大却逐步缩小的内地区域。在欧洲人眼中，当地人是潜在的敌人、盟友、皈依的教徒、劳工、侍妾、贸易伙伴。

和当地人进行交涉的王牌是用瘾品为交换物，这也是当地人口折损与文化没落的第二大祸首，第一大祸首是欧洲人输入的传染疾病。北美洲印第安人的遭遇，乃是西伯利亚、太平洋地区、中南美洲各地原住民都有过的遭遇。同样的事至今仍在重演。安第斯山的印第安人还在贩卖可卡因，并且拿赚得的钱去买烈酒。这么做的后果对他们的危害之大，不亚于几百年前他们的祖先的遭遇。

昔日的英国人和法国人供应朗姆酒和白兰地给印第安人，因为这是获取皮草最有把握的手段。一群奥尔巴尼（Albany）的商人在1764年间呈给“贸易及垦殖主管大人”的请愿书中厚颜无耻地说：“烈酒刺激他们不顾危险地专注捕猎，以便供给贸易处毛皮换取烈酒。”别的东西都不如酒的效果好，也不如酒这么一本万利。有的贸易者提供枪支和毛毯，但这两样比烈酒价格高，也比较耐用，不像烈酒那么快就消费掉，那么容易掺假。掺了水的朗姆酒的利润可以高到400%。更妙的是，印第安人如果在谈交易的时候就喝上酒，会糊里糊涂拿最上品的冬季皮货换几口朗姆酒。一位宾夕法尼亚州的印第安人曾责备某交易者：“只要我带着皮货到你们的地方，大家都叫我：‘来，来，托马斯，这儿有朗姆酒，喝个痛快，喝嘛，不会有事的。’这全是为了骗我上当。等你们把你们想要的东西都拿到手了，你们就骂我醉瘪三，把我一脚踢出来。”也有印第安人用不易取得的现金买酒，但境遇也好不了多少。到了杰斐逊（Thomas Jefferson）任总统的时代（1801至1809年），卖给印第安人的烈酒要价高到1品脱1美元，而农田——本来属于印第安人的土地——1亩才卖25美分。

翻阅历史记录，处处可见印第安勇士为了买烈酒而导致全家穷困，自己毁了健康，甚至卖妻子、儿女为奴。印第安男子喝酒往往是不醉不休，醉到自己神志不清，后果可能是失足跌入火中、摔下山崖，或相互砍斗而死。英国来的官员强烈不满这种后果，他们来的目标是使印第安人皈依基督教，而后将之纳入大英帝国，不是把印第安人消灭或变成惹麻烦的醉鬼。殖民政府与地方当局因此实施了禁止以烈酒与印第安人交易的法规。1689 年的奥本尼法令足为代表：任何人出售或给予印第安人烈酒——甚至啤酒，不论凭什么借口，一律处以两个月监禁不得保释，并课以 5 英镑罚金。

诸如此类的法令全部无济于事。到了 1770 年，英属北美洲已有 143 座蒸馏酿酒厂。殖民者自己就有平均每星期 3 品脱烈酒的消耗量。朗姆酒是到处都有售的，偏远地区的交易者不怕拿不到现货。即便他们不准备好烈酒，印第安掮客也会弄到。英国官员的态度则是睁一只眼闭一只眼，他们也知道，如果不用印第安人酷嗜的烈酒，要想获取皮货或结盟都会比较困难。法国人也未能终止烈酒的交易，即便传教士施压也徒然。耶稣会的教士宣布卖白兰地使印第安人喝醉是重大罪恶，并且扬言要将那些继续这种贪婪罪恶的人逐出教门。他们却阻止不了法国猎人卖白兰地，也阻止不了印第安人买。一位名叫拉 · 波特（Louis de La Porte de Louvigny）的官员在 1720 年的报告中说：“土人猎取兽皮不再是为了御寒，而是为了喝酒。白兰地正使他们渐渐贫苦，病痛正渐渐使他们灭亡，他们也会因为极小的事由而彼此杀戮……他们酒醉时狂暴疯癫，如果他们不能以刀互刺，如果他们的武器被拿走了，他们就把彼此的耳朵和鼻子咬下来。”

印第安领袖也表示不满。卡托巴族（Catawba）酋长诺普克伊（Nopkehe）在 1754 年间说：“你们把谷子泡在桶里变坏，把它卖给我们的年轻男人，给他们好几次；他们醉得很厉害……常常犯下你们和我们都讨厌的恶行……这对我们的族人也很不好，因为这坏了他们的志气，又害我们的男人们病得很重。”少数印第安领袖曾经主动禁止烈酒的交易，成效却和殖民者的立法官差不多。这种以烈酒交易的模式在殖民时代确立以后，烈酒潮流泛滥整个北美大平原，一直持续到19世纪。交易者的法宝从朗姆酒改成掺水的威士忌，即便不改，后果也会是一样的：印第安人沉沦、死亡，生态系统被破坏。印第安人为了换取威士忌，就加紧捕猎兽皮和珍稀的肉品，一旦猎不到毛皮，割不到水牛舌，他们除了宿醉与空空的肚皮，就什么也没有了。

按希特勒的不祥宣示，烟是“红种人对白种人的惩罚，是为了白种人给他们烈酒而复仇”。事实似乎正相反，是白人大农庄出产的烟迅速成为印第安人以物易物的重要项目。耶稣会教士（多少怀着矛盾的心情）利用烟草为贿赂，诱使印第安人来听讲道，教印第安人摧毁他们一向视为神圣的对象。印第安人本来自有抽烟的文化，不知何故却偏好巴西输入的烟草，可能是因为相信远方来的东西带有神力。印第安人也爱换取引火镜、钢条、火绒盒（这些东西方便行旅中抽烟），以及欧洲制的烟斗。在1700年前后，不知哪个聪明人发明了一种顶端有烟锅的铁刃战斧，斧上有中空的杆可吸烟，算是集战争与和平于一体了。这种烟斗战斧成为热门的交易物，从大西洋岸到落基山脉的每个印第安勇士都人手一杆。烟草袋则是印第安人自备，有些是用砍下来的敌人的手掌风干制成的。

到1700年，欧洲人供应印第安人的烟草和朗姆酒大部分是由非洲来的奴隶制造的，黑奴已经逐渐取代了原来的美洲原住民劳工和契约仆役。奴隶的生产其实已形成一种循环：朗姆酒和烟草常被用来收购更多黑奴，而黑奴大多运往热带地区的大农庄。热带地区盛行役使黑奴，基本上是免疫力的优势促成的。凡是童年不曾夭折的黑种非洲人——至少半数的人熬不过童年——大概都对黄热病有免疫力了，欧洲人和美洲印第安人如果染上这种由蚊子传播的疾病，往往会致命。黑种人对疟疾的抵抗力也比较强。巴西与加勒比海地区买的奴隶需要用货物交易。最主要的交易物是纺织品，加重酒精度的葡萄酒（1650年以后改为朗姆酒）也是奴隶交易中常见的项目，常见的程度因地区不同而各异。葡萄牙人和巴西人似乎是最爱用烈酒买卖奴隶的。按历史学者乔斯·库尔托（Jose Curto）估计，1700年至1830年间从罗安达（Luanda，今安哥拉首都）和本格拉（Benguela，在今安哥拉）卖出的160万名奴隶的售价，有27%是以进口的烈酒（以巴西朗姆酒为大宗）抵偿。

烈酒的优势甚多，它不但是葡萄牙人和巴西人可以从自己的葡萄园和甘蔗田大量生产的，也是需求持续不衰的。非洲人喝了之后还想再喝，他们惯饮的棕榈酒和其他饮品比起葡萄牙人拿来的酒都太清淡，也比较容易变质。爱喝进口烈酒的非洲人会加紧为收购奴隶的白种人去掳人，正如爱喝烈酒的印第安人会努力猎取皮毛；甚至有人把自己的亲属卖为奴隶。总督埃尔梅达·埃·瓦斯康塞洛斯（Almeida e Vasconcelos）于1791年写信给非洲中西部最大奴隶市场卡桑吉（Kasanje）的主管保罗·约热·德·罗瑞洛（Paul Joze de Loreiro），信中说："如果偏远地区的非洲人喝我们的葡萄酒、烧酒、劣质朗姆酒而整天醉醺醺的，我们也管不了。他们越是有此癖好，就越会带着可以满足他们欲望的东西到奴隶市场上来……我们的主要目的之一就是设法让那些和我们共同生活的人、那些我们想利用其弱点的人满意，使他们对我们的烈酒越来越爱喝，越来越渴望。"

巴西商人有另一张王牌可打。葡萄牙王国政府一心要把巴西烟草收成的最上品留给欧洲市场，所以只允许奴隶贩子用劣质烟草去换奴隶。其实仍有优质烟草走私到非洲的港口，不过出口非洲的大部分是浸泡糖蜜的三等烟草。令人始料未及的是，这种烟草在迈纳（Mina）海岸极受欢迎，甚至别国的人也争相取来当作交易品用。1777 年间，英国商人理查德 · 迈尔斯（Richard Miles）在烟草暂时缺货期间写的信中表示，只要他和收信者能想法子把巴西烟草直接运来，双方就可以发财了，因为当时的巴西烟草可以卖到平常 4 倍以上的价钱。

历史学者乔治 · 梅特卡夫（George Metcalf）看过迈尔斯一丝不苟的记录，发现此人在 18 世纪 70 年代与阿坎人（Akan）的奴隶交易之中大约有 66% 用到烟草和朗姆酒，但两者只占他易货总值的 13.4%。从迈氏和其他事务历史记录可以看出，烈酒和烟草在英国的奴隶买卖中所占的分量不及葡萄牙及巴西人的奴隶贸易。然而，这两样东西仍属重要项目，在新英格兰殖民地、西非、英属加勒比海产糖岛屿的三角贸易中尤其重要。美国独立战争发生之前的 50 年中，仅罗得岛一地就输出了 500 万加仑的特级“几内亚朗姆酒”，足够支付 500 名奴隶贩子的整船货。到了 18 世纪 70 年代初期，新英格兰出口的朗姆酒每 10 加仑就有 9 加仑运到非洲，买下的非洲奴隶运到加勒比海诸岛，加勒比海地区出产的糖蜜再运至新英格兰的烈酒蒸馏厂。

有一小部分的烈酒是奴隶们自己消费的。在牙买加，奴隶领的配粮除了有蔗糖和糖蜜之外，也有朗姆酒。葡萄牙官员发觉，以朗姆酒为“工资”发给被迫在罗安达和其腹地做建筑工程的劳工，是合算的。有一次，他们运了一船的劣等朗姆酒来支付被强制征召来盖教堂的一批非洲工人。

教会人士对这种原则不一致的做法并非视而不见。有不少人在奴隶制度废止的前后都明确表示反对烈酒交易。到 19 世纪 80 年代，荷兰人和德国人制造的“贸易酒”在西非海岸各地都很常见了。公路铁路建好以后，贸易酒也深入内陆，把酗酒和犯罪一并传进去——此乃教会人士的指称。教会人士常将烈酒与鸦片相提并论，谴责烈酒贸易和鸦片一样与劝人归主的宗旨不合，是基督教文明教化上的污点。美国有一首倡导禁酒的歌也这么唱：“我们既送《圣经》又送上烈酒，异教徒难道不起疑心吗？”

比较世俗化的人在乎的却是烈酒的实力政治。殖民地官员辩称，烈酒税是最佳的收入来源。以尼日利亚的拉各斯为例，1892 年至 1903 年的政府收入半数以上来自贸易酒的关税。为烈酒辩护的人说，没有烈酒税政府将无法运作。1914 年以后的烈酒进口显著减少证明这种说法是不实的，但第一次世界大战爆发之前，这种话在贪图廉价以建立强势的人听来是很有道理的。总之，商人在战争未爆发前仍用烈酒——进口之后掺了水——换取棕榈油和其他土产。他们和殖民官员都知道，烈酒是他们与部落领袖进行谈判时大有用处的东西，昔日奴隶贩子每次交易必用烈酒不断灌醉他们的贸易伙伴，早已树立了榜样。

1889 年的一桩事件正是典型的例子。利安德 · 斯塔尔 · 詹姆森医生（Leander Starr Jameson）应塞西尔 · 罗兹（Cecil Rhodes）的派遣，前往与恩德贝莱族（Ndebele）末代君主洛本古拉（Lobengula）谈判。洛本古拉是马塔贝莱兰（Matabeleland）的统治者，罗兹正觊觎这片土地。詹姆森的任务是阻止洛本古拉反悔先前的承诺——罗兹可独占他王国内所有金属矿物的开采权。10 月间，詹姆森第二次面见国王，发现他痛风发作、十分不适。詹姆森在药箱中翻找了一阵，便以一针吗啡展示了白人的魔法。按罗兹传的作者布赖恩 · 罗伯茨（Brian Roberts）叙述："情况一下子大为好转。国王不再为痛风所苦，又得到詹姆森的阿谀奉承，脾气顿时烟消云散。从此一切都是甜美与光明的了。"

值得注意的是洛本古拉痛风发作的原因是豪饮，正是另一批白人送来示好的香槟和白兰地的杰作，因为他们也想争取开采权。

8 税收与走私
Taxes and Smuggling

Taxes and Smuggling

17 世纪可算是精神刺激革命的形成期，瘾品的非医疗使用曾在前 50 年遭受许多排斥与禁止。官员们最大张旗鼓反对的是抽烟，其他瘾品滥用也不能幸免，饮烈酒当然是其中之一。但是到了 17 世纪末，所有禁止政策几乎一律由课税取而代之了。俄罗斯的彼得大帝（Peter the Great）在 1697 年的谕令中宣布，许可境内公开售卖及使用烟草，原因是烟草走私无所不在，且全都是未交税的，为了取得皇家应得的收入，才决定使烟草买卖合法化。他制定了高额的烟草进口税，继而将烟草收归国营。17 世纪许多国家的君主因为不堪日益沉重的行政与军事开销（应付种种豪华建筑计划和皇家的奢侈品位更不在话下），已经先一步走上同样的路。

英国的詹姆斯一世本人虽然终生反烟，却也务实地同意实施课税。1608 年间，他撤销了寓禁于征的苛税，改采每磅 1 先令更易收到手的税制。以后继位的国王又进一步降税，到1660年每磅只征2便士，差不多与烟农的产地售价相同。烟草法还有一条重商主义的但书，即是规定弗吉尼亚的切萨比克烟草必须先由英国本土或英国殖民地的船只及人员运到英格兰或英国的其他殖民地。英国的烟草税虽低，贸易量暴增仍使烟草成为国库收入的重要来源。17世纪60年代的马里兰州与弗吉尼亚州烟草的关税高达英国关税收入总额的1/4，可能占英国政府总收入的5%。

税收的不同类别

除了单纯的进口关税之外，政府对瘾品的课税十分多样。农民种植鸦片要课税，酿造烈酒的从业者按产量课税，买咖啡的人也按宗教信仰课税。奥斯曼帝国的苏莱曼一世（Suleiman the Magnificent）在位期间（1520~1566年），基督教徒买咖啡应付的税率比穆斯林应付的高出25%。1783年间，英国政府发现专卖瘾品的贸易渐增，便施加了印花税。买瘾品的人也就因此得付双倍关税。18~19世纪的专卖瘾品所含的酒精和其他瘾品的分量不明，但也许为数颇为不少。精神刺激瘾品成分的价格因为有印花税及货物税等其他名目的课税而涨价，这些就全由消费者承担了。

主管当局为了从精神刺激瘾品的商业中获取收入，也诉诸垄断的策略。方式通常有两种，即把垄断权“出租”给民间经营者与政府直营机构，收取固定的付款，但政府机构直营要到19世纪才普遍，因为近代早期的政府大多欠缺处理政府专卖部门的能力与意愿。较常用的方式是把瘾品的进口、制造、销售等权利一并或分别拍卖给一个或多个特许团体，特许权到期后再重新拍卖。荷兰的殖民地官员考虑很周到，会在拍卖前的聚会中奉上香槟酒，以诱使更多的人出价。

政府垄断是赚钱的，也是有争议的。若要政策奏效，必然得施行引来民怨的规定。规定包括限制或索性完全禁止境内生产瘾品作物，因此境内农民不能私下保留作物再按市场价格出售（以免损及专卖的利润）。17 世纪的欧洲曾经一再发生以强制手段禁止违法烟草种植的事件。政府授予专卖权每每招致徇私或受外国势力影响的反对之声。1773 年间，英国首相腓特烈 · 诺斯（Frederick North）有意将美洲的茶叶批发专卖权完全交给东印度公司，再加上维持《汤森法案》（*Townshend Act*）的关税引起美洲殖民地反感，终于引发大西洋沿岸各地的抗议。最重要的一次抗议行动发生在 12 月 16 日，当晚有一群愤慨的殖民地百姓在脸上涂抹油彩装扮成印第安人，在月色中把三条船上满载的税后茶叶都扔进波士顿港湾。围观的人群沉默地给予支持，寂静中只听得见战斧砍破茶叶箱的声音。

伊朗历史上的相同事件发生在 1890 年。国王纳绥尔丁（Nasir ed-Din Shah）受了贿赂，把烟草专卖权卖给了英国投机客杰拉尔德 · 塔尔博特（Gerald Talbot）少校，塔氏又将权利转卖给一个名为“波斯帝国烟草公司”（Imperial Tobacco Corporation of Persia）的企业集团。这笔交易担保国王的政府每年可得 1.5 万英镑，外加净利的 1/4，不到股东分红的 5%。凭这个条件，该公司获得独家收购、熏制、销售伊朗烟草的权利。伦敦的投资者都在摩拳擦掌，有些热衷的人预估“波斯帝国”的净利每年可达资本的 50% 以上。然而，种植烟草的农民、卖烟草的小商人、掌握农地的伊斯兰教士，以及蔑视纳绥尔丁的民族主义者与知识分子全体哗然，任何政策都不曾如此促使民间所有力量团结一致。宗教领袖们在1891年颁布了抵制烟草的决定，获得全国上下支持，效果十分显著，连王室里的人都响应了。（当时王宫内有王室的妻妾、太监不下1 600人，数目并不算少。）国王终于在1892年初让步，取消了专卖特许。抵制行动也告结束之后，人民才又安然抽起各自的水烟袋。但是事情并未就此完全过去，国王被迫向抵制行动低头之后，再也无法恢复原有的威望。4年后，一名刺客开枪打中他的心脏，结束了这位贪婪国君的统治。

民营公司的专卖事业不论有没有牵扯到外国势力，本身都有一些问题存在。其中又以鸦片承包者的问题最为显著。承包商既然花了巨额资金标到专卖权，当然会想要尽量扩大消费量与盈利，方式可能包括增辟零售点。以新加坡为例，1848年总共有45个鸦片铺，到1897年已增加到500家。政府每隔一阵子就有限制民间吸食的措施，都遭到专卖商的破坏。在爪哇，华人鸦片承包者得到荷兰官员摊派的定额，额外货源只需靠走私补上。

诸如此类的漏洞，加上民族主义者与人道主义者都呼吁禁止鸦片买卖，到了1910年，亚洲各地的殖民官员大都废除了承包制度，取而代之以政府专卖，按殖民官员的说法，这样可以管制鸦片的使用，也能限制其传播。至于实际上是如何做的，又另当别论了。以新加坡为例，政府公卖鸦片的获利效率更佳，占1920年政府岁入的46%。但以后百分比持续下降，不过，不是因为官员们自我节制，而是因为人口结构改变了。新加坡的华人人口状况不再是清一色年轻的单身汉，新迁入的人减少了，妇女、家庭生活增多了，鸦片的需求因此下降了。美国境内的相同变动使20世纪30年代唐人街仅存的几家鸦片馆成了老古董。

鸦片虽然逐步减少，东南亚各国一直到了20世纪仍以鸦片为税收的主要来源。以1920年计，鸦片占荷属东印度群岛岁入的13%，法属中南半岛为14%，文莱为17%，香港地区为29%。（英国人可以两头赚：供给亚洲属地专卖者的鸦片，来自英国在属地印度的独占生产事业。）如果没有足够多的人在抽鸦片，不可能有这样源源不断的收入。以1924年的香港计，每4名成年男性就有1人抽鸦片。政府专卖的主管人士知道，如果太积极反对抽鸦片，买主会转向非法的鸦片贩子，而这些贩子往往也销售更烈性的毒品。鸦片专卖制虽有很多缺点，但合法供应至少可以抑制黑市的吗啡与海洛因买卖——这两种瘾品在20世纪早期的东亚已经越来越普遍了。

税收上瘾

殖民政策取消，日本于1945年战败投降（日本堪为瘾品专卖者的表率），以及美国的持续反对，终于导致鸦片专卖制的终结。但是其他种类的专卖依然存在，做得最有声有色的应属烟酒专卖。瘾品的独占经营也与彩券及合法赌博的独占经营一样，能赚取税收，但赚取额是累减的，而且会引发严重的附带作用。品德高尚的人指这种牺牲百姓福祉以谋取利益的行为是最恶劣的寄生虫。

在瘾品税收黄金时代——17至19世纪——盛行的种种垄断经

营，都是喜好讥讽皇室贪婪的人士的抨击目标。英国的日记名家约翰 · 伊夫林（John Evelyn）曾说，查理二世（Charles II）的政府对“抽烟和异国酒类”依赖太重，假使国民都做到基督徒应有的节制，政府早就“捉襟见肘”了。这番话也可能出于当时欧洲任何一个君主国的任何一位机智才子之笔。俄罗斯帝国的政府尤其贪图这种利益。1859 年间，在公开市场上可以卖到 2 卢布的裸麦，经过蒸馏、加税、掺水再送进酒馆卖，竟能卖到 64 卢布之多。戴维 · 克里斯蒂安表示：“这么神奇的谷物变黄金，连炼金术也要望尘莫及。”他同时指出，伏特加酒虽然有财政上的重要性，酗酒问题却也是俄罗斯政府在法律与治安方面一直摆脱不掉的重担。

20 世纪的政府官员对于借精神刺激物进行商业牟利，都抱持慎重的态度。由于以所得税或遗产税取而代之的做法也逐渐顺利推行，官员们更有理由考虑其存废。然而，瘾品税收与专卖依旧是国库的重要收入来源，在国家处于紧急状态时期尤其不可或缺。例如，法国政府曾以烟草为抵押品，凭第一次世界大战后的所得担保，才向外国银行借到钱。参战较晚的美国也在 1917 至 1918 年的一年之内将烟草带来的税收增加了一半。宣告美国禁酒时代（1920~1933 年）结束的最后关键，乃是经济大萧条时期政府非得有税收不可。实业家皮埃尔 · 杜邦（Pierre du Pont）于 1932 年在收音机广播的演说中表示，如果将“禁酒令”撤销，“未来将无须征所得税，政府预算所需的岁入一半可以由烈酒税收一并负担”。他的论点当然不乏自身利益的考虑。政府批准合法的蒸馏酿造之后，联邦税收迅速从 1933 年的每加仑 1 美元增加到 1940 年的每加仑 3 美元，至第二次世界人战期间的

1944年更增至9美元，而9美元是生产成本的8倍。

政府很容易对瘾品税收产生依赖。这种依赖也和瘾品上瘾一样，本质上就是一种会复发的慢性疾病。面对民众滥用状况之严重——例如20世纪80年代前苏联的酗酒问题，可能有一位有见识的领袖——如戈尔巴乔夫（Mikhail Gorbachev）——和同僚们认为不能再坐视不管，决定为了大幅降低消费量不惜牺牲可观的税收额。这样做虽然起初就有生产力、国民健康、士气都提高的成效，有两股力量却会不断引诱政府“旧瘾复发”，一股是黑市买卖造成的社会成本（意识形态上的反对禁酒者会拿这一点大做文章），另一股是借瘾品税收补充国库的需求（在财政威胁下最为迫切）。最典型的例子即是美国的撤销禁酒令，近代以来的印度的事例甚至更值得一观。

禁酒与民族主义在印度一直是紧密相连的。民族主义者——以及西方来的改革运动人士——指英国人的贪婪导致酗酒行为在贫穷百姓中传布。东印度公司于1790年开征的消费税，以及随后实施的承包独占制度，使政府和烈酒商人都没有理由不尽量扩大消耗量。到1900年，烈酒带来的税收已经跑到恶名昭彰的鸦片消费税前面去了。

圣雄甘地倡导印度自治，对于烈酒和瘾品滥用批评格外严厉。他曾于1921年间说：“我们必须明白自我净化的含意：戒除喝烈酒、抽大麻烟、抽鸦片的习惯。”抽烟也应该戒。烟草的负面影响虽然不那么显著，却和鸦片一样会上瘾，会使消费不起的穷人浪费金钱。但最糟的还是烈酒，它会耗损人们的活力，破坏追求独立的大业。甘地呼吁大家对不肯改过的酗酒者要善意却坚决地加以摒弃：不和这种人同餐共饮，不与这种人的家庭结亲。政府在任何情况下都不该借烈酒获利，酗酒和偷盗及卖淫一样恶劣，而且是这两种恶行的导因。卖酒的店铺应当关门，这些生意人应该改行去梳理棉纤维、纺线、织布。在孟买市的一次集会中，一名不安的烈酒商人向甘地礼貌地辩称，烈酒生意存在于印度已千年以上，怎可能说停就停，圣雄期望卖酒停止的日子是哪一天？甘地在一片笑声中回答："从今天起。"

1928 年起草的《自由印度宪法》(*Constitution of Free India*) 中主张实行禁令以免国人"受烈酒与致醉瘾品的引诱与伤害"，充分表明了甘地的本意。独立后的"印度联邦"迅速实施了全面性的禁令。1947 年的正式宪法中，措辞就和缓多了：个别邦省"应努力"推动非医疗使用酒精与有害瘾品的禁止令。国家级的议员把责任推诿到邦级议会，这与美国 1933 年以后的烈酒立法情况颇相似。

在甘地本乡的古吉拉特邦 (Gujarat) 以外地区，禁酒推行得毫无进展，主要是因为政府仍依赖烈酒提供的税收，而且存有与禁酒相抵触的政策。例如，省级政府仍在自产亚力酒（以棕榈汁液、糖蜜、稻米或其他低价原料制成的烈性清酒）。添加辣椒味以塑料包装的亚力酒售价是 6 至 8 美分，连每天只赚 40 美分的乡下工人也买得起。如甘地所说，这些人买醉是为了排遣贫穷生活的苦楚。有些村落中将近 90% 的男人有严重的酗酒问题，他们妻小的困苦也就可想而知了。

20 世纪 90 年代初，南部的安得拉邦 (Andhra Pradesh) 的妇女发起了终止廉价烈酒买卖的持续运动。这项运动的灵感来自政府下发的一份扫盲教材，故事的女主人公动员全村妇女将一家酒铺关掉，以防不负责任的丈夫们把工资都浪费在买醉上。故事虽属虚构，效果却不输事实。乡村妇女看出教材中写的就是她们自己，于是先讨论，再组织起来，终至和烈酒商派来的打手、挥舞铁棒的警察、急于查禁识字教材的男性政要正面对峙。她们拒绝为喝醉的丈夫烧饭、洗衣，也拒绝与之同床，末一招简直是阿里斯托芬（Aristophanes）戏剧的翻版。从两方面看来，这是一次革命性的运动：这是印度历史上第一次由乡村贫穷妇女发起的运动，这次运动也得到了成果。安得拉邦于1993年全面禁止销售政府酿造的亚力酒，其他类型烈酒在农工发薪的日子一律禁售。

接下来登场的是演员转行进入政坛的拉马·劳（N. T. Rama Rao），他虽然年纪不小了，却依然健壮英俊，主演过的300多部影片中以扮演奎师那神（Krishna）以及印度教其他神祇最得影迷爱戴。拉马·劳很有识时机的慧眼，凭着他将几近全面禁酒的诉求与稻米津贴的主张（也是迎合民意的）结合，他与所属的“泰卢固之乡党”（Telugu Desam）于1994年12月胜选执政，次年元月就在安得拉邦全面实施禁酒。

安得拉邦的不凡表现触动了印度其他省长期受折磨的妇女，也想发起自己的改革运动，其中最引人注目的成功——以及失败——发生在哈里亚纳邦（Haryana）。该邦位于印度北部，人口1 700万，几乎将整个新德里市环抱其中。哈里亚纳的男人好酒贪杯是有悠久历史的。古时大君拥兵自重的时代，大部分用哈里亚纳兵丁，改制以后仍有大量哈邦人投入陆军，他们都在军中养成了豪饮的嗜好。哈里亚纳的酒铺是24小时营业的，卡车司机都喝得醉醺醺才肯出勤。醉汉的妻子挨揍要到丈夫醉昏过去为止。弗拉将军（J. M. Vohra）曾说：“印度各地我都住过，哪个地方的家庭暴力都不像哈里亚纳这么多。

做女佣的常因为被丈夫打伤而上班迟到或根本不能上班。乡村男人大部分是酒鬼。”

1996年，饱受折磨的哈里亚纳妇女把票投给了民粹主义者班西·拉尔（Bansi Lal）。拉尔的竞选政见就是全面禁酒，上任省长之后拟定异常严苛的法律，规定不论公开或私下制造、运输、销售、消费烈酒的人都要缴纳一定的罚款，还要服最高可达3年的徒刑。这种法条比美国1919年的《沃尔斯特德法》（*Volstead Act*）严厉得多，美国的禁酒令至少还许可私下饮酒与家庭自酿。

随后引发的既是悲剧也是闹剧。邦内的中产阶级变得紧张兮兮，唯恐佣人乘机敲诈，只敢在夜晚偷喝加水的威士忌。在德里市上班的通勤族为了喝酒宁愿迁出哈邦，使邦内房价跌了20%。要结婚的人都把酒宴移到外地举行。烈酒业的失业人口据说有15万，其实有不少人偷偷加入“烈酒黑手党”的事业，个个配有加强马力的汽车和移动电话。私酒业也大行其道。不小心喝到假酒而中毒的大有人在，有60人因而致死。法院里堆积的烈酒相关案件有9万件。警察们一面忙着测量酒精，同时乘机收贿，查到现货就饱入私囊。风险与贿赂导致酒价高涨，一袋7盎司的“辣味乡村烈酒”售价是一般行情的3倍。哈邦政府为了弥补税收损失，不顾一切增高公共事业、煤气等其他税目，后果是造成通货膨胀。物价上升，男人继续喝黑市烈酒，使穷困的家庭更加穷困。一位议员老实地承认：“旧习惯不可能一夕之间就改掉。”经过选举的反弹之后，政府改弦易辙，在1998年春天取消了禁酒令。烈酒商人重新开张，在空心砖围墙外面装设吊床专供喝醉的客人使用。

这时候安得拉邦也已经废除了禁酒法令。实施禁酒期间，政府每年损失 4 亿美元的收入，大约为其岁入的 1/4。拉马 · 劳坚持贯彻禁酒令，终于在 1995 年 8 月一次极富戏剧性的党内斗争中下台，次年 1 月便因心脏病突发死亡。他的接班人钱德拉巴布 · 奈杜（N. Chandrababu Naidu）是他的女婿，是比较务实的人。奈杜将成败下注在向世界银行贷款 35 亿美元，想借此重振财政翻新基础建设。世界银行官员却把话说得很明白，安得拉邦岁入未改善之前，世银的钱不会进来。以务实的眼光看，这就表示必须重新开征烈酒税。奈杜左右为难，一边是世银的条件，一边是愤怒的妇女团体与左翼共产党组织可能做出的激烈抗议。不过，以影响力相较，两者都不是世界银行的对手。1997 年 2 月，政府宣布废除销售烈酒的禁令。一位激进改革者叹道："根本就是政府赞助全民共染酒瘾的把戏。"另一位不屑地说："只晓得对世界银行百依百顺。"

轻重问题

财政收入与民众福祉的取舍不是瘾品课税必须处理的唯一问题，课税程度的拿捏也是很严肃的问题。既不能太重也不能太轻。如果太轻，会助长滥用，18 世纪初期英国境内的金酒税，1883 年美国香烟的减税，都是前车之鉴。重税自然有吓阻滥用的功效，英国人就曾于 20 世纪初期在印度对大麻课以重税。然而，假如税率太高——不论是为了抑制滥用还是为了增加税收，就都会面临私酿与走私猖獗的后果。美国政府法定 1945 年以后保持烈酒前所未有的重税，战时曾因基本原料短缺受限的私酒业立刻加倍活络起来。到了1949年，税务人员每年查处的蒸馏酿造厂有1.9万所之多，估计其生产力在每天50万加仑以上。按保守的估计，这些非法业者在被破获之前假定平均都有3个月的全力生产，联邦政府每年的货物税收损失高达5亿美元。

走私逃税最具代表性的例子是18世纪与19世纪前半叶的英国。英国政府虽然在殖民地大多实行瘾品整个承包与专卖的做法，在本国境内却实施货物税与关税的课征。1685年间，英王詹姆斯二世（James II）说服了国会，将烟草税从每磅2便士提高至5便士。当时弗吉尼亚州的切萨比克烟草正陷于长期的萧条中，每磅只值1便士。按照500%的税率课税，使走私者大有可为。他们把私货按税后烟草的半价出售，仍有极大的赚头。因为有厚利，要买通海关人员是很容易的。有些海关人员甚至胆大到把自己手中的私货装上国王陛下的船只运送。

18世纪在英国迅速风行的进口茶叶也有沉重的关税负担，1740年的售价是一磅4先令。私货商可以从荷兰或其他国家采购茶叶，躲过海关之后以低于“合法”市价的2先令或3先令出售。欧陆国家的官员不但不干预走私者的行动，反而殷勤招待。在18世纪，非法买卖是对付经济上与军事上的对手的便利武器。至于英国国内的顾客，也相当能配合。日记作家詹姆斯 · 伍德福特牧师（James Woodforde）曾一本正经地写道：“走私者安德鲁斯今夜约好11点钟时带来重6磅的熙春茶叶。他在客厅窗下吹口哨，吓了我们一跳，当时我们正要就寝。我给他一些日内瓦金酒，付了他每磅1.7先令的价钱。”（伍氏还附了一笔，说有人在44年的时间里只喝过一杯白开水，以表示对茶税之不满。这也凸显了英国境内不乏白开水以外各种饮品的事实。）

还有一个门路，是东印度公司按例分配给船长的免费载货空间。船长们照例都尽量找最优质的茶叶带上。船才接近英国海岸，走私客的小船便蜂拥而至。船长将卖茶叶的钱分红给部属，以防走漏消息。诸如此类的秘密渠道使人无法确知运入英国境内的茶叶数量，这一点最令想要计算消耗量的经济史学者头痛。1784 年上任的英国首相小威廉 · 皮特（William Pitt the Younger）判断，英国国民每年消耗的 1 300 万磅茶叶之中只有 550 万磅是缴了税的。这时候的茶叶走私已经是非常有组织的企业，连合法的进口商和批发商的生存都受到威胁了。皮特把税率从原来的照价 119% 大砍一刀成为 12.5%，非法的买卖随即告终。

烈酒与烟草走私在 18 世纪与 19 世纪早期都曾大行其道，这两种商品的关税和茶叶不一样，一直到 1784 年以后仍然相当可观。走私烈酒和烟草的人数既多又有组织，而且为了维护这种隐秘的交易会毫不犹豫地诉诸暴力，包括私刑与恐怖行动。英国政府即便以严刑处置走私者——最起码也要放逐，却根本压制不住。靠近英国的海港那么多，英国的海岸线又长达 6 000 英里，加上陆海军要投入没完没了的战事，根本不可能全力对付走私问题——至少在拿破仑（Napoleon Bonaparte）被放逐到圣赫勒拿岛之前是不可能的。一般英国百姓比较倾向成为走私货的顾客而不是检举者，也使得问题更加难办。一般英国人也和多数欧洲人一样，厌恶征税，乐得有机会时多买些便宜货备用。亚当 · 斯密（Adam Smith）以他一贯犀利的言辞指出：“购买走私货虽然是明显在助长违反税务法律的行为，也连带助长做伪证，

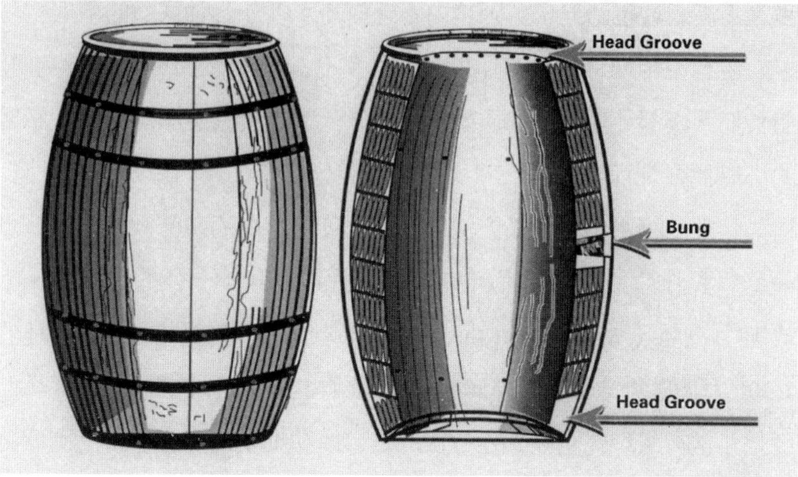

英国于1784年降低关税后，走私到英国的茶减少了。烟酒走私却持续活跃，到19世纪中叶降税后才衰退。因为有风险，运输空间又有限，走私者多偏好价值较高的甘邑白兰地、鼻烟、雪茄等。挟带方式之一是将雪茄放在桶壁与内层的锡衬里之间，先决条件是桶做得够结实。因此巧手的箍桶匠是职业走私者不可或缺的。

但如果要在买私货上假装有所踌躇，在多数国家都会被视为伪君子的一种迂腐行径，不但不能取信于人，而且会让人怀疑这故作姿态的人骨子里比别人都坏。”

大规模的走私活动终于停止，乃是自由贸易制的功劳。英国首相罗伯特 · 皮尔男爵（Robert Peel）在1846年推动了全面的降税，之后海关虽然持续截获走私的烟酒，走私贩子的数目不再是成千上万，也不再有整只船队“投入蒙骗政府图谋暴利的刺激活动”。诱因消失以后，走私行为也越来越少。

多重算是太重？

以走私为业的人需要多大的诱因才会大干特干？要有照价 25% 的税率吗？抑或必须高到 50% 或 100% ？这个问题不可能简答，部分原因在于有经济学家所说的跨境效应。按商品合法价值的某种百分比数字征税，也许在理论上算是高了。但如果毗邻各地的税率也一样高，从外地走私的诱因就很小了，当然也没必要到外地去消费。18 世纪的巴黎人常常在周末时跑到市郊的酒馆去享乐，因为巴黎市的葡萄酒税太重了。法国大革命即将爆发前，政府要将酒的重税区域扩大，结果引发了暴动。

逃税走私最能奏效的状况是：能以便宜价钱买到药物或其他体积小的商品，然后经短程运至另一地迅速脱手。1995 年的弗吉尼亚州香烟税只有哥伦比亚特区（District of Columbia，首府华盛顿所在地）的 1/13，华盛顿市民只需买一张捷运悠游卡就可以赚到这个价差。如果邻近地区没有货源，走私者仍有可能跑长途，但成本会提高，风险也变大，所以诱因比较小。基于以上原因，政府官员要拿捏恰到好处的重税，必须清楚毗邻地区的状况。“多重才算太重”从地理位置上看来是相对的值。

以盐税为例。盐是自古以来最持久的税收来源之一。使用盐是会上瘾的。吃惯了加盐的调味，无盐的天然味道吃来会显得太淡或不好吃。好加盐的口味——有些历史流行病学家把爱吃咸也列入成瘾的毛病——制造了国库收入的机会。中国的皇帝、统治印度的英国人，以及昔日许多君王的朝廷，都利用盐赚过钱。君主政体时代的法国曾经对盐课以重税。农民一整年的收入可能有 1/8 花在买盐上，而盐的售价的大部分是税。盐税最令人愤恨的，也是最激起人们逃税心的部分，还是税率不统一，法国境内境外各地的盐价高低不同，最大差距有 10 倍之多。政府官员逮到的走私者有男人、女人、儿童，甚至有受过训练的狗。走私盐的刑罚包括鞭笞、烙印、上战船做划船工、轮式刑车处死。革命爆发后恐怖时代降临，负责收盐税的包税官一个个都被送上断头台。其中包括先驱化学家安托万 · 拉瓦锡（Antoine Lavoisier），他的化学实验经费即来自收税所得。

18 世纪盐税引起的问题，到 20 世纪变成香烟税。1965 年以后，大多数的美国州级立法机构通过了香烟增税的法案，一则表达对国民健康的关注，同时免掉政治争议的困扰。可是各州增税的幅度不一致。有些州（以东北部为主）增加的幅度很大，香烟的售价也就涨了那么多。到了 1975 年，同样牌子的香烟在北卡罗来纳州卖 36 美分一包，在纽约州就卖到 54 美分，纽约市的售价更贵，因为还要加地方税。1976 年加的是每包 8 美分，数额和整个联邦税额一样。

这下就制造出贱买贵卖的好机会了，谁要是能以北卡罗来纳州的售价大量买入，再以纽约州（或康涅狄格州、马萨诸塞州）的售价卖出，就可以赚上一笔。按 20 世纪 70 年代中期的计算，每年税收净亏损超过 3 亿美元，其中很大一部分是被犯罪集团赚走了。曾有一段时间，纽约州 1/4 的香烟、纽约市半数的香烟都是这些集团供应的。他们的全套方法——卡车队运送、伪装挟带、皮包公司、军事堡垒般的仓库、贿赂、劫持、袭击、谋杀，都与禁酒时代的私酒业者很相似。

加拿大政府在 1989 年、1991 年两度大幅提高香烟税以后，大规模的香烟走私又扩散到了加拿大。在加拿大卖到45加元一条的香烟，在边境以南的美国只要半价。走私者把香烟藏在船、小艇、雪地摩托车里面，藏在轿车或货车的车体内，方式和走私毒品一样。走私者先将加拿大品牌的香烟出口（出口香烟不必课税），再把这些香烟偷偷运回——据说香烟公司的主管不但知情而且提供协助。职业化的犯罪集团也插了一脚之后，暴力事件就跟着发生。安大略省的康沃尔（Cornwall）正好居于走私业的险要位置，因而获得“东方道奇”的诨名（道奇市乃是美国历史上牛仔枪战火拼不断之地）。加拿大人崇尚和平、秩序，是很好管理的国民，却和英、法裔的祖先一样痛恨这类的重税。按1994年估计，安大略省1/3的香烟、魁北克省2/3的香烟都是非法的，都是向藐视法律的商人买来的。这些商人都有两套账目，知道门路的人不怕买不到。加拿大政府鉴于犯罪活动增长惊人，民众丧失守法精神，终于在1994年2月宣布大幅降税。香烟走私案立即减少，因为加拿大的走私者都将目标转移到烈酒、枪支、违禁瘾品、非法移民以及其他形态的非法买卖上了。

这时候香烟走私已经盛行于全世界。20世纪90年代初期的贸易数字显示，每年全世界香烟出口量比进口量多了大约2 800亿支，这占全球香烟总产量的5%，占香烟国际贸易量的30%。假定运输上的耽搁可能造成细微的差额，这么大的差距显然还是走私所致。以哥伦比亚一国计算，单是万宝路香烟的非法买卖就造成国内主要烟草商在1996年有3亿美元的损失。在意大利，两个犯罪集团靠着走私万宝路和其他品牌香烟，一年就有6亿美元的收入。1992年间，意大利政府指控菲利普 · 莫里斯公司与走私者共谋，因而把万宝路香烟一股脑儿禁掉了。结果导致走私更猖獗，所以政府又将禁令撤销，情况才恢复了原状。

从以上的故事可以学到一个教训，黑市似乎是“禁止令”的产物。这个观念是自由主义的瘾品史观的中心前提，也是主张在管制下合法化的理论依据。理论上讲，将大麻烟、可卡因、海洛因等瘾品课税后合法卖给成年人，既可杜绝伴随黑市买卖而来的祸害，又可用增加的税收来推动预防与医疗的计划。问题（除了公开销售可能使上瘾者增加之外）是，维护课税（以及不得售予未成年者之类的限制）多少也就等于维持黑市存在。税轻、限制少会使黑市成为不太严重的困扰，却也会使欲罢不能的使用者增多。重税和严密限制之下的上瘾者会比较少，却会制造诱因而引来走私与暴力，归根结底还是税的轻重问题。

听到“瘾品买卖”，多数人会想到主管当局对于非医疗的瘾品贩卖及使用严格禁止，罪犯却想方设法逃避管制。如果从历史的角度看，瘾品走私是近代特有的活动。大约从 17 世纪中叶起，一直到 19 世纪晚期，全世界的统治阶级（仅少数例外）关注的都是如何对这些活动课税最有利，而不是如何予以禁止。就算他们想到祭出禁令，结果也不是白忙一场，就是得不偿失。

大逆转：管制与禁止
About–Face: Restriction and Prohibition

9

About-Face: Restriction and Prohibition

19 世纪末与 20 世纪初，政治上的权势阶级对于逐渐扩大的瘾品交易带来的后果有了不同于原来的看法，越来越赞成把非医疗的贩卖与使用视为犯罪行为，至少某些瘾品应该如此处理。据历史学者艾伦 · 布洛克（Alan Block）认为，这些人做了前所未闻的事，他们组成了一个国际性的控制体系，专为压抑蓬勃发展的麻醉瘾品制造业，要从原料进入厂房的时候起一直到成品送到合法取得的消费者手上，每一步骤都加以管制。如果纯粹从政府的收入与力量的角度看，这种做法以及削弱精神刺激瘾品商业活动的其他措施都很令人纳闷。

不妨说是我整理出这些措施的成败结果之后觉得纳闷。近代早期阶段的精神刺激革命会有那样的速度，有那样的规模，是因为那样发展符合有钱有权者的利益。推广瘾品种植及使用，最有功劳的是欧洲的权势阶级，他们如果没有大规模生产烈酒、大规模种植瘾品和蔗糖作物（通常用于制造烈性饮料），就不可能把势力扩张得那么快，也不可能建立起那么稳固的霸权。欧洲人用精神刺激瘾品还账、贿赂本地对手、安抚属下的工人和士兵、保持农场的人手不缺。虽然医生们和神职人员有些零星的反对意见——警告使用过量与非医疗使用对人有害，对于农场主、商人、投资者、奴隶贩子、工人的债主、军官、殖民官僚、财政部长，以及其他有责任予以促进保护与有利可图的人而言，瘾品经营乃是不可或缺的。

大麻算是一个例外，因为殖民帝国鼓励种植大麻是为了使用其纤维，不是供刺激精神的服食。就一种瘾品而言，大麻当初是普通人、奴隶、农民使用的东西，是这些人随着欧洲人扩张势力的脚步传播了印度大麻文化情结。葡萄酒、烈酒、烟草、咖啡、茶、巧克力、鸦片，以及后来的可卡因与可乐果，情形却不同。这些东西的全球性生产与买卖都与其医疗用途密切相关。因为有医疗效用、能带来快感、会使人上瘾、具社交功能，而且有些也是不错的食品，这些作物极受种植者欢迎，也是获利的可靠来源。瘾品可以赚钱，而金钱带来权力。烟草曾经为美国独立战争筹措资金，也曾经是许多欧洲战事的后援。横越大西洋的奴隶买卖曾经靠蔗糖和朗姆酒维持，帝国主义在亚洲的势力曾经靠鸦片而壮大。烈酒换皮货的交易成就了大富人家，提供了工业投资的资金；咖啡业的繁荣促使铁路开筑，为巴西引来上百万的穷苦移民。瘾品生产及买卖便是以上述的及不胜枚举的其他方式塑造出近代世界，并影响全世界的权力结构。到了19世纪初期，新兴的瘾品瘾头的力量已经在重塑全球环境了。

说来很讽刺，如今的西方政坛权势阶级在努力防堵大众的瘾品使用，近代早期的西方政治权势阶级却以集体决策和自我炫耀式的消费来提倡使用。这并不是说，精神刺激革命纯粹是由上而下的发展态势。普通百姓也参与了每一种瘾品的推广运动，他们会主动把新奇的医药转往其他用途上。不过，重要的政经决策终究操控在权势阶级手中：要加以课税而不是禁止；要授予殖民地土地来资助生产；要在一座座岛屿上布满蔗糖与瘾品的农庄，以扩大供应量并降低价格，这些决定都出自权势阶级，也都为权势阶级带来丰厚的利益。进入 19 世纪以后，权势阶级却渐渐担心瘾品滥用，倾向于执行管制与禁止，即便这样做会导致国库不小的损失。管制禁止是一种长期的发展动向，不是一次特定事件，很难明确指出这种取舍上的集体转向是在什么时候发生的。可以确定的是，这在 20 世纪初的国内国际政策中都有重要影响力。即便执行上有缓慢或不彻底的时候，却是历史上一次少见的大逆转。

反对瘾品的非医疗使用

这些造成重大政治影响的反对意见，源于五项基本顾虑。第一个即是使用者可能对自身与他人直接造成伤害。例如，喝酒的人意外死亡的概率远高于不喝酒的人，喝酒过量的不良后果甚多，除了常见的体温过低，也包括被狮子攻击——东非的狮子学会了猎食夜晚从路边酒馆踉跄走回家的醉汉。在民族主义取向强烈的社会与极权统治里，酗酒危害个人健康的行为最常遭到谴责。德国医生埃里希 · 黑塞（Erich Hesse）曾在 1938 年间振振有词地说：“人有权利用毒物毁掉自己的身体吗？身为一个民族共同体的成员是没有这种权利的。反之，每个人都有责任为群体的利益保持自己身体健康……个人这样才有生存与维生的机会。”

黑塞医生的这个问题换到别的地方可能会有不同的回答。例如1938年就有澳大利亚人说：“老兄，身体是我的，我要怎样，得看我高兴。”在讲求个人主义的社会里，自我伤害的危险与社会效用的损失不足以构成禁止的理由，除非是在战时。个人用药如果直接影响到他人——尤其是不愿被波及的人，就有必要加以禁止了。酒吧柜台上的醉汉挥拳打了邻座的另一名酒客固然不对，如果醉汉打的是瑟缩在家中一角的儿童，则属严重不当的行为。不让无辜的他人直接受害，乃是道德上最站得住脚的反对理由，而且是放诸所有文化而皆准的。反烟人士早先一直强调吸香烟与嚼烟草的人喷烟雾、掸烟灰、吐烟汁对旁人造成妨碍。自从医学研究证明环境中的烟雾可能致癌，反烟人士终于得到了制胜的武器。“我可以害你得癌吗？”这个海报贴出之后，英、美两国不久就禁止了室内的吸烟行为。其他国家先后都采取了各种不同的限制规定，连澳大利亚也不例外。

另一个常听见的，有政治影响力的反对声音是，非医疗的瘾品使用会引发犯罪暴行。墨西哥市的《至上报》（*Excélsior*）在1936年间报道：“许多的流血罪行是在大麻的病态影响之下犯下的。”加拿大、牙买加、美国都有同样的报道回响。受到同样指控的瘾品还有烈酒、海洛因、可卡因，以及安非他明。在得州大学高楼顶上持枪滥射无辜的凶手查尔斯·惠特曼（Charles Whitman）就是在服了安非他明之后行凶的。瘾品如何引发暴力行为，影响的程度究竟有多大，都不是单纯的问题，又因为有偏见和刻意宣传的介入而更趋复杂。但是表面迹象有其政治作用力。有关瘾品引发罪行的报道不论真实与否，都可以使主张管制禁止的力量增大。

反对瘾品非医疗使用的第二个理由源于社会成本的顾虑。启蒙运动和功利主义等世俗哲学思想有“为最大多数人谋求最大利益”的主张，也造就了一个简单而强有力的观念：私人的获利无论多么大，都有可能使公众承担高得不可接受的、道德上无可辩解的成本。这成本可以相当准确地计算出来。假如烈酒滥用导致较多人生病或过早死亡，就表示工作日比较少了，这即等于生产力、工资、税收有一定数量的减少。假如烈酒滥用导致较多的犯罪行为与意外事故，就会增加警力与医疗的成本，这又转嫁成为他人负担较多的税金与保险费。像是酗酒者接受肝移植的费用将近 25 万美元，这可是大家要共同负担的社会成本。

有关社会成本的论点应该把经济方面的得失都算清楚，才能完整而言之成理。但即便有意算清这本账的人也会被其中复杂的细节吓退了。适度饮酒对冠状动脉的好处该如何量化？又该如何从酗酒伤肝的害处上予以扣减？算不出来其实并不碍事，主张管制禁止的人士只要宣布某些瘾品滥用花费了多少亿美元、英镑、卢布，就可以奏效。谁也不愿意被别人滥用瘾品的行为拖累变穷。

第三个反对理由来自宗教信仰。致幻瘾品虽然是许多部落仪式的固有部分，却不被世界上的主流宗教接受。凭祈祷、斋戒、冥想、修行来转换意识状态才是主流宗教赞成的。瘾品只能短暂地模拟神秘体验的感觉，却不能达到领悟的境界。瘾品是假宗教，是化学品偶像，会分散信仰者的心神，把他们带上自毁之路。因此，天主教的教义问答册、佛教的戒律，以及其他道德教条都一致谴责滥用瘾品的行为。

但是，印度高僧服食大麻药、穆斯林吸大麻烟，却声称没有恶意、没有做坏事，这又该怎么说呢？这些是例外，应该在不赞同的大前提之下予以谅解。印度教传统许可在崇拜湿婆神的相关行为中使用大麻，印度教的古经典却反对饮酒致醉，后来的文献也抨击吸烟。《古兰经》严格反对饮酒与赌博，将两者并列为害人的罪恶行为（见经文II：219；V：90, 91）。但是“酒”只限于烈酒吗？还是涵盖一切能使人昏醉的瘾品？由于说法不一，不同教派和一般大众有机会——有人说是有借口——使用大麻烟，毕竟先知并没有明确禁止。然而，多数的伊斯兰教神职人员始终反对非医疗用途的吸食大麻，以及抽鸦片、嚼食卡特。这种争议和天主教教会有关非自然方式避孕的争议颇为相似，虽然有许多人在以人工方式节育，这却是“教诲职责”（Magisterium）所禁止的，也是最正统的虔诚教友所不齿的。

虔诚教友反对瘾品的立场也最为明确。他们对各式各样的自我放纵都抱持疑虑，恐怕破坏了辛辛苦苦维系的自制。所谓“药理学的加尔文主义”（Pharmacological Calvinism），是福音教派基督徒、正统派犹太教徒、注重洁净的印度婆罗门，以及把贩卖瘾品者送上绞刑架的伊斯兰教士们所共同奉行的。瘾品令信仰虔诚的人反感，也有相当实际的原因。据医疗人类学家约瑟夫·韦斯特迈耶（Joseph Westermeyer）指出，瘾品上瘾的人是机能性的不可知论者：他们会把庙宇和圣殿抛到脑后，对教会的事不理不睬。戒除药瘾的人却正相反，大多十分虔诚而热烈地参与崇拜。因此，所有宗派的传教者自然一致指责瘾品上瘾与滥用。

第四个反对立场源于特定瘾品与某些偏离主流的、不受欢迎团体不可分割的关系。曾有一位作家说，假如“伟哥”是在都市贫民区某个地下制药厂研制出来的，而且是以“壮小子”之类的名称发售，持有与使用这种药的行为说不定就是违法的。由于美国多元文化的特性，历史上这类例子特别多：酗酒与社会底层的爱尔兰移民相关，抽鸦片和华工相关，海洛因与大都市罪犯相关，可卡因与无法无天的黑人男性相关。以上每种瘾品出现滥用状况之后都有立法予以禁止。禁令并不是完全凭偏见一力促成的。不过，如社会学家帕特里夏·埃里克森（Patricia Erickson）所说，成为禁令目标的人群数目越少、地位越低，这种立法越容易通过——要维持住它不被废止也越容易。

第五个反对立场源于认识到服用瘾品对群体（不拘是部落、国家、民族）的未来有害。印第安人反对烈酒交易的言论中往往流露对于集体灭亡的恐惧。日本昔时的反烟者称烟草是“贫穷植物”，担心烟草种植排挤到米谷的种植。逢到与外国交战的时期，人们对于瘾品和集体福祉的忧虑最为强烈，指控敌国走私瘾品的声音也最大。20世纪30及40年代，美国毒品管理局局长安斯林格指控日本人在提倡毒品交易，目的是获取收入、腐化西方国家、奴役他们已侵略与计划侵略的国家的人民。冷战期间，他又将指控转向中国。1964年中苏决裂后，苏联的《真理报》(*Pravda*）也附和这项指控。在20世纪80年代，伊朗的阿亚图拉·霍梅尼（Ayatollah Khomeini）指控美国以及以苏联集团国家“阴谋在伊朗境内散布海洛因”。

瘾品与集体存亡的忧虑，往往离不开瘾品伤害年轻人的课题。美

坏丈夫。美国石版画家柯里尔与艾夫斯（Currier & Ives）1870 年制作的戒酒宣传画，凸显酗酒对无辜者之伤害，必能令观看者动容，这是根据莉迪娅·西戈尼（Lydia Sigourney）1834 年写的故事《酗酒者》（*The Intemperate*）画成的。故事的女主角珍·哈伍德在相继丧失儿子与酗酒的丈夫之后成了赤贫的寡妇。其他的反酒言论则不那么感性，例如：收容酗酒者的救济院、监牢、疗养院浪费了太多纳税人的钱。

国禁酒运动的重要人物里士满·霍布森（Richmond Hobson）在 20 世纪 20 年代以穷追不舍的反毒作风闻名国际。他便是反复诉诸年轻一代受害这样的主题。他说，瘾品是致命的接触传染病，会摧残年轻生命，把社会固有的保卫者变成威胁社会安定的罪犯。年轻人滥用瘾品会损害国家、种族、全人类的未来。20 世纪 70 年代的欧洲，大麻与海洛因滥用事件激增，反对言辞之激烈并不输霍布森。罗马的《联合报》（*L'Unità*）在 1976 年间宣称："这恐怖的'天谴'正以'美国样式'迅速蔓延……对年轻人影响尤其大。"联邦德国政府警觉到年轻人的瘾品文化在快速传播，先后在 1971 年和 1981 年强化麻醉品方

死亡的缠绕。原载于1922年的《文摘》(*Literary Digest*),是一篇文章的插图。文中说,不法之徒拿鸦片当滋补剂,注射瘾品的行为与毒瘾正在美国各地区的各个社会阶层中传布,美国境内的毒瘾者可能多达500万人。这些说法都不实,末一项更是离谱。但一般大众倾向相信最坏的,尤其想到年轻一代会受其影响,更会宁可信其有。

面的法规。在大西洋彼岸的委内瑞拉做法相同,加了一条不寻常的但书:售卖瘾品给未成年者,刑期延长1/3。美国一位激进的黑人反毒者更有过之,她在受访中表明:"哈林区的贩毒者应该一律处死。"从

20 世纪 70 年代初期起，许多态度激进的非裔美国人会从种族灭绝的观点来看毒品问题。

以上五类理由彼此并没有排他性。直接伤害、社会成本、邪恶行为、偏离主流团体、集体前途的考虑，都有可能相融于某种反瘾品的言论之中。18 世纪早期英国的金酒恐慌，20 世纪晚期美国的“快克”肆虐，都是明显的实例。这五类原因也不是泾渭分明的。例如，社会成本如果既沉重又持久，势必引起群体对于国家安全的忧虑。不过，这样分类的用意在于便利阐述，不一定非得壁垒分明。我们按这个模式，更容易理解 1800 年以后的世界历史发展如何从几个互不相涉的反对立场引来管制的压力。施压的程度因各国情况不同而各异，各种瘾品受管制的状况也不一。如果只将注意力集中于国际文献中反复出现的问题，不可能把每一项限制与禁令都“阐释”明白，因为每一项都有其独特的政治及制度的背景。但是我们必须如此着手才会看出，全世界走向限制与禁止，并不是各国分头决策凑巧累积而成的结果。

工业化世界里的瘾品

近代世界史早期最重要的一件事如果是越洋商业的扩张，中期以后最重要的一件事应该就是工业化的发展。在 19 世纪，精神刺激物的发现与革新——生物碱分离术、皮下注射、安全火柴、合成瘾品与半合成瘾品研发——又与工业化生产及配售的新技术结合。瘾品借着工厂而民主化了。一般大众想要以化学物质充满脑部、持续体会最原始的快感与刺激，都可更轻易、更廉价、更迅速地达到目的。在连新加坡最微贱的苦力都可以花 4 美分打上一针吗啡的世界里，染上毒瘾的可能性当然比以往大得多。

烈酒的消耗情形亦然。1802 年到 1815 年之间，美国政府发给蒸馏酿酒相关发明的专利不下 100 件，占许可专利总数的 5%。使用新设备和新蒸馏法的农民发现，同样是 1 蒲式耳（约 35 升）的玉米，以前只能制成 2 加仑的优质威士忌，现在可以制成 3.5 加仑。在大家共同努力下，创造了如江河般川流不息的廉价威士忌供应量，也成就了洛拉宝（W. J. Rorabaugh）所谓的“酒鬼共和国”。法国的经验正是一个“酒鬼共和国”的例子。由于大量生产、大量销售，成年人的年度纯酒精消耗量从 1840 年的每人平均 18 升，增加到 1914 年的每人 30 升（约 7 加仑），酗酒问题也明显增多。这种趋势虽然令酿酒业者和税收人员满意，医生、卫生保健专家、社会改革人士却警告：这会带来严重后果。他们把这个信息简化成一句话：“富国也烈酒，亡国也烈酒。”

工业化发展使瘾品滥用的可能性增大，也使瘾品滥用的现象更明显可见，而瘾品滥用也威胁到工业化的进程。人们的工作逐渐移进室内之际，抽烟也开始引起他人的反感，而且有火灾的顾虑。即便以不点火吞云吐雾的方式使用烟草，也会妨碍生产。据拉什医生估计，好吸鼻烟的人如果每 20 分钟闻上一回，一年可以浪费 5 个工作日。不过问题最大的还是烈酒。酒徒会误事，而且可能闯出大祸。日本开放对外贸易之初，许多船员因为在横滨的酒吧买醉忘返，把船只起航的时间都搅乱了。当时世界各地的老板都一样，都担心工人在上班时间喝酒，都害怕雇到爱喝酒的员工。因喝酒而一步做错，可能酿成大祸，可能毁坏机器或造成人员伤亡，或丧失巨大利润。

南北战争之前，马萨诸塞州经历快速的工业化，制造业者都禁止在厂房范围内饮酒，并且主张废除烈酒产销执照，支持赞成禁酒的候选人。这些候选人却遭到那些与烈酒产销有直接利害关系的商人、杂货店老板、酒馆经营者，以及爱尔兰与德国移民的反对。爱尔兰与德国移民和19世纪初到美国的他国移民一样，来自尚未工业化的社会。在他们的故乡，饮酒是传统的、无可厚非的行为。他们的文化与宗教信仰都与美国本地禁酒者不同，禁酒者在逐渐现代化的新教徒社会里成长，注重的是个人成就、自制、节俭。美国的制造业老板以及数目渐增的美国本地技术劳工，都越来越认为喝酒是劳民伤财的事。有史以来历时最长的禁酒争议便由此开始，由于一波波农民不断迁入，美国却不断更趋工业化、更追求效率、更重视社会治安，所以冲突一直延续。

神职人员和福音教派的改革运动者（后者在19世纪人数越来越多，活动也更趋积极）主张禁酒是另有宗教信仰上的理由的。值得注意的是，他们常常将个人得救之重要与饮酒造成的社会经济影响混为一谈，把两者连接得不着痕迹。这种做法对于离家在外而脱离教会与乡村地主控制的工人特别有效。诺威奇（Norwich）的主教在1837年做过这样的论述："禁酒团体最能做到使数以万计堕落放荡的人变得端正勤勉，把罪恶行为改为虔敬。"凡是能做到把宗教热忱和产业效率融为一体的人，特别积极赞成禁酒。老洛克菲勒（John D. Rockefeller, Sr.）就是代表人物，他曾在主日学校中对学员说："你们大家知不知道我为什么没变成酒鬼？因为我始终拒绝喝那第一杯。"

他似乎有心证明饮食节制有益成就大业，累积了空前庞大的企业财富，并且活到 97 岁——他本来期望活到 100 岁。

新的工业化事实与旧的习俗发生冲突，这种现象到处都有。在南非，利用烟草和烈酒招募土著劳工的做法一直存在，并且在 19 世纪成为制度化的以酒抵薪（tot 或 dop）制度。有酒瘾的工人每天从日出到日落在葡萄园或小麦田里工作，工资是以定额廉价葡萄酒或劣质白兰地发放。他们的工作日以敲响旧式的奴隶钟开始，其实农工的生活与昔日的奴隶相差无几。一旦开矿场和农场都需要土著劳工，情况就改观了。矿场老板认为好喝酒的工人会惹事，而且会影响生产力，所以主张限制卖酒给非洲工人。后来，大型农庄的经营者因为投入机械设备的资本很大，也不赞成以酒代发工资，宁愿多付钱或是改发咖啡。然而，1883 至 1898 年间通过了一系列限制非洲人取得烈酒的法律，立法者们却放过了以酒抵薪的制度。原因是，这个制度对小型农场的生计与劳力供给都太重要了。所以他们决定，非洲人可以合法取得多少烈酒应视其工作类别而定。

如果以为所有限制或禁止的规定都是资本家为谋求效率而采取的手段，劳工都是迫不得已，那可就错了。着眼未来的工人、提倡改革的工会领袖，也都明白嗜酒既伤身又浪费金钱，他们认为戒酒——起码要喝得有节制——是工人赢得自尊与自主的重要手段。一位铁路工人曾说："把钱都花在买酒上的人，都成了公司的奴隶。"诸如此类的想法转化为对于禁酒运动的支持力量，进而支持限制饮酒的立法、规定工会会员禁酒。1869 年创设的美国第一个全国性的劳工组织"劳工骑士会"（Knights of Labor）就不准开酒馆的人入会。在会员心目中，开酒馆的人和开银行的人、律师一样是社会的寄生虫。

酒馆老板不愁没有支持者，绝大多数的酒馆常客会认为酒馆是没有害处的地方。瘾品使用向来都有社会层面的重要性，各式大小酒馆曾经都是许多工人生活中的“好去处”。后来，结社团体的住宿所和同业工会逐渐提供其他休闲选择，酒馆的集中性与社交吸引力也就大不如前。游乐园、歌舞厅、电影院也都是工人负担得起的娱乐场所。英国人当时的俚语“go to the local”意思既指“去电影院”，也指“去酒馆”。一语二意凸显了两者之间的竞争，20 世纪 20~30 年代的英国烈酒消耗量减少，恰好是英国人爱上电影院的年代，两者消长互见。其中更值得注意的是，工人及其家人渐渐有了比传统式喝酒欢聚更有趣味，而且花钱更少的休闲选择。都市化与工业化的转型不但是戒酒的助力，也催生了与饮酒竞争的休闲聚会模式。

企业老板往往会和关心酗酒问题的工人团结一致，在信奉新教、有饮烈酒风气、禁酒运动最积极的社会里尤其常见。在瑞典的港市霍尔姆松德（Holmsund），“善良同济”（Good Templar）的宿舍即是由公司老板直接提供资金、土地、建材斥建的。这与大多数作风积极的行动一样，动机并不单纯，既有关怀也有控制的意思。其目的是要鼓励安静、端正、勤奋的生活方式。不喝酒的工人工作比较努力，不过，他们一旦不受酒精的麻醉，也会比较喜欢参与政治活动。

劳工日益强大的政治影响力加快了福利制度的产生。率先实施的是德国，在 1883 年推动了企业劳工强制健康保险。以往只关系两方的保健制度演变成包括三方——病人、医生、公私保险单位，禁止酗酒的动机也更强了。保险的成本由纳税人共同负担，和救济院、慈善医院，以及其他公立机构的情形没什么两样。印度著名的禁酒人士泰克·昌德法官（Tek Chand）曾经怨叹："酗酒害得整个社会负担重税。许多钱花费在饮酒造成的破坏上。"社会走向复杂、相互依赖、机械化的同时，这类花费也变得更多，饮酒致醉的概率也更大。

瘾品与外来人口的关系曾经被视为更可怕的危害。工业化会带来——其实是必然导致——运输与通讯方面的彻底改变。本来只是一个地区市场，因为有电缆、铁路、轮船相连，可以扩大成全国性的市场，进而成为国际市场。人的迁移和意见的传播比以前快，花费却比以前少。便宜的旅费和大量的移民把新颖的瘾品使用法四处传播；蒸汽印刷机和便宜报纸又把这些瘾品滥用的警讯大加宣扬。外来移民抽鸦片的行为令本土主义者反感，也给喜欢添油加醋的新闻记者最佳的发挥机会。1887 年的《旧金山纪事报》（*San Francisco Chronicle*）的一则专稿写道：

> 污秽的鸦片乃是败坏的黄种人在最邪恶的巢穴里吸食之物，被丑陋的麻风病人的恶臭呼吸染污，带着令人作呕的性传染病患者散布瘟疫的气息，沾着闷湿阴暗窑子里的苦力的肮脏唾液。如今再次形成脓烂的混合，放进模仿异教邪行的基督徒嘴里。这些都是冷酷不争的事实。英文的词语已经形容不出其中的穷凶极恶了。

这便足以促使其在美国的法典里被明确禁止。供吸食的鸦片虽然比吗啡温和，也不像吗啡那么容易上瘾，却是美国地方、州级、联邦立法机构全面禁止的第一种麻醉毒品。澳大利亚也是如此，即便澳大利亚人饮酒方面并不多么有节制，而且是含麻醉品专利医药的主要消费者。美、澳之所以先禁鸦片，是因为把抽鸦片和苦力联想到一起，认为抽鸦片没有医疗功用，恐怕华人以外的人也染上鸦片瘾。最后一个原因也是日本明治时代的官员十分重视的。日本于 1868 年禁止抽鸦片，于 1870 年警告日本华侨，抽鸦片者严惩，有鸦片瘾者驱逐出境。英国于 1916 年明令抽鸦片犯法，同时也管制其他鸦片类瘾品与可卡因的取得。

1916 年也是第一次世界大战西部战线凡尔登战役发生的这一年。工业化已经使战争的性质改变。要装备并维持庞大的机械化武力，必须靠极大的民间生产力。烈酒与其他瘾品的不良影响在战时特别受到重视。美国于 1917 年参战后，“反酒馆联盟”（Anti-Saloon League，福音派教会人士于 1895 年发起创立）便将禁酒改为非常时期的议题，催化了国家级的立法。英国有总括的《国土防卫法案》，虽然未到禁酒的地步，却禁止以致醉饮料供给军人。战时特殊工作的工人赚饱了加班费，都爱多喝几杯，这又是个麻烦问题。据他们的主管说，喝酒降低生产力最严重可以到 30% 的程度。1915 年间，担任英国军需部长的劳合 · 乔治（David Lloyd George）说，既然要清除德国的军国主义，首先得清除国内的酗酒问题。他上任首相以后，大幅缩短酒馆营业时间，又加重课税，使烈酒消费量减少了一半以上。英王乔治五世（George V）当时立下战时戒绝饮酒的“国王誓约”，但是为了听从医生劝告，他偶尔私下仍会喝一点儿。

著名的新闻记者塞缪尔 · 霍普金斯 · 亚当斯（Samuel Hopkins Adams）认为，禁酒运动的本质可以从社会上层阶级的假道学看出端倪。制造业老板赞成禁酒，是因为相信工人不喝酒会更快乐、生产力更高。银行家和商人赞成禁酒，是因为相信可以把以往送进酒馆的钱赚到自己的荷包里。劳工领袖赞成禁酒，是因为期望工会成员更多，该缴的会费都按时缴。这些人物自己却无意戒酒，而且认为自己喝酒是有节制而不会有害的。亚当斯说，禁酒法令结果——不论有意或无意地——成了阶级立法。他这样说虽然太武断，也太罔顾一般民众支持改革的立场，但也切中了一个要点。工业化发展造就了一些不能从瘾品随意买卖中获利却具有影响力的团体，这些团体就可以对那些有利可图的人发生制衡作用。

为什么要遏阻高价值又可课重税的商品消费？道理可以从历史脉络中看出。在近代早期，瘾品交易对于商业及政治上的权势阶级是直接有利的。不论他们是否存有道德上的顾虑，他们都认为，侍候他们起居、帮他们收割作物、替他们上战场打仗的普通百姓，如果为非医疗目的服食瘾品，都是可以接受的。在传统文化中，娱乐地点放肆，工作场所没有纪律，偶尔有人喝醉闹事也不值得大惊小怪。一旦社会环境改变，变得比以前合理精简、按部就班、机械化了，贩卖廉价致醉物造成的困扰与麻烦可就大多了。一名喝醉的农庄工人惹的麻烦有限，如果是铁轨司闸员喝醉，后果可就严重了。服食瘾品虽然可能使工人永远听命于老板，但环境背景变成工业化以后，惯用瘾品的工人不但无益反而有害。制造业生产的瘾品被滥用而造成日益严重的损失，倒成了资本主义的一个根本的矛盾。

医学界的指控

这个矛盾还不足以促成管制的措施。就在药物学、医学、公共卫生都在进步的同时，官方认可的麻醉品范围缩小了，一般人对于这类瘾品潜在的危害也更加留意了。制药业的改革创新对于精神刺激品买卖的影响相当矛盾。制药业早先推出了可卡因这样诱惑人的新药，之后又推出医疗功能相同却比较安全的奴佛卡因。1912 年间就有一位科罗拉多州官员在说，可卡因在牙医界已经无甚价值可言，牙医都认为冒着可能使病人上瘾的风险是不值得的。这位官员还说，可卡因不再是医生必备的药，反观吗啡，仍然名列人类最大福佑之一。酒精在 19 世纪医疗地位下滑的情形也差不多。一位医生在 1901 年间指点一位禁酒演说者："医药界虽然需要用酒精，但每种使用情况都可以用别种更可靠而不会有害的药加以取代。"含有大量酒精的专利药剂尤其危险，因为这种药可能使结核病等疾病的症状看不出来，从而延误了诊断与治疗。

没病的人不会需要用药物，自备的或医生开的药都不需要。传染性疾病的致病率与致死率都在 19 世纪后半期与 20 世纪前半期明显下降，在逐渐工业化的国家中尤其显著。1845 年间的欧洲人每 200 人就有 1 人死于结核病，到 1950 年降为每 2 000 人才有 1 人。以往经常发生热病与饥饿的地方，普遍有使用鸦片类瘾品的习惯；生活水平较高的国家就无此必要，因为细菌学的新知带动公共卫生改革，从而大幅减少罹病率与死亡率。麻醉品不再是必需品了，皮下注射术和可能随之而来的感染却使用药的风险增高了。

西方社会的医生在19世纪渐渐重视统计的意义，即便能用的方法仍很原始，医生们也已经开始计算使用瘾品的风险率，其中又以评估酒精类的例子最多。密西西比州的纳奇兹（Natchez）有一位年轻的医生塞缪尔·卡特赖特（Samuel Cartwright）从1823年起以自己的同事为对象做了为期30年的观察。结果发现，不喝酒的医生有76%到1853年仍健在，喝酒的医生却只剩12%了。在印度的马德拉斯省服役的欧洲军人住院记录，也说出同样的故事：爱豪饮的人在医院死亡的人数是完全不喝酒者的4倍，喝得有节制的人死亡率也有不喝酒者的两倍之多。维多利亚女王时代的教师们发明了另一种实验统计法，教学生在两棵盆栽植物上分别洒上威士忌与清水，再观察比较其后果。

生物统计学发展成熟以后，有了更简明精确的方法证实使用瘾品的风险，大众对于瘾品的不良作用也有了更多认识。例如，1930年间的新西兰禁酒运动者已经可以在演说中告诉听众，不过量饮酒的人在40岁到50岁之间可能增高的死亡率是多大。这些说法都有英国精算学会（British Institute of Actuaries）的研究结果为依据。陆续发表的国际研究证据——1950年底以前共有德、荷、美、英诸国有8项研究指抽烟与癌症有关——乃是扭转一般人对香烟看法的关键。烟草业纵有打保卫战的决心，抽烟在人们心目中已成为致病致死的恶源。专家们纷纷指证使用瘾品的风险，例如，美国政府医疗辅助耗在医疗院所方面的费用有1/5是与滥用烟草类、酒精类等瘾品相关的。慢性疾病的流行病学研究，加上社会成本的分析，把瘾品变成带有道德含义的“风险因子”，对使用者本人有害，也对大众的荷包有损。

主张禁酒与限制卖酒的人士也运用到当时新兴的一个医学观念：上瘾行为是持续暴露于接触瘾品的状况所引起的一种渐次严重的疾病。这种想法于18世纪晚期与19世纪早期在酗酒研究中渐渐成形；到了20世纪初，这个观念差不多扩及了所有精神刺激的瘾品。有些英美著述将瘾品上瘾的现象命名为“嗜醉癖”（inebriety）。病因在于瘾品对神经系统起了病态作用，不能完全归咎于个人意志薄弱的道德缺失。天生神经虚弱的人特别容易染上这种病。不过，正常人一样会成为嗜醉类瘾品的受害者，害了这种病的子女也不能幸免。医生们强烈反对给婴儿“下药”以及怀孕期间使用麻醉类瘾品。一位这方面的专家在1881年间指出：“母亲在怀孕期间持续使用吗啡而导致胎儿死亡、虚弱或智力发育不良，并不罕见。”他还举出近似白痴以及5岁大仍不会说话走路的幼儿为例子。

当时的医生认为，使用瘾品造成的伤害——包括嗜醉的倾向——可能传给下一代。烈酒和其他瘾品会损害生殖细胞，在下一代身上制造病变祸害。有人说它是“灭族毒药”，这种名词在排外主义盛行、国际对立强烈的时代是很震撼人的。一些优生学家——英国的凯莱布·萨雷比（Caleb Saleeby）即是其一——敦促政府阻止酗酒者生儿育女。后天癖性可能遗传的说法在1910年以后虽然不再盛行，胎儿可能受瘾品不良影响的看法却一直持续，并且在20世纪60年代晚期与70年代初期的研究中获得证实。

维多利亚时代有关瘾品的毒性与成瘾性的研究，至少产生两种重要的政治影响。第一，主张改革的医生、药剂师、卫生官员立场更坚决，要求以医生处方法规和再配药的限制来紧缩取得鸦片类药品与可卡因的渠道。这类管制最先在欧洲出现，后来美国也有，但各州并不一致。（欠缺有效管制也许是美国受可卡因风潮袭击最早也最重的原因。）第二种影响是，禁酒运动者得到了一件利器。少数只从宗教观点着眼的禁酒人士对于嗜醉理论的世俗意义不感兴趣，指那是不信神的人意图将罪恶尊严化。但大多数禁酒人士都将以往的道德呼吁与医学新知结合。约翰·高夫（John B. Gough）曾说醉酒是罪恶也是疾病，“是生理的恶，也是道德的恶”，正是这种态度的梗概。医学将生理与道德相连：瘾品滥用必然侵蚀大脑的是非判断机能，有嗜醉癖的人十之八九习惯扯谎。就连自命清高的“公社分子”（Communards）也抵挡不了尼古丁和酒精的影响，吞云吐雾使他们和常人一般无二，几杯酒下肚也可以将他们的理智淹没。

医学研究最令教会的禁酒人士感到棘手的是与《圣经》有关的话题。英国的嗜醉研究权威诺曼·克尔（Norman Kerr）是这么说的：“如果宣称基督曾经以有害的麻醉饮品与众人使用，而且《圣经》赞同这样做，在我看来都是不攻自破的理论。”克尔等人士认为，《圣经》原本是指两种酒：一种是发酵过的坏东西，另一种未发酵过的是好的酒，也是耶稣在迦南婚礼上祝福过的。本来是两回事，却被粗心地混为一谈。所以，《圣经》赞同饮酒的矛盾其实是翻译错误的问题。

这种假设招致许多不客气的讥嘲。剑桥大学一位教师指之为“没有充足证据的诡辩”，并且说，以古代近东地区的卫生条件而言，发酵根本是必然的，《圣经》反对的是无节制的豪饮，不是饮酒。这项争议引起的经文评注多得令人难以置信，其中有些还成为畅销作品，可见烈酒在19世纪如何被病态化。饮酒会致醉，品行良好的人有节制地饮酒仍有丧失生命与灵魂堕落的危险。《圣经》不可能赞成作恶。诸多不同的声音只能用“翻译错误”的理由来化解，这理由虽有人顽强地维护却并不稳固。

中国：民族主义与国际主义

如果说，统计学与医学探讨提供了反对瘾品买卖者有科学根据的论点，中国受瘾品磨蚀的恶化状况可以算是一堂实物教学的课程了。1860年以后深入中国各地的传教士们抱怨不断：在一个拿鸦片麻醉自己的国度传教是徒劳无功的，鸦片贸易乃是伪善的极致。一位传教士写道：“鸦片贸易的历史是基督徒的罪恶，是基督徒之耻。把这反常的、违反自然的异教风俗帮凶除掉，我们就可以与敌手决战。”行医传教的人士记录下来的则是抽鸦片造成的实质有形伤害，并且积极挑战那些为抽鸦片辩解的人。他们的论述也加深了西方国家的忧虑，因为这些国家正在出现鸦片馆和吗啡鬼，就要走上传教士所说的堕落与国家衰败之路。

传教士的抗议诉怨以英国的政府与民众为目标，当时英国舆论反对贩卖鸦片之声已经渐渐多起来。至于中国人，不需外人教训早已知道问题之严重。担任总督的张之洞在1881年写给友人的信中说：“山西之祸患实在鸦片。乡村民众之六成，都市居民之八成，官员兵丁之十成均有毒瘾。”这个估计数字虽然夸大了些，但危机意识是真实的。与张之洞同时期的爱国人士也都认为，鸦片问题未解决之前，主权国家之论都是空谈。而解决之道就是禁止国内的种植生产与印度鸦片输入，国内的生产是地方政府与朝廷的重要收入来源，而外来的鸦片（中国人称之为“外国土”）是外夷霸权的象征。从日本及其他国家返回的留学生对鸦片泛滥的现状批评尤甚，因为他们在外国已经目睹严格管制的效用。

清政府终于在1906年采取行动。朝廷宣布，鸦片弥漫全国，吸食者浪掷光阴，损耗健康，倾家荡产，动摇国本，因此政府下令禁种鸦片10年。官员们也开始交涉停止输入印度鸦片事宜。时机选得正好，因为英国人也开始——虽然迟了些——认清鸦片危及中国的完整这一事实。相较于其他列强，英国与中国的贸易量、在中国的投资额都是最大的；如果中国崩溃或分裂，英国自己的利益也将大受损失。此外，印度输至中国的鸦片贸易已经连续数年衰退，中国境内的栽种渐渐取而代之了。印度政府1880年至1887年的收入的14%来自销往中国的鸦片，1905年已减少至只占7%。再就是，英国1906年大选的结果是自由党上台，这个党的成员绝大部分是中产阶级，他们主张戒酒、不信奉英国国教，而且反对鸦片买卖。

也是在这一年，美国开始探询各国政府的意愿，打算举行一次国际会议来讨论鸦片问题——会议后来于1909年在上海举行。当时美国外交官员有两个重要目标：维持中国主权，打开美国外销中国的市场。人人吸鸦片却会导致中国政局不稳定以及对美国商品需求减少。美国在亚洲的鸦片贩卖中并无多大财政利害可言，鸦片的改革之议对美国是有利而无害的。美国国务院此举，获得中国政府和美国商业团体的支持，政治影响力不小的戒酒运动者和传教士也表示赞同，传教士此时又在为美国新获取的殖民地菲律宾的鸦片问题操心了。

1907 年，英国与印度的官员和中国人达成协议，英国与印度将以每年减少 10%的速率将鸦片外销结束，条件是中国人以同样的速率消除境内的鸦片生产。出乎许多外国观察者的意料，中国履行了这项协议。禁烟政策虽然引起内陆省份的强烈反抗，各地实施的效果也不一，但中国的官员确实有所进展，而且程度足以使英国监察者表示满意。印度官员因而同意将预定 10 年终止外销鸦片的期限提前，最后一批销往中国的合法鸦片在 1913 年自印度运出。

这时候中国方面却开始把持不住了。清朝政权于 1911 年瓦解，继起的民国欲振乏力，军阀统治与内战互斗、日本制药业的出口扩张野心、日本浪人的大规模毒品买卖生意，齐力促成历史上最严重的一次倒退现象。[日本一名鸦片大亨曾经满不在乎地说："鸦片害处很多，可是黄金外流（日本的贸易逆差）也是很糟糕的事嘛！"]中国的改革人士虽然在 20 世纪 20~30 年代断断续续发起反对抽鸦片、种鸦片的运动，却都没有成效。企图控制中国的各方势力都知道，鸦片带来的财源太重要了。毛泽东的名言是"枪杆子里面出政权"，但先决条件是需要有钱来买枪杆子，而且有钱付给挥舞枪杆子的那些人。凡是有私人军队、有地区性冲突、有外国势力挑起战争、政府软弱无能的地方，鸦片走私都非常猖獗。近几十年的金三角地区和阿富汗是如此，1949 年以前的中国也是如此。中国共产党执政后消除了国内反对禁鸦片的声音，展开持续的查禁与再教育，鸦片烟瘾的问题才真正解决。然而，20 世纪 80 年代缅甸的越界鸦片走私再度活跃，中国境内再度发现零星的鸦片种植，都证明鸦片问题的消失仍是暂时的。

不过那都是后话。1906 年到 1911 年间的情势变化，让改革人士学到两个直接的教训。第一个是，瘾品控制的成败要看国家的意愿。历史学者威廉 · 麦卡利斯特（William McAllister）认为，只要政府真心想把事情管好，应该可以有立竿见影之效。清朝政府开始做得不错，如果能持续执政，也许会成功。当时其他政局比中国稳定的国家自然就能把境内打点好，不让世界性的瘾品走私涉入。改革人士认为可以借助于外交先例，国际间的条约既可以包括邮政、关税、水路、战争伤亡、战犯，何不将瘾品也收录进来？

第二个教训来自印度与中国的禁烟协议的成果，即：削减供应是最有可能管制成功的法子。只要铲除医疗必要以外的鸦片生产，就可以铲除滥用的问题。这个理论说来容易，做起来却难得多。1911 年以后成形的国际体制却以这个策略为基础。即便有保护主义的讨价还价、世界大战、政治阴谋、制药公司的游说，一群外交官还是整理出一系列的妥协条约。其中最重要的是 1925 年的《国际鸦片公约》（*International Opium Convention*），以及内容更详尽的 1931 年的《限制公约》（*Limitation Convention*）。这些协议带来了一套固定的——虽然不是滴水不漏的——管制系统，凭这套系统可以限制曾经是有暴利的、可抽重税的、在全球扩张的瘾品买卖业。联合国随后又有修正案，将此系统的管理机制做了合理改革，并且将“精神药物”（psychotropics，安非他明、巴比妥酸盐等配制药物）纳入国际管制。

到 1933 年，签署《限制公约》的国家已经够多，公约终于生效，精神刺激瘾品的买卖整个为之改观。管制以外的买卖越来越罕见。出售香烟给未成年者、营业时间过后出售烈酒、没有医生处方而出售麻

同志们，起来，打倒鸦片！孙中山的拒毒遗训是打击鸦片队伍的前导，后面跟着呼吁拒毒教育、建设戒毒所、查禁鸦片的标语。这幅海报是1928年之作。反烟运动虽然持续到20世纪20年代，却因政治纷扰而不见成效，争夺势力的军阀们大多宁愿借鸦片牟利而不愿予以禁止。

醉品、出售违禁瘾品，都有法条可管。国际条约不但限制了鸦片买卖，也限制在非洲内陆的烈酒交易。个别国家政策上虽有显著的差异，例如，美国禁止以定量合法瘾品处理戒毒者的断药症状，欧洲、拉丁美洲、亚洲的多数国家并不禁止，整体趋势仍是走向管制与选择性的禁止。历史学家认为，这种趋势是多项因素决定的，是现代国家的具体表现。这个世界一旦更趋工业化，人们更精打细算，地域间的往来更容易，医学知识更普及，专横的约束更令人不耐烦，就必然需要某种更严格的管制。

合法瘾品与违禁瘾品
Licit and Illicit Drugs

10

Licit and Illicit Drugs

现代的管制体系把精神刺激的瘾品分为六类，见下页以美国现行标准为例的列表。六类从彻底禁止到可无限制获取，形成一个由紧到松的管制连续体，这个连续体与另一个连续体——课税——交叉而构成一个简图。税收的轴线从零开始直到不可能负担的禁止程度。起始点——普遍可获取而无税——为自由市场。从起点沿两条轴线往外走，越远处管制越严、税越重，引起的非法活动也越多。这类活动要如何处置，得看第三条轴线——制裁轻重怎么定。由轻到重包括警告、罚款、遣送收容机构等，最重的是处死。

世界各国普遍在20世纪对咖啡因、酒精、烟草类瘾品增加管制、提高税额、加重刑责，但是这三类一直比鸦片类、大麻、可卡因，以及多数合成瘾品都容易合法取得。美国的禁酒法令看来是个例外，其实也并不怎么彻底。1919年的禁酒法案许可宗教圣餐仪式中饮酒、家酿自用的酒与烈酒处方。保税仓库里却存放着上千桶的医药用威士忌，仓库有电警铃，还有狗把守。药用威士忌是完全合法的，即便取得的方法不一定正当。大城市的出租汽车司机就会出售假的医生处方，每张 2 美元。

精神刺激瘾品管制类别
完全禁止： 不准制造、贩卖、使用，例如海洛因。
禁制性处方用： 除了与药瘾无关的少数治疗目的之外一律禁用，而且须由医护专业人员施用，例如可卡因。
药瘾治疗用： 许可解除药瘾的处方开用，但必须在监督下使用，例如美沙酮。
管制性处方用： 凭合法处方可在无人监督时自行服用，例如安定。
有限制的成人取得： 无须处方，但依法取得有限制，例如烈酒只可于某时间售予未醉之个人。
无限制的成人取得： 只需达规定年龄便可购买，例如香烟。
普遍可取得： 任何人均可取得，例如含咖啡因饮料。

酒、烟、咖啡因类的瘾品比较容易取得，显然是全世界一样的，不是西方社会独有的现象。甚至在许多伊斯兰教国家也能合法取得烈酒，不过烈酒仍有争议性，程度随着当地的基本教义派的政治势力消长而起伏。这三种瘾品明明都有害，而且都可能上瘾，为什么在实行管制的时代，遭遇却比其他瘾品来得幸运？这么宽松的处理引起了什么反对意见？合法瘾品与违禁瘾品的区分会一成不变吗？

合法瘾品的害处

咖啡因类瘾品的地位特优的原因最容易说明。虽然从 17 世纪的保利开始，就有医学权威不断警告咖啡因类饮品有害，每每举一些大量服用者为例，指这种人是“神经极度受损的奴隶”。19 世纪法国浓烈咖啡的信徒之中的确不乏这种实例。至于适度的饮用，虽然也有不良影响，却尚不能证明与危及生命的疾病有任何直接关联。咖啡因没有可以和肝硬化或肺癌相提并论的重病，也与犯罪或暴力扯不上关系。约翰 · 麦卡恩（John McCann）说，咖啡能使人陶醉兴奋，却不会惹上警察。静脉注射的咖啡因不在此例，但这种使用法极少见。少量口服的药物，尤其是已经成为日常生活一部分的，必然不像注射生物碱类那么危险。

我们可以说，咖啡因可以使警察不上门。咖啡因的抗忧郁属性，曾经防止自杀行为；它的提神作用曾经防止夜间驾驶出车祸。咖啡因不曾引起宗教界公开反对——摩门教是唯一例外。咖啡因符合宗教在饮食方面的规定。可口可乐针对以色列正统派犹太教徒做的广告，只需要把一般广告中衣服穿得少的模特儿换成两鬓垂着发卷的有礼少年即可。基督教新教徒早已接受咖啡因类饮品是优于烈酒的良性替代物，佛教徒有以茶驱走“睡魔”的习惯，天主教神父也会啜饮着茶撑过马拉松式的彻夜告解。咖啡因的影响遍及所有社会阶层，为上千万人提供就业机会，而且深得权势阶级喜爱。荷兰国会 90% 的成员喝咖啡，其中半数的人每天喝 5 杯或更多，在这儿禁咖啡，是不大可能的。

含酒精饮品的情形就不一样了。1958 年间，莫里斯 · 西弗斯（Maurice Seevers）在一部标准药理学教科书中发表了不同类型瘾品的上瘾可能性评分。按各种瘾品在服用期间产生耐受性、情绪依赖、生理依赖、生理健康恶化、反社会行为，以及戒除期间产生反社会行为等状况计分，最高分数为 24 分，也就是每一项都得 4 分，结果得分最高的是酒精类，为 21 分，巴比妥酸盐得 18 分，海洛因 16 分，可卡因 14 分，大麻烟 8 分，佩奥特碱 1 分。如此看来，瘾品的有害程度明显与现行的管制立场不符，西弗斯评分之中最糟糕的瘾品是酒精类，这却是其中最容易取得的。美国著名的麻醉毒瘾专家劳伦斯 · 科尔布（Lawrence Kolb），在 1957 年写的一封私人信函中也表示了相同的看法：“大麻烟引起的陶醉不像酒精的致醉那么危险。那是快感与幻想症状的混合，可能导致遐想与沉思，不会有喝醉酒常见的暴怒、丧失责任感、胡作非为的行为。”

烟草类可以轻易取得，也是公然罔顾明摆着的医学事实。烟草类虽然不像烈酒那样会致醉，却早就被认定是会使人上瘾而且对健康无益的。早在肺癌的研究未出现之前，人们就在批评烟草类会使服用者非用不可、会提高死亡率、会损害视力、会腐化年轻人、会使上瘾者越用越凶。假如西弗斯当年把尼古丁也列入评分——奇怪的是他没这么做，其上瘾可能性的得分一定有 14~15 分的程度，大概和可卡因一样，如果咖啡因也列入，得分该有 4~5 分。

姑且不论评分标准如何，合法瘾品毕竟也有危险性，管制法规也因而一再被指为伪善、不合理。有关瘾品的著述形成了一个独立的论述——爱德华 · 布雷彻（Edward Brecher）的《合法瘾品与违禁瘾品》（*Licit and Illicit Drugs*, 1972）算是个中元老，既评估不同药物的相对害处，也表达对于政策偏离事实真相的忧心。在这些论述中，被引用最多的证物即是烟与酒。

瘾品的政治现实

反对烈酒与麻醉品的运动都在 19 世纪晚期加快脚步，两者使用的词汇也很相似，指向烈酒的控诉——亡国灭种、败坏道德、倾家荡产——同样指向麻醉瘾品，科尔布曾说含酒精的饮品是“有害的麻醉品”，酒类却安然度过所有国家的禁酒措施，也从来不是国际间真正打算管制的项目。把酒类当作“瘾品”讨论，乃是相当晚近的事。

酒类的地位优越原因何在？最明显可见的即是这个产业在主导世界经济及外交的西方国家里规模庞大，而且有财政上的重要性。以 20 世纪初期的法国为例，包括制造者、零售者、运输者、软木瓶塞制造者，共有 450 万至 500 万人是靠酒维持生计，约占法国总人口的 13%。酒的课税以前也一直是西方国家财政的基础，例如俄罗斯，酒的税收所得与整个军事预算所需相等，非洲与亚洲的殖民政府也是如此。在近代的世界秩序中，不分“核心”地区与“外围”地区，酒税都是不可或缺的。鸦片这时候的处境相反，重要性正逐渐衰减——至少在大英帝国范围之内已经不如从前。印度对中国的鸦片贸易量在 19 世纪末与 20 世纪初缩小了，这也简化了英国人改变立场的过程——从力主关税保护变成提倡国际管制。

酿酒业赚来的钱不但可以支付公务员的薪水，还可以赞助高雅文化。丹麦酿酒业巨子雅各布森（J. C. Jacobsen）于 1887 年逝世后，把他的“老卡尔斯堡酿造厂”（Old Carlsberg Brewery）遗留给一个推广艺术、人文、科学研究的基金会，结果形成很微妙的笼络作用。直到今天，多数丹麦人认为喝啤酒（丹麦人喝啤酒的习俗居斯堪的纳维亚诸国之冠）是一种良好的、爱国的行为。对卡尔斯堡有益就是对丹麦有益，最起码是对丹麦学术的、艺术的机构有益，这些机构的经费都靠卡尔斯堡基金会捐献。

酒类生产的规模与地点也是重要因素，葡萄栽种、酿造、蒸馏一直普遍盛行于欧洲和伊斯兰文化以外的世界各地，麻醉品的生产却是有局限的，鸦片大部分产自南亚的贫穷国家和殖民地，古柯叶大部分来自秘鲁和爪哇。本来有少数几个工业化国家在制造可卡因和吗啡，其中以德国的生产量最大。德国起初是反对管制政策的，其产能也威胁到 1912 年《海牙鸦片公约》制定的整个国际管制计划。后来德国在第一次世界大战中战败，英、美代表在巴黎会议上坚持条约中要强制战败的同盟国（德国、奥地利、匈牙利、土耳其、保加利亚）遵守《海牙鸦片公约》。德国、土耳其，以及另一个顽抗的国家必须在国际联盟监督下同意管制出口。希特勒虽然在 1933 年令德国退出国际联盟，德国政府仍然默默继续配合瘾品管制当局。纳粹党对于违禁品买卖一贯是坚决反对的。

烟类的故事和酒类的十分近似。烟草业的经济影响力和操作广度都给自己带来相当程度的豁免优势，上了瘾的吸烟者之众多更是理所当然的优势。香烟革命以及随之而来的消费量扩大、上瘾程度加深、获利性增高，都是在扫兴的致癌证据未出炉之前就发生了。按理查德·克鲁格（Richard Kluger）估计，假如美国政府在 1964 年公共卫生局长发布报告之后就努力约束吸烟，影响所及的吸烟人口应该不下 7 000 万（这个数目包括粗略计算的 18 岁以下的吸烟者，官方当时统计的吸烟人口之中，已成年者有 5 200 万），另外还有 200 万人是香烟股票持有者、烟农、香烟工厂工人、零售商、接受香烟广告赞助的出版业者和广播业者，以及因其他缘故依附烟草业维生的人。这样的奢望未免不切实际。（当时的美国已经主控着全世界的瘾品管制政策，也不可能同意听从国际间的出口管制。）烟草类的种植与消费在发展中国家渐渐普及以后，烟草业的经济得失的影响也越来越大。到了1983年，全世界的生产与销售所提供的全职工作，超过1 800万个。如果把工作者的家小、兼职工作者、季节性的劳工也都计算进去，大约有1亿人是靠烟草业维持生计的。

这么大规模的生产与所得，给了跨国烟草公司笼络吸收的力量，他们也很乐意运用这种力量来做公关、贿赂媒体、提供政治捐献、赞助艺术与体育活动，以及收买游说者、专门作证的人、律师。菲利普·莫里斯公司和雷诺公司甚至提供"美国公民自由联盟"（American Civil Liberties Union）的车间隐私权小组90%的经费，这个小组发起的运动之一即争取员工的吸烟权。

制药公司也相当擅长借游说来保护濒临绝种的产品，甚至能做到把管制精神刺激品的国际条约延迟到1971年才推出，而且趁未推出之前促使条约在内容上给予了多项让步。制药公司对于国内的管制政策也发挥了同样的影响力，是医生也是药物历史研究者的莱斯特·格林斯潘（Lester Grinspoon）说明了制药公司的运作方式。当时他在麻醉品及危险瘾品管理局[Bureau of Narcotics and Dangerous Drugs，为1968年至1973年间的联邦主管单位，也是麻醉品管理处（Drug Enforcement Agency，简称DEA）的前身]，等候为大麻的医疗使用作证，正好听到另一桩行政法庭听证。该案有关温士洛普制药公

葡萄栽培业在19世纪末已经遍及全世界，除了南极洲，每片大陆都有工人在葡萄园里工作。美国加州的葡萄栽培业的劳动力十分多样，有英裔的美国人、印第安人、拉丁美洲人、欧洲人、亚洲人。图中可见这些工人把一篮篮葡萄搬到红杉木桶前，也有工人在桶上踩踏葡萄。葡萄栽培业、酿造业、蒸馏业都在经济与财政上占有重要地位，所以酒类抵抗禁令的力量比其他瘾品都强。

司（Winthrop Pharmaceuticals）生产的戊唑辛（pentazocine）的管制问题，而这种药物已经有相当多的上瘾、服食过量、滥用的证据：

制药公司的6名律师提着公文包向前，要阻止将戊唑辛列入管制，即便列入，也要放在不那么严格的序列。结果他们算是部分成功，戊唑辛列入了第四序列药品。下一个审核项目是大麻，作证过程中没有任何过量致死或上瘾的证据，只有许多证人——包括病人和医生——说它确实有医疗上的用途。政府人员拒绝将它从管制最严的第

一序列改成第二序列。假使大麻关系着某个财力雄厚的大制药公司的商业利益，情况会不会因此改观？

以瘾品而言——应该说是一种民间的、非主流文化的瘾品而言，大麻始终没有像烟酒类那样得到跨国公司的支持或财力庇护，这个事实，再加上按官方论述的大麻与犯罪和偏差行为的关系（以及近年来在文化战争中被互踢皮球的地位），都使大麻容易成为管制措施开刀的目标。

上行下效

烟酒能得到宽松的对待，这与强势的领袖与显要人物的个人癖好也有关系。从古到今，这一直是破坏瘾品管制的因素之一。彼得大帝在欧洲尝到抽烟的乐趣之后，把俄罗斯的禁烟令撤销了。在教会中发挥同样影响力的人是好吸鼻烟的教宗本尼迪克特十三世（Benedict XIII, 1649~1730），梵蒂冈还在1790年开设了自己的烟厂。领导阶层的恶癖很容易成为官方的恶癖，所谓上行下效，即便没有法律作为后盾，起码也能受到宽容。例如中国的禁烟运动，在官员们都酷好此癖的地区就推行不起来。

抽烟喝酒，以及饮用咖啡因饮品，在20世纪前半期的西方政治人物中极为普遍，我们只需回想起丘吉尔、罗斯福、斯大林在雅尔塔同桌开会的情景，就很难相信他们会共商管制烟酒的策略。麻醉药品管理局局长安斯林格本人既抽烟又喝“杰克 · 丹尼尔”（Jack

Daniels）——此酒可以“让你在不顺遂的日子振作精神”，后来落得必须用拐杖带氧气筒。专业人士也一样是烟酒不忌，而且嗜烟甚于酒。反对一切瘾品的威利医生曾说，只要牧师们、教师们、生意人、企业老板、社交名流以身作则地抽烟，“这种癖好就不会被视为恶行”。

至于那时候的医生们，在医学研讨会上总是烟雾弥漫得连幻灯片的影像都看不清。理查德·多尔爵士（Richard Doll）是肺癌的流行病学研究先驱人物，他曾经说，如果以他开始做研究的1948年和更早的50年前相比，担心抽烟损害健康的人不增反减。大量抽烟已经麻木了集体的危机意识，医学界内外皆然。历史学者约翰·伯纳姆（John Burnham）认为，本来应该以健康为念的医生都在抽烟，一般大众怎会相信抽烟真的有害健康?

伯纳姆提出另一个重要的发展趋势：知名人士都在抽烟喝酒，好莱坞电影中一定看得见斟酒的玻璃瓶和香烟这两样道具，其他瘾品使用倒十分罕见。有史以来第一部有声电影《纽约之光》(*Lights of New York*, 1928）就是叙述私酒买卖的，到了1930年，所有美国影片中至少有4/5都有一些饮酒画面呈现。[欧洲影片没有相关的统计可查，但大导演勒内·克莱尔（René Clair, 1889~1981）和让·勒努瓦（Jean Renoir, 1894~1979）以及同期其他人士的作品几乎每部都有烟酒的镜头。]好莱坞的米高梅影片公司（M-G-M）的导演克拉伦斯·布朗（Clarence Brown）指出，由于电影显示烈酒在禁酒令之下依旧在美国人的生活中占有重要地位，因此影响了舆论对于禁酒的看法。电影明星抽烟喝酒最基本的作用是：肯定抽烟与喝酒，摧毁了维多利亚时代原有的顾忌，也冲淡了烟酒妨害健康的忧虑。

沙漠首长之败亡。美国式的反抗：吊死主张禁酒的老古板。这幅漫画预言 1932 年大选后禁酒令宣告死亡，结果正如所料。

民众的抵制：以前苏联为例

简言之，烟酒的双重标准维持了大半个20世纪，名人显贵的行为确实对其寿命发挥了强化并延长的功劳。然而，遇上统治阶级的作为及意识形态与民间习俗背道而驰的时候，结果又会怎样呢？前苏联的烈酒管制经验是一个——其实是两个——极佳的例子，证明即使在中央控制的经济体制下，民众的反对仍足以挫败官方的意图。

苏联共产党自从1917年执政的时候起，就想要关闭淡酒及烈酒酿造厂，并终止酒精饮料贩卖。卫生部长尼古拉·谢马什科（Nikolai Semashko）有心照美国的方式实施禁令，曾夸口说："我们再也不会走回伏特加的老路。"他认为禁酒之后，酗酒就会像旧政权一样衰退消失。1923年间，列昂·托洛茨基（Leon Trotsky）宣布，苏联共产党禁除伏特加酒乃是"作为工人阶级生活新表征的两大事实"之一，另一大事实是8小时工作制。

到了20世纪20年代晚期，政府结束了禁酒措施，重新开放国营的烈酒零售中心（monopol'ka）。俄国人之好酒，纵有监狱、警察、死刑伺候也遏阻不了，部分原因在于文化的惯性，饮酒的习惯——尤其是痛饮——根深蒂固于俄罗斯上下各阶层，在欧洲是天下无双；部分原因在于谋生，农民为了赚取必要的收入，只得把收成的作物用来酿"萨莫贡"（samogon，意指家酿酒）；还有部分原因在于国家的税收。尼古拉·布哈林（Nikolai Bukharin）说过，与其让大家淹没在萨莫贡里面，不如借伏特加酒公卖来供应社会主义之需。1930年9月，斯大林指示官员们"公开直接以达到最高产量为目标"，官员们当然照办。到了1940年，前苏联境内卖酒的商店比卖肉类、水果、蔬菜的商店都多。

于是，酗酒与聚饮烂醉又成为前苏联的生活事实，情形与帝俄时代相差无几。第二次世界大战以后的酒类消耗量——包括国营企业的产品和萨莫贡——每年增加44%。按20世纪80年代初期计算，每人平均摄取的纯酒精量是40年代的4倍，80年代初的酗酒者也多达总人口的15%以上。前苏联政府为了掩饰这种趋势，于1963年将伏特加酒生产一项从统计年鉴中剔除，不过他们忘了剔除糖的消耗量，糖是萨莫贡偏好的基本材料。1960年每人平均消耗约28公斤糖，到1979年增加到43公斤以上，其中大部分用在蒸馏酒上。

勃列日涅夫（Leonid Brezhnev）主政的时代，前苏联政府成为名副其实的“酒鬼有，酒鬼治，酒鬼享”。前苏联政坛的人士和驻苏的外交官员都不敢和这位总理对饮，据说他的酒量大到惊人的地步，酒量能与他匹敌的唯一人物是只做了一年总理就死于肝硬化的契尔年科（Konstantin Chernenko）。一次，勃列日涅夫乘车从扎维多弗（Zavidovo）的狩猎别墅回莫斯科，同车还有葛罗米柯（Andrei Gromyko，曾任前苏联外交部长与最高苏维埃主席），葛氏抱怨酗酒问题已经到了危害国家的程度，苏联的生活的每个层面都受到酗酒的不良影响的波及。勃列日涅夫耐心听着他讲，然后突然插嘴说：“安得烈，你该知道，俄罗斯人是非喝个够不可的。”葛罗米柯立刻打住这个话题，不再多说了。

他提这个话题并没有错。当时酗酒已经成为社会之祸，因酗酒导致的过早死亡、离婚、智障、车祸丧生、工业事故、犯罪、意外火灾都在增加。空军地勤人员会偷取军机装备里的防冻液，加以蒸馏之后当烈酒喝掉，再灌入清水蒙混过去。飞行员如果需要在高空中使用防冻槽，麻烦可就大了。根据当时的相关研究估计，酗酒的工人比不喝酒的工人工作效率低了 36%，相当于一年少了 93 个工作日，实施精简化与计算机化之后，情况更糟，酒醉或宿醉未醒的工人根本掌控不了复杂的电子系统。1985 年间，一组科学家将酗酒损耗的各种社会成本加起来，达到每年 1 800 亿卢布，大约是酒类销售所得总额的 4 倍。

追求改革的戈尔巴乔夫本人是个只会适度小酌的人。为他提供意见的人士认为酗酒是祸国殃民的恶因。他受了这些人——他的夫人是主要人物之一——的影响，于 1985 年展开逐步限制酒类供应的方案，包括降低产量、缩短供应时间、减少零售店。不过两年时间，契里阿宾斯克市（Chelyabinsk）的酒类销售店就从 150 家减到只剩 4 家。官员们纷纷下令毁掉葡萄园、关闭酿酒厂。犯罪、酗酒告假、意外事故随之减少。国民平均总消耗量——包括私酿的在内——减少了将近 1/4，这是空前的降幅。

然而，整个行动计划在 1988 年夭折了，禁酒措施带来了大排长龙买酒的现象——莫斯科人平均每年耗在排队买酒上的时间有 90 小时之多，酿私酒与酒精中毒的情况也多起来。有人因喝亮光漆而导致全身发紫。1987 年死于甲醇中毒的人数大约有 1.1 万人，几乎与在阿富汗战争中死亡的苏军人数一样多。1985 年以前的酒类总消耗量大概 1/3 是萨莫贡，此时萨莫贡已占到 2/3 了。戈尔巴乔夫的禁酒政策招致越来越多的批评。在他推行“公开化”（glasnost）的时代，批评者都可以不必顾忌。巨大的克里斯托酿造厂（Kristall）的经理弗拉基米尔 · 亚姆尼科夫（Vladimir Yamnikov）就曾不满地说："我个人认为这些措施太过分了。限制吃喝是违反自然的。"

少数前苏联官员仍然持续拥护禁酒措施。本人滴酒不沾的叶戈尔 · 利加乔夫（Yegor Ligachev）就认为，放弃禁酒而退回抽重税的路线是可悲且不道德的（1989 年的酒类税收超过了未禁之前的 1984 年的数量）。他把 1988 年以后的合法烈酒消耗量骤减形容成"缓慢的切尔诺贝利核泄漏"。被揶揄为"矿泉水书记"的戈尔巴乔夫也为禁酒措施辩护，但他同时承认推行过程上有瑕疵，瑕疵之一是没有把原则讲明白。政治领导人和新兴起的戒酒组织都没有说清楚什么才是正确路线：是完全禁戒，抑或是适量地喝？这种暧昧态度在俄罗斯历史上并非没有先例可循，尼古拉二世（Nicholas II）的财政大臣就曾经利用国家专卖的利润同时赞助酿酒厂和戒酒团体，结果导致地方官吏各行其是，当然是以失败收场。戈尔巴乔夫时代的情况亦然，有些官员推行新政策太过热切，有些又对中央的指示置之不理，只专心经营着地方党部地下室里的酿造厂业务。禁酒运动不免招致表里不一的指责。

还有行事不公的指责。数以百万计的普通百姓为了排遣单调枯燥的生活而喝酒，指挥他们的人却要他们保持清醒努力工作。但努力的结果是对谁有利呢？拿到工资能买到必需的消费品吗？——商店的货架都是空的。上级承诺的体育设施和文化福利又在哪里？生活根本索然无味。有人说，老实而清醒的人卖劳力让既不老实又不清醒的人享受富裕，这等于是奴隶制度，另一个人讽刺地说："没有啤酒喝，要社会主义有什么用？”

说的也是，但一个破产的、黑道盛行的共和政体也没什么用。叶利钦（Boris Yeltsin）上台后，长期短缺经费的政府继续实行戈尔巴乔夫执政最后几年的重税政策。私酒的盛况再起，主要是为了逃税。酒类消费上扬，狂饮作乐普遍，酒精中毒越来越常见，再加上大量抽烟，都导致俄罗斯的死亡率上升。男性平均寿命在推行禁酒期间本来有所增加，却在 1990 年至 1994 年间减少了 6 岁以上。然而，不断增加的死亡中毒事例和相关的宣传，都阻止不了俄罗斯人喝酒，一位心理学家一言以蔽之：“许多俄罗斯人认为喝酒是斯拉夫民族的文化特色，简直视之为自己生来就应享有的权利。”

前苏联发生的是似乎不可抗拒的历史力量与似乎不可移动的客观事实的冲撞，历史力量是合理化的改革，客观事实是俄罗斯的酗酒现象，结果是后者胜利。这显示，使用瘾品的习惯可以在文化中根深蒂固，以至于不可能予以永久排除，也不可能使之丧失合法地位。这也可以从 20 世纪 80 年代中期的反酒运动中，几乎完全没有拿少数民族做替罪羔羊的情形看出来。当时虽有极少数人指控犹太人的酗酒习惯把苏联社会“带坏”了，但禁酒人士找不到美国人昔日指控外来移民酗酒与华人抽鸦片那样的实在证据。因为，男性斯拉夫裔的工人——社会角色、族裔背景、意识形态上的地位都最优越的一群——才是酗酒比例最高的一群。

“回到勃列日涅夫的美好时代！”俄国式的抵制。原文是一语双关，“prezhnie vremena”意思是“美好的旧时光”，与“Brezhnie vremena”（勃列日涅夫时代）仅一字母之差。旗子上的字是“伏特加”。为奥波兹年柯（D. Oboznenko）于1989年所制海报。

违禁瘾品

使用大麻、可卡因以及其他违禁瘾品的人，处境却相反。就政治角度看，这些人都是较易遭攻击的——其实是诱人出手的——目标。虽然违禁瘾品在20世纪60年代中期到80年代初期曾经盛行于一些富家子弟之中，但主要仍是街头闲混的少年、辍学者、宵小、娼妓、失业游民，以及其他社会边缘人在使用。巴基斯坦的海洛因使用者半数来自全国人口之中最贫穷的20%。印度孟买的拾荒者有“赤砂糖”（即劣质海洛因）瘾的据说高达90%。中国大陆的海洛因上瘾者大多数是男性、年纪轻、单身、教育程度低，大约半数在接受治疗时是失业的。

使用海洛因或其他违禁品上瘾的人会陷入恶性循环而无法自拔，这些人会持续失业，因为雇主都不愿意沾惹上这些人。从以下这名31岁的海洛因毒瘾者的陈述可以看出其中缘故，此人曾在联邦政府里工作，当时还是IBM字球式电动打字机（Selectric）的时代：

> 我在能源部上班，在一个政府机关式的那种老旧大楼里。我有员工证，随便走动没人拦，警卫看了证件就放行。大楼里的门都没锁……我认识一个家伙是要买IBM打字机的，要买其中的那个字球。我不必偷整台打字机，只要耐心一点儿把那个字球拿出来就行……我偷了50个，那家伙一个给我4美元。50乘以4，那就有200美元了。

政府机关要更换这些损毁的打字机，却得花费 1 300 美元。违禁瘾品使用者造成的失窃、意外事故、法律纠纷，都使雇主对他们避之唯恐不及。雇主要想查明谁在使用违禁瘾品，只需规定受雇者接受尿检。通不过检验或逃避检验的人找不到工作，没有收入，绝望之余又去服食瘾品——甚而去贩卖瘾品。社会底层的违禁瘾品使用者一直都是非法零售的主力，后盾的货源来自不使用这些瘾品的明知故犯者。（这种人会说："我有什么不对？我又不吸这鬼东西，我只是卖药的。"）这种事实既强化了主张禁止的立场，也使禁止措施实行起来困难重重。警方每逮捕一名贩卖者或挟带者，都有好几个人巴不得递补他的空缺。监狱里的这种罪犯人满为患。麻醉品管理局的干员们把墨西哥游击战英雄潘乔·维拉（Pancho Villa）的照片贴在各自的办公空间中，希望借此鼓励自己不要气馁。

违禁瘾品管制政策连带的诸多问题——执行不连贯、花费太大、暴力行为、贪污受贿、掺假伪造、意外使用过量、针头传染疾病，在世界各国都引起公民投票、民意测验、各界论战方面的争议。其中又以美国发生的争议最激烈，而美国也是有史以来付出代价最高的瘾品战役发生的地方。美国的对抗瘾品大作战，虽然按官方宣布是 1986 年展开的，其实早在 20 世纪 70 年代中期就开始了。当时尼克松政府推行的以美沙酮剂量戒毒以及其他治疗目的优先使用政策，都不再受到支持。从纳尔逊·洛克菲勒（Nelson A. Rockefeller）以降的美国政坛人士都发现，愤怒焦虑的选民都赞成采取提高最低刑责等严厉措施，而且甘愿承受所需经费的负担。然而，到了 20 世纪 90 年代中期，瘾品战役每年耗费的资源高达 350 亿美元。这个数目超过了违禁瘾品贩卖总额——大约每年500亿美元——的2/3。因违禁瘾品相关罪名被监禁或拘留的人有40万之多。至于海洛因和可卡因，仍然便宜而容易买得到。如此的成效令人怀疑管制措施的可行性与公平性，也不免引来强烈的反弹。

反弹中最激烈的是呼吁将违禁瘾品合法化，合法化的要求出自一种反动的自由意志论，融合了左翼和右翼的意识形态，要把政策时钟往回拨100多年。按其主张，海洛因、大麻，以及其他违禁瘾品应改为成人可以购买的合法瘾品，正如19世纪时鸦片酊、成药、古柯酒都是成人可买的合法瘾品。成人购买虽也有诸多限制，却有导致上瘾与滥用的隐忧，所以合法化的主张在美国和其他地区都推动不了。1997年在维也纳做的一项调查显示，赞成合法化的只有6%，反对者则有84%。

不那么极端的反弹是主张从减轻伤害着手。伤害降低运动（harm-reduction movement）常被抨击是掩护瘾品合法化上垒的一个招式，其实它的历史应比现在的合法化主张还久，起源可以溯至20世纪70年代的大麻烟及美沙酮的管制之战，有来自不同方面的支持者与观念。主张虽有个别议题上的差异——例如戒毒期间施给海洛因的成本效益问题，但大方向是相同的。伤害降低派的人士强调需求之降低甚于供应货源之减少，他们敦促将瘾品滥用的事实去政治化，要求以戒毒治疗取代刑罚惩处，因为后者既不适当又耗费太多金钱。他们赞成为不肯戒药的人提供消毒的注射用具，并赞成无限期地以美沙酮供给戒毒者使用（以免这些人又去偷打字机的字球）。他们坚决不做道德批判，对绝对禁止的做法抱持怀疑，对于医疗的违禁瘾品处方和合法化实验则采取宽容态度。他们希望能把大麻——也许还有其他瘾品——从最严格管制的序列挪到比较宽松的序列。

伤害降低的主张所引发的争议，只比合法化主张引起的哗然稍微缓和一点点。对于要求谨遵《圣经》教诲与道德规范的保守人士而言，根本可以毫不迟疑地反对这类主张。按罗伯特 · 博克（Robert Bork）的说法是："认为某种活动极不道德的人，只要知道有人在从事它，就觉得受到伤害。"这不是狂热分子才会有的感觉。有些做法——例如迈克尔 · 马辛（Michael Massing）会连问也不问就拿消了毒的注射针头给一看即知有孕在身的毒瘾妇女——可能是任何人都不会轻易赞同的。所谓降低伤害虽然可以救人一命，却触犯了道德禁忌。

因此，这种主张有其政治上的脆弱性。主流的政治人物在瘾品管制政策上都赶紧倒向道德及宗教的保守团体，路线越强硬的越好。众议员约翰 · 科尼尔斯（John Conyers）曾说："瘾品方面的教育与治疗，背上了软弱无聊的恶名。赞成这类主张的人都成了没骨气的人。国会里如果有这类提案，大多数议员在表决之前都要打听什么措施是最强硬的。他们的态度不外乎'我也不晓得这样做有没有效，反正不会有人怨我不够强硬就可以了'。"曾有一位澳大利亚南部议员在正反双方票数平手的时候，投下赞成将大麻合法化的法案，不料竟引来阵阵"真不像话！岂有此理！"的叫骂。国际知名的金融巨子乔治 · 索罗斯（George Soros）曾经投注上百万美元，想把瘾品管制政策导向减轻伤害的原则。他承认，议员诸公几乎没有人敢站出来赞成，"碰这个议题就好像去摸高压电线"。

这高压电线的电源有很大一部分来自中产阶级的家长，这是在政治力量上举足轻重的一群选民，他们担心大麻等违禁瘾品可能危害到小孩。勒禁瘾品的措施可能耗费很高的社会成本，但这是总计起来才显得较高，从单方面看并不明显。负担最沉重的是贩卖者、使用者、警力扫荡密集的都市贫穷小区。在生活富裕的郊区选民看来，严格执法就是保护他们的家人。他们支持严禁瘾品买卖及使用，认为这可以提供一种安全保障，至于成本则由那些根本不该做这种坏事的人来承担。

反对降低伤害措施的力量并不全然来自道德批判、政治上的考虑、阶级的利害。世俗立场的鹰派人士——例如瘾品滥用议题的专家罗伯特 · 杜邦（Robert DuPont）——也就公共卫生的论点质疑降低伤害的可行性。理由包括，合法化与无条件供应注射针头会传达错误信号给年轻人，提高了他们好奇一试的概率；大麻仍属于有害的入门麻醉品，其不良作用比一般为它申辩的人士所说的要严重；海洛因和可卡因的诱惑力强、不易控制、可能导致上瘾。所以，放松对这些化学恶势力的战斗就等于向它们投降。

面对这么强势的反对，主张减轻伤害的人士有一件利器可用：艾滋病（AIDS）。以血管注射方式使用瘾品的人因为害怕被人发现，加上又缺钱，所以会共享注射器和瘾品。在越南，贩卖瘾品者在没有自来水也没有卫生设备的贫民区房间里，用一只烧饭的大锅调和鸦片或海洛因溶剂，给聚集在此的毒瘾者施打，最多一次注射 50 人，其间完全不清洗针头。按越南官方 1997 年诊断确知的艾滋病携带者之中，高达 70% 是有注射毒瘾的人。马来西亚、缅甸、中国大陆西南省份的贩毒场所和艾滋病病毒携带者比率也都差不多。

静脉注射毒品是传染艾滋病主要原因的事实既已得到确证，全世界的公共卫生官员都大感震惊。瑞士伯尔尼的医生罗伯特 · 海米克（Robert Haemmig）指出，瑞士在 20 世纪 80 年代初本来采定的方针是彻底强制戒毒，但艾滋病的致命性已经迫使决策者重新思考。有毒瘾的人未来可能戒除，但如果他们已经染上艾滋病，也就没有什么未来可言了。所以，为他们的健康着想，也为了防止病原的散播，必须让躲在公厕里的毒瘾者转移到比较卫生的环境里。到了 1990 年，普遍供应消毒针头的国家已不限于瑞士，还包括英国、加拿大、丹麦、德国、意大利、荷兰、挪威；有供应但较不普遍的国家则是法国、西班牙、瑞典。西方工业化国家中只有美国例外，瘾品政策在美国成了文化战的人质，所以官方立场是禁止这么做的。不过，主张降低伤害的游击队员还是照做不误。

合法瘾品

有人要把管制违禁瘾品的力度降低，已经引起争议，现在又有人要把管制合法瘾品的力度升级，也引起了争议，这又是近 30 年来瘾品政策辩论的另一面。许多公共卫生学的权威与瘾品滥用研究专家都认为，政府对于烟酒的管制应当再加强，摄取这两种“管制序列欠急迫”的瘾品不但有害健康，而且易导致他类瘾品的滥用。（儿童摄取咖啡因类不受限制，也已经引起注意。）按这个论点，主管官员应当承认科学证明的事实，即烟酒均为有害的刺激精神的瘾品。主管当局应该调整政策——包括管制、课税、罚责——的原则，才能够充分反映实际的危害与社会成本。例如：禁止烟酒广告、推出劝诫广告、提高消费税、降低依法准许开车的血液中酒精含量、增加烟酒瘾的治疗经费、减少酒类摄取、营造无烟的未来。

诸如此类的意见与一律合法化的自由意志作风是不能和平共存的，与降低伤害的论点却没有这种矛盾。许多主张降低伤害的人士也在呼吁加强对合法瘾品的管制。按瘾品政策的立场分类，这算是“猫头鹰派”，而“鹰派”主张的是一律予以刑法伺候，“鸽派”主张一律合法化。猫头鹰派希望的是公共卫生政策目标趋于一致，按公平的原则处理合法的与违禁的瘾品：烟酒兼备的便利商店也不必挂出“本店杜绝瘾品”的牌子。猫头鹰派认为，瘾品泛滥既已成为难以驾驭的社会问题，目标一致的政策——将各地的环境条件与状况的轻重缓急列入考虑之后的一致目标——应该就是最实用可行的方法。

希望归希望，未必能成为事实。惯性的力量是非常不易扭转的。只顾讲理论的公共卫生官员——和历来的理性主义者一样——却往往对这种惯性力量不耐烦。改革人士近来在烟类政策方面却有相当不错的成绩：如禁止烟类广告或予以限制、提高烟税、达成数十亿美元的民事诉讼赔偿，以及一连串揭发烟草业掩盖事实的行径。世界银行在1974年到1988年之间总共贷出15亿美元给烟草业的开发计划，如今也逆转方向，不再投资烟类生产。无烟环境的概念已经遍及全世界。1996年12月间，极左派的“图帕克 · 阿马鲁”（Tupac Amaru）游击组织在利马劫持外国人质，由于不吸烟的人质要求，劫持者划分了吸烟区与不吸烟区。人质之一事后追溯当时的情形：“那些日本人抽烟，实在抽得很凶，不过他们都待在另一个房间里，所以还不至于太糟糕。”活动不多的美国人没有可以吸烟的去处，所以在指定给西伯利亚来的那些人集中的冷飕飕的户外去抽烟。

香烟遭到围剿真可谓是时不我待。本来在 20 世纪前半叶最引起争议的合法瘾品是酒类而不是香烟。1935 年就创立的“匿名戒酒协会”以酗酒者互助戒酒为宗旨，却完全漠视香烟的危害。两位创始人比尔 · 威尔逊（Bill Wilson）与鲍勃 · 史密斯医生（Bob Smith）都是老烟枪，也都死于与香烟有关的病症。迟至 1955 年，还有一位医生——而且是纽约市公园大道豪华住宅区的一位小儿科医生——口口声声说：“认为吸烟有害健康是没有科学根据的。我只能说，我要是有 2 000 美元的闲钱，还是会拿来投资香烟股票。”如今可不是这样的了。流行病学与科学研究证明香烟是世界上散布最广、致命率最高的瘾品，几乎已经是毫无疑问的了。如诉讼案中的律师所说，拿香烟来往肺里吸入就有致命危险，什么预加的防范措施都改变不了这个事实。

酒类的问题就复杂多了。喝了酒的人会兴奋冲动，言语不清、丧失平衡、视力模糊。飞机的驾驶员如果抽了烟，乘客不会在意；但驾驶员若是喝了酒，乘客都要提心吊胆了。自 1975 年起，科学研究越来越注意的是喝酒习惯的普遍性，而不是染上酒瘾疾病的少数人。饮酒导致的社会危害——例如酒后驾驶导致的车祸——重新引来人们的关注，成为“新禁酒运动”，这比 19 世纪的那一次禁酒略为倾向世俗，并没有将灵魂救赎与合理的改革合而为一。然而，酒类不像烟类那么容易受到管制力度升高的影响，短期内在西方社会很可能维持既有的地位不变。

地位不变的原因之一是，“适度”饮酒——例如每天有一餐进餐时喝一杯葡萄酒——可以降低罹患心血管疾病的概率；适度饮酒也有益于预防中风、成人糖尿病、骨质疏松症、类风湿性关节炎，以及其他疾病。诸如此类的益处，究竟是因为喝了酒，还是因为饮酒有节制的人本来生活习惯就有益健康，目前尚不确知。可以确知的是，许多人可以适度饮酒而没有危害健康之虞。抽烟却没有适度抽就不怕危害健康的说法。在越来越注重健康、厌恶生病而渐趋老化的西方社会里，这一点差异是至关重要的。

人类饮酒的经验丰富，归纳出了各式各样减低饮酒伤害的惯例与禁忌，例如，文明人懂得喝加了水的酒，大家也都知道空腹不宜喝酒。有些文化把饮酒以其有益健康的方式纳入日常生活与仪式中，成绩斐然，例如意大利人与犹太教徒即是。（有些文化的效果却明显不好，俄罗斯人即是一例。）文化规范也有缓和吸烟伤害的类似方式，例如：不可躺在床上抽烟，别人有反感时也不宜抽。然而，如今大家既已知道香烟本身的害处，要安全地纳入日常生活已经不可能了。甚至菲利普·莫里斯公司也在 1999 年间公开承认了香烟这种不可忽视的害处。

烟类终于逐步沦为差劲人物才与之为伍的东西。酒类却持续在伊斯兰文化以外的世界各地广泛盛行，在西欧地区尤其普及——成年人有 3/4 有饮酒习惯。在美、英，以及其他西方国家，抽烟在教育程度较高的阶层之中已经明显式微，在最贫穷也最不理会卫生当局呼吁的社会阶层之中却仍旧是“文化上的常态行为”——此乃历史学者弗吉尼娅·贝里奇（Virginia Berridge）的用语。因为集中在社会中下阶层，香烟在政治辩论下的处境更为不利，景况和百年以前的麻醉品相似。

由此可见，期望将烟类纳入瘾品一致管理比较有可能实现，将酒类也纳入则不然。也许不久的将来买香烟真的得凭处方了，但这只是按目前趋势设想的总结，不能视为意料中的必然。科技的变革极有可能将瘾品政策重新洗牌，只要有滤除尼古丁的新发明问世，情况就可能大变，正如艾滋疫苗的发明可能使主张发送注射针头的减轻伤害论点不再理直气壮。

不过，有一点可能不会变，就是政治人物已经认识到精神刺激品可能带来的危害，尤其因为人类尚未进化到能够抵挡这种危害的程度。精神刺激品的科技和军事科技一样，已经跑到自然进化的前头去了。现在要问的是：我们该怎么办？不论答案是什么，都不可能是再回到最低限度管制的瘾品市场状态，以往这种管制性的分类处理法，本质上是一种逐渐进步的动向。这种动向和多数的改革运动一样，包含了个人利益的动机，带有些许偏见，而且执行得不够彻底。但其基本前提是正确的，也是顾及人道的。全球的瘾品使用之所以暴增，是因为追求获利最大化的欲望——包括个人的、企业的、政府的欲望——在推动它。若要抑制这种暴增，就不免要限制商业与获利，而方法就是制定管理的法规与条约。眼前该做的是调整整个管制的系统，排除可能随之而来的最坏影响，弥补其中最明显的缺口。

弥补这些缺口不是容易的事，在消费导向的社会里尤其不易。消费主义之注重感官享乐，正如运动比赛之注重输赢，某些化学瘾品也就用尽一切方法要达成这消费主义的目标。即便决策者（或运动比赛的相关组织）能够做到按合理的顺序来管制瘾品，仍无法摆脱根本上的矛盾。目前正走向全球化的资本主义制度——前文说过的“麦克世界”——仰仗的是大量利用人的固有欲望（例如性欲、爱吃甜味与油腻的口腹之欲），推出的产品往往是有害的。消费个人对于危害可以自愿决定视而不见，或承受下来，或侥幸躲过，广告业者却处心积虑地要鼓励人们为了得到一时的快感而放纵自我。按丹尼尔·贝尔（Daniel Bell）所说，现代文化的精髓就是：至高无上的个人为追求自我满足抛开传统束缚，“把世界的库房洗劫一空”。既然如此，何必再把某些药物列为违禁品？“除了禁果之外，其他尽管享用”，这个指示从来就是不那么容易听从的。《创世纪》早已告诉我们，亚当和夏娃在原始的伊甸园里就不曾言听计从。处在现代乐园里的我们要做到这一点，恐怕就更难了吧！

在20世纪20~30年代，吸烟、性感、丰腴和时尚在越来越多的中产阶级的男女中流行。但到了20世纪后期，因为在重视健康的西方社会吸烟的地位逐渐下降，这种趋势开始变化了。拉塞尔·帕特森（Russell Patterson）绘于20世纪20年代。